关爱教育三部曲

本书为湖北中小学素质教育研究中心
和武汉市义务教育学校委托管理项目的研究成果之一

# 关爱教育导向下的师生发展

| 主　　编 | 蔡　芳 | 靖国平 | | | | |
|---|---|---|---|---|---|---|
| 副主编 | 陈　捷 | 赵厚勰 | 陈文娇 | 向葵花 | 方　红 | 汪学均 |
| 编　　委 | 余志琼 | 刘娅梅 | 袁　芳 | 刘　凡 | 吴　琼 | 邓诗怡　程　莉 |
| 丛书主编 | 靖国平 | 蔡　芳 | | | | |

中国·武汉

图书在版编目（CIP）数据

关爱教育导向下的师生发展/蔡芳，靖国平主编．—武汉：华中科技大学出版社，2024.1
ISBN 978-7-5772-0476-5

Ⅰ．①关…　Ⅱ．①蔡…②靖…　Ⅲ．①小学－学校管理　Ⅳ．①G627

中国国家版本馆CIP数据核字(2024)第037439号

#### 关爱教育导向下的师生发展
Guan'ai Jiaoyu Daoxiang xia de Shisheng Fazhan　　　　　　　　　蔡芳　靖国平　主编

| | |
|---|---|
| 策划编辑：曾　光 | |
| 责任编辑：李　弋 | |
| 封面设计：孢　子 | |
| 责任校对：王亚钦 | |
| 责任监印：朱　玢 | |

出版发行：华中科技大学出版社（中国·武汉）　　电话：（027）81321913
　　　　　武汉市东湖新技术开发区华工科技园　　邮编：430223

录　　排：武汉创易图文工作室
印　　刷：武汉科源印刷设计有限公司
开　　本：710 mm×1000 mm　1/16
印　　张：15.25
字　　数：274千字
版　　次：2024年1月第1版第1次印刷
定　　价：58.00元

本书若有印装质量问题，请向出版社营销中心调换
全国免费服务热线：400-6679-118　竭诚为您服务
版权所有　侵权必究

# 序

湖北大学师范学院（教育学院）专家团队与武汉市东西湖区吴家山第四小学结缘于2015年，为贯彻落实武汉市关于促进义务教育优质均衡发展的要求，武汉市教育局、财政局联合发布"武汉市义务教育学校委托管理工作"重大专项，湖北大学师范学院（教育学院）专家团队与吴家山第四小学先后三次签约（2016—2018年、2019—2021年、2022—2026年），开展了三轮"U—S"（大学—中小学）合作研究，这是唯一一个长达10年的武汉市义务教育学校委托管理工作项目。我们之所以坚持长期合作，主要是为了保持项目推进的持续性和进阶性，便于积累经验、产出优秀成果。

在过去的8年里，湖北大学"委托管理"专家团队（靖国平教授，赵厚勰、陈文娇、向葵花、方红、汪学均副教授）与吴家山第四小学管理团队及全体教师一起在传承"小海星"文化的基础上，提炼并践行"关爱教育"的核心价值观：以关爱润泽生命，以关爱启迪智慧，培养有爱、乐学、善思、慧行的学生，锻造有理想、有爱心、有学识、有才华的教师队伍。通过"U—S"合作研究平台，构建了"关爱教育"育人文化体系，创新了学校管理体制机制，开展了多项省市科研课题研究，提升了教师的专业素养和技能，优化了"五爱·五彩"课程体系和"五爱·五环"课堂教学模式，提升了学校教育教学质量，塑造了"关爱教育"品牌，彰显了学校的美誉度和影响力。2021年，集中展示自"委托管理"以来学校内涵式发展和跨越式发展的成果汇集《关爱教育的理论与实践》（系"关爱教育三部曲"之一），由华中科技大学出版社出版，该成果于2022年荣获武汉市基础教育教学成果奖一等奖和湖北省基础教育教学成果奖二等奖。

《关爱教育导向下的师生发展》系"关爱教育三部曲"之二，也是"湖北中小学素质教育研究中心"和武汉市义务教育学校委托管理项目的研究成果之一。全书共四章。第一章为关爱教育与学校创新发展，主要探讨了关爱教育与人本校园建设、关爱教育与人的全面发展、关爱教育与学校高质量发展；第二章为关爱教育导向下的教师发展，主要探讨了关爱型教师的内涵、特点和类型，关爱型教师的评价系统，关爱型教师的优秀成果；第三章为关爱教育导向下的学生发展，主要探讨了关爱型学生的内涵、特点和类型，关爱型学生的评价系统，关爱型学生的优秀案例；第四章为关爱教育导向下师生发展环境建设，主要探讨了教师专业发展学校建设、学生成长指导中心建设，"家、校、社"协同育人的环境建设。

  本书在《关爱教育的理论与实践》的基础上，进一步以"立德树人"为根本导向，以"关爱教育"为核心理念，以教师和学生的优质发展以及学校高质量发展为旨归，力求通过"委托管理"（U—S合作）探索基础教育改革的新样态，并总结新经验，推出新成果，树立新品牌。本书既遵循中小学教育的基本特点和规律，又具有鲜明的时代特点和校本特色，体现了理论与实践相结合、学理与叙事相融合、理据与趣味相统一，适合广大中小学校长和教师、家长、教育教学研究者阅读、参考。

靖国平

湖北大学

2023年12月28日

# 目　录

## 第一章　关爱教育与学校创新发展 ...... 1
### 第一节　关爱教育与人本校园建设 ...... 2
一、关爱教育与人本教育管理 ...... 2
二、关爱教育与校园文化建设 ...... 7
三、关爱教育与班级文化建设 ...... 11
### 第二节　关爱教育与人的全面发展 ...... 16
一、关爱教育导向下的"立德树人" ...... 16
二、关爱教育导向下的"智慧成人" ...... 22
三、关爱教育导向下的"强体健人" ...... 28
四、关爱教育导向下的"审美养人" ...... 32
五、关爱教育导向下的"劳动立人" ...... 38
### 第三节　关爱教育与学校高质量发展 ...... 44
一、关爱教育导向下的校园环境新面貌 ...... 44
二、关爱教育导向下的特色品牌新发展 ...... 50
三、关爱教育导向下的教育质量新提升 ...... 55

## 第二章　关爱教育导向下的教师发展 ...... 60
### 第一节　关爱型教师的内涵、特点和类型 ...... 61
一、关爱型教师的内涵 ...... 61
二、关爱型教师的特点 ...... 65
三、关爱型教师的类型 ...... 70
### 第二节　关爱型教师的评价系统 ...... 74
一、关爱型教师的评价原则 ...... 74
二、关爱型教师的评价指标 ...... 78
三、关爱型教师的评价实施 ...... 81
### 第三节　关爱型教师的优秀成果 ...... 89
一、课题篇 ...... 90
二、论文篇 ...... 96

三、案例篇 ........................................................... 104

## 第三章　关爱教育导向下的学生发展 ............................ 109

### 第一节　关爱型学生的内涵、特点和类型 ..................... 110
　　一、关爱型学生的内涵 ........................................... 110
　　二、关爱型学生的特点 ........................................... 112
　　三、关爱型学生的类型 ........................................... 116

### 第二节　关爱型学生的评价系统 .................................. 118
　　一、关爱型学生的评价原则 ..................................... 118
　　二、关爱型学生的评价指标 ..................................... 125
　　三、关爱型学生的评价实施 ..................................... 133

### 第三节　关爱型学生的优秀案例 .................................. 140
　　一、关爱型学生的群体画像 ..................................... 140
　　二、关爱型学生的典型个案 ..................................... 141

## 第四章　关爱教育导向下师生发展环境建设 ................. 155

### 第一节　教师专业发展学校建设 .................................. 156
　　一、指导思想 ........................................................ 156
　　二、主要内容 ........................................................ 163
　　三、实施路径 ........................................................ 177
　　四、实践成效 ........................................................ 188

### 第二节　学生成长指导中心建设 .................................. 194
　　一、学生成长指导中心建设的指导思想 ..................... 195
　　二、学生成长指导中心建设的主要内容 ..................... 199
　　三、学生成长指导中心建设的实施路径 ..................... 201
　　四、学生成长指导中心建设的实践成效 ..................... 211

### 第三节　"家、校、社"协同育人的环境建设 ............... 214
　　一、"家、校、社"协同育人的指导思想 ..................... 214
　　二、"家、校、社"协同育人的主要内容 ..................... 219
　　三、"家、校、社"协同育人的实施路径 ..................... 223

## 后记 ................................................................... 237

# 第一章 关爱教育与学校创新发展

## 第一节　关爱教育与人本校园建设

### 一、关爱教育与人本教育管理

#### （一）人本教育管理的内涵和特点

"以人为本"理念最早出现在我国春秋时期,管仲提出"民为邦本"的主张,孟子强调"民为贵"。在教育管理实践中贯彻"以人为本"理念,通过针对学生的个性差异采用行之有效的教育教学方法,帮助学生全面提高综合素质,发展学生的个性和特长。将"以人为本"理念应用到教育管理,主要是为了解决教育管理中的哪些突出问题？如何处理教育管理者和被管理者之间的各种关系？这都是需要深入探讨的话题。

遵循"以人为本"的教育管理理念,要求一切从人的发展需要出发,一切制度安排和政策措施要体现人性,要尊重人权,不能超越人的发展阶段,不能忽视人的发展需要。管理学家陈怡安将人本管理高度概括为:点亮人性的光辉,回归生命的价值,共创繁荣和幸福。

在"以人为本"理念的指导下,教育管理者应将学生视为一个个单独的主体,每个学生身上都蕴藏着巨大的潜能,每个学生将来都可能为社会做出杰出的贡献。人本主义思想启迪我们,要从"以教师管控为中心"转向"以学生发展为中心",教师对学生要做到全面的了解和无微不至的关怀,充分尊重学生的主体人格,允许学生犯错,学会宽容,营造一种以真诚接受和理解为特征的教育教学氛围。只有在师生相互理解、相互尊重的前提下,"以人为本"理念才能在当代教育管理中得以实施。

**1. 人本教育管理的内涵**

人本教育在于充分尊重人的生命,挖掘人的潜能,弘扬人的个性,丰富人的价值,推动人的可持续发展。"以人为本"的教育是从人发展的角度来看待和理解人,用适合人的方法去掌握人。"以人为本"的教育突出的是人的发展,重视人的个性与能力的发展,将教育作为人成长的重要途径。其教育目标是培养真正意义上完整的、能够实现自我价值的人。

管理工作是在人类社会生活中形成的普遍现象,它始于人类共同协作的生产与生活,人们通过有效的组织、指挥与调整,大大提高了生活的质量。当代管理活动向着高效率以及专业性方向发展,几乎所有的社会活动都要进行有效管理才能有序工作,如各类企业、政府、教育机构以及其他事业团体组织等。

人本教育管理是"以人为本"的教育管理,它让被管理者自觉遵守相关制度,在教育管理活动中,将受教育者和教育工作者置于关键位置,始于发展目标的制定、了解教育活动过程、引导教育有序进行以及创设教育环境、开展教育评价等一系列活动,将"以人为本"的教育理念贯穿始终,整合各种资源,将更多的关注点放在人的发展上,积极挖掘人的潜能。[1]

**2.人本教育管理的特点**

(1)以生为本,尊重教育规律。

学生发展影响着社会的发展、国家的发展。学生发展是"以人为本"的教育发展的核心,也是"以人为本"的科学发展观在教育管理领域的体现。教育发展的立足点和目的是人的发展,一切以学生发展为出发点和最终目标,是学校教育管理的根本任务。学生自由全面的发展需要学校提供平台和条件。学校是学生学习和生活的地方,起着至关重要的作用。学校需要建立起良好的校园氛围,为学生提供良好的人文环境。同时,学校需要提供良好的物质环境,给予学生更好的学习和生活保障。学校的硬件设施和人文环境都需要教育制度给予保障,需要教育机构和国家、社会、政府给予支持。"再穷也不能穷教育",学校各方面的建设都需要大量人力、物力、财力的支持。学校的发展是为了学生的发展,只有学生自由而全面发展,学校才能可持续性发展,只有学校各方面都快速全面发展,学生才有可能更全面地发展。

教师的一切教育教学实践活动要以学生为本,根据学生的兴趣爱好、学习规律和个性发展需要,开展适合学生的各项学习活动。首先就要明确办学校的目的和学校发展的目的,学校只围绕教育这件事来开展所有的活动(如教育学生)。教育是一个国家可持续性发展的基础,教育是为国家和社会源源不断输送人才,教育是成为自由而全面发展的人的手段之一。

教育管理的过程需要体现以生为本,从学生的正确需求出发,设计人性化的管理模式,而不是为了短期可见的学习成绩。否则,就会导致学生个性发展受阻,自由全面发展受限,造就"奴化""机械化""工具化"的人。

(2)尊师重教,发挥教师主体作用。

教师是教育教学实践的一线工作者,肩负着教育教学的重任,是学生发展的引

---

[1] 俞家庆.教育管理词典[Z].海口:海南出版社,2005:25.

路人。对于学校而言,教师素质和专业技能的高低,是学校教学质量高低的体现;对于学生而言,教师素质的高低,对学生素质和能力提升起到至关重要的作用。教师是教育教学的核心,学校管理要把教师放在重要地位,尊重教师劳动的主体性和示范性,发挥教师的主人翁精神,提高教师的责任感、使命感、归属感和幸福感。

(3) 民主平等,促进师生教学相长。

孔子提倡"仁者爱人"。爱是人际关系中最理想的状态,能让师生关系温馨和谐。在爱的环境下,教与学变得更加轻松和容易,教师和学生彼此接受对方,教与学相互促进。

在尊重与爱的基础上,形成师生平等的关系。师生彼此心理上接受对方,依赖、信任对方,彼此为对方付出。在实践中,支持彼此的活动,教师支持学生自由而全面的发展,学生支持教师的教育教学活动。只有在心理上、实践上达成和谐的平等关系,教育教学实践才能在良好的环境中进行,才能实现预定的目标。

### (二) 关爱教育导向下的师本管理

#### 1. 树立"以师为本"的管理理念

为了更好地实现小学教师管理,同时在管理的过程中体现人本主义思想,学校应该处理好制度管理与人本管理之间的关系。在过去的教学管理中,学校强化对教师进行服从性的管理,这在一定程度上导致教师产生消极、被动的工作态度,他们不能从教学过程中得到满足和尊重。在管理过程中如果运用人本管理,教师能够体会到被尊重的感觉。因此,教育管理者应该在和一线教师进行平等交流的同时,增加情感互动,一线教师也会更加配合学校的工作。另外,学校应该重视发挥一线教师的主观能动性,在教学过程中找到自身的真正价值。小学教育管理者在管理的过程中尤其要重视制度管理和人本化管理之间的配合,以便更好地促进小学教育教学的发展。

小学教育管理者应该充分理解和支持教师的工作,使教师能够积极探索新的教学方式和方法。如果行政人员和教师在教学内容和方法上存在分歧,应确保平等沟通,让更多的教师敢于表达自己的观点。学校管理者不能轻易否定教师的想法和方法,也不能抱有成见,而是应该在积极沟通的过程中形成平等和相互尊重的观念,形成民主协商的风气。

学校要积极贯彻"以师为本"理念,学校管理者必须把与一线教师的沟通和交流放在首位,同时鼓励教师充分发挥自己的才能,在课程与教学改革中积极创新。此外,学校管理者还要引导教师在轻松愉快的氛围中开展教学,让教师真正意识到教书育人的重要性和自己的劳动价值。

### 2. 完善民主化教育管理制度

学校需要让更多的教师参与民主管理,帮助教师形成集体归属感和认同感。学校管理者应积极鼓励教师参与学校的发展和设计,使他们意识到共同目标的重要性。教师处于教育的最前沿,他们的想法各有不同,只有充分听取大家的意见和建议,学校管理者才能更好地指导学校的管理工作。

学校在制定日常教学管理规则时,不能忽视一线教师的经验,因为一线教师有更多的认识和体会,能清楚地看到教学过程中的问题所在,并能结合他们的经验提供一些管理上的启示。教育管理者应该重视一线教师的经验、意见和建议,引导教师积极参与学校研讨会,这样的民主管理理念可以促进师生的良性互动和学校的和谐发展。

### 3. 优化教师发展的激励机制

学校需要建立有效的激励机制,将对教师发展的量化评价与质性评价有机结合起来。量化管理使评估和基准更加清晰,同时根据确定的标准来设定激励机制。量化管理的内容主要包括思想考核、考试成绩、教学程序、考勤、能力检查和安全问题。量化管理在一定程度上是公平的,但由于评估结果的片面性,不利于调动一些教师的积极性。换句话说,在量化评估过程中表现不突出的教师,并不能说明他们的工作能力不行。相关研究表明,部分教师存在心理问题,造成这种情况的主要原因是压力大,其压力主要来自学校管理机制和评价机制。教师的教学质量与自己的评价直接挂钩,学生的学习成绩是反映教师教学质量的一个因素,这使教师面临一定的心理压力。在教学过程中,过度的压力会直接影响教学效率和效果。因此,判断教师的工作质量不能只是依据量化标准,更要考虑教师的情绪,不能打击他们的工作积极性。评价教师教学质量的过程应包括一些激励因素,学校管理者和教师之间要经常沟通和交流,拉近彼此的距离。

### 4. 创设人文关怀的教师文化

俗话说:"好老师成就好学生。"高素质的教师是优质教育的根本保证。现代教学需要高素质(包括研究、协作、沟通能力以及掌握现代信息技术)的教师,学校要通过不同渠道和路径为教师提供学习和发展的机会(优先考虑定期的教师培训),让更多的教师走出去学习优秀学校的管理经验和教学技能,不断提高教师的业务素质。

首先,教师必须提高自己的专业水平,从各种教育期刊中学习新知识。教育期刊是学校进行教学和研究的重要资源,可以帮助教师拓宽知识面,提高他们的专业水平。

其次,在互联网上获取各种所需知识。网络和信息技术的发展使教师能够通过计算机等设备及时获得必要的相关教学知识。有些教师仍然比较依赖传统教材,不注重教材的及时更新,对如何提高教材质量的认识也相对不足。

最后,教师可以积极参与远程培训。教育教学是一项更新换代比较快的工作,所以教师要注意更新知识,通过继续培训提高自身素质。在职培训有两种类型,脱产培训和在线学习。教育需要不断更新,因此教师的素质也必须与时俱进。在提高教师素质的过程中,学校必须坚持公平、公正原则,不断激发教师的工作热情和积极性。

### (三) 关爱教育导向下的生本管理

#### 1. 树立关爱学生的管理理念

学校确保以生为本的管理理念有效地融入教育教学的全过程中。为了保证以人为本理念的有效实施,教师必须将学生的实际情况融入教学过程中,进行详细的调查,关注学生的学习动机和真实的学习情况,使学生成为课堂的核心部分,并遵循正确的教学准则。例如,在课堂教学中,教师应摒弃旧的教学模式,注重学生认知能力的培养,根据学生的实际学习情况和个体差异,采用小组合作学习模式和分层教学模式,以确保及时教学。例如,在教学过程中,教师要了解学生的实际情况,用教学实践指导学生,为学生树立标杆,以高尚的人格培养学生的素质,保证教学过程顺利进行。尤为重要的是,要牢记在教学过程中应采用适宜的教学策略,考虑学生的实际学习情况和个体差异,以激发学生的学习兴趣,促进学生的全面发展。

#### 2. 建立民主和谐的师生关系

班主任是班级的领导者,在评估学生的学习和教师教学质量方面发挥着重要作用。作为教师,需要灵活地学习,积极与学生接触,了解学生的想法,成为学生的朋友,这样才能在学生心中树立好老师、好朋友的形象。因此,创建平等和尊重平台的前提是教师要重视自我教育,塑造自身形象,提高自身素养。家长和教师之间应该有更密切的联系,教师应该定期组织会议,以便家长和教师对学生的情况有更深入的了解。教师应该注意课后与学生的沟通,组织班级春游、实地考察、慈善活动或通过访问学生家长了解学生的日常生活。同时,教师应紧跟时代步伐,向学生介绍好书、好电影等。

更新教学模式和观念、创设良好的学习氛围等都是现阶段学校教育管理面临的问题。教育管理必须以人本主义为核心,开展教育教学活动,不断优化管理模式,从而提高办学水平。

3. 强化学生主动学习和发展

积极和谐的学习氛围可以对教师和学生产生积极向上的影响,使他们形成以人为本的理念。将以人为本的学习理念融入校园文化,就有可能创造出以人为本的学习环境,校园文化可以有效地反映学校的形象。以人为本的方法促进了学校领导对教师和学生更人性化的管理,又为校园创造了以人为本的环境。校园治理的重点是创造一个以人为本的学习环境和教育环境。学习环境对学习效果的影响非常重要,学校的学习质量与学校的发展密切相关。因此,在学习环境的设计中融入以人为本的理念,进一步优化学习环境,不仅是校园治理的重要组成部分,而且对整个校园的发展也至关重要。

## 二、关爱教育与校园文化建设

### (一) 关爱教育与校园环境文化

1. 校园环境建设体现学校办学理念

在关爱教育的指引下,吴家山第四小学(又称"吴四小")秉持"润泽生命,启迪智慧"的办学理念,培养"有爱、乐学、善思、慧行"的好学生,打造"有理想、有爱心、有学识、有才华"的好教师,建设"生态化、智能化、现代化"的好学校。

学校作为关爱教育的主阵地,墙壁文化在学校教育中具有重要作用。走进学校,一楼大厅的墙上就能看到学校的办学理念,诗句、名言、励志故事通过儿童化的设计,在天花板的横梁、柱子上充分展示,连廊旁的草地上还树立着用木板书写的《兰亭序》和《千字文》,使校园浸润书香。学校在楼与楼之间的连廊上建立了一个个小型的图书角,供学生在课间、阅读课和课外活动时自由借阅,以鼓励学生多读书,开阔视野,在书的海洋里感受阅读带来的乐趣。此外,学校在一楼空地上还建造了一个比较时尚的朗读亭,同时学校还将科技创新与劳动结合起来创造了创联园,充实了学生的校园生活。

2. 校园环境建设体现儿童成长特点

校园环境是一种教育力量,对促进学生良好品质的养成、全面提高学生的素质有着十分重要的作用。推进校园文化建设一定要贯彻以人为本理念,充分考虑广大师生的根本利益和发展需要,努力为其营造一个更为优化和谐的环境;学校要尊重人、理解人、激励人、培养人、发展人,使校园环境真正发挥其育人功能。

吴家山第四小学在学生入校的通道上设立了"小海星每日行为习惯评比栏"和学期期末的"百强小海星""学习型家庭"光荣榜。学校有各种各样的运动场所（如篮球场、足球场、轮滑场、网球场等），还有一处学生最爱的景观亭，这里小桥流水，郁郁葱葱，水里的小鱼是学生亲密的伙伴。旁边的菜园和学校新修的"小海星创联园"，更是让学生在亲近大自然的过程中体验成长变化，感受劳动带来的快乐与收获。

### 3. 校园环境建设体现师生共同参与

校园文化是独特的，其本质是物质文化精神和学校自身形成的文化精神的总和，是全体学生在学校学习和发展的重要基础，也是学校展现自身特色和魅力的重要标志和灵魂。学校要贴近校园文化特色，注重开展一定的景观文化建设活动，让师生深入参与校园景观文化设计。

植树节的时候，吴家山第四小学组织学生设计新颖别致的温馨提示牌，如"别踩我，我怕疼""小草微微笑，请你绕一绕""美丽校园鸟语花香，环保成果你我共享"等，号召师生爱护校园环境。这些提示语充满了人性化的语言风格，字句优美亲切，一目了然。学校连廊的橱窗里，还定期更换学生在美术课和手工社团活动中完成的手工作品，提升学生的自信。

### 4. 校园环境建设体现优美、雅致、和谐

优美洁净的校园环境，可以春风化雨，润物无声，陶冶人的情操，塑造美好的心灵，产生一种"无声教育"的效应。学生在优美的校园环境中受到熏陶，触景生情，学会欣赏美、享受美，进而学会热爱美、创造美。因此，学校在美化校园时，应与绿化、净化相结合，体现学校的美学思想和审美。

吴家山第四小学致力于建设好校园的绿化，进行整体设计布局，栽花种草。花坛、校道旁、走廊、窗台都种满花草，一年四季，满目青翠，花香怡人。春天，梅花还未落，茉莉花就悄然绽放，紧接着樱花、海棠也争奇斗艳；夏天，池塘内的睡莲也悄然绽放；秋天，桂花飘香，沁人心脾，金黄的银杏翩翩起舞，火红的枫叶耀眼夺目；冬天，蜡梅傲霜斗雪开放。无论在什么时候，无论从哪个角度看，都可以发现美、欣赏美，从物美、景美、境美进而熏陶人美。在这样的环境中学习、生活、娱乐，怎能不让人感到身心愉悦？

## （二）关爱教育与教师发展文化

近年来，吴家山第四小学坚持"关爱教育"的办学思想，不仅注重发展"硬实力"，而且通过学校文化建设提升"软实力"。目前，学校已经形成了特有的办学风格和品

牌,从校园环境布置到校风、教风、学风的营造,从教学方式变革到班级特色创建,都积淀了较为深厚的文化意蕴,并以此促进教师发展文化建设。

### 1. 以制度建设形成教师发展文化

好的制度能对教师的发展产生积极、持久的影响。为此,吴家山第四小学成立了校本教研和教师培训领导小组,制定了《吴家山第四小学教师专业发展规划》《吴家山第四小学校本教研工作规划》《吴家山第四小学师徒结对条例》等规章制度,使校本教研和教师培训工作做到有章可循、有规可依,以制度建设保证和促进学校各项工作的顺利进行。学校树立"以教师发展促学生成长"的管理理念,重视对青年教师的培养和骨干教师的研修,形成了"校长亲自抓,主管副校长重点抓,教科室主任具体贯彻,各学科教研组长负责落实"的组织管理机构,岗位明确,职责清晰。

教学质量是学校发展、教师成长的生命线,教学质量不提高,所有的发展都是空话。课堂是教学工作的主阵地,学校要求中层以上教师干部每周至少听两节课,教师面对面交流,提出优点和不足,相互改进和提高。吴家山第四小学在制度管理的基础上,还加强"情感"管理,注重加强思想政治工作,尊重、关心、理解、信任每一个人,将制度管理与人文关怀相结合。教师专业化成长需要学校搭建舞台,用"师能"提升教师文化,引导教师进入"学习感悟—自主实践—总结反思"的循环过程,让感悟与实践对接,把理论和经验转化为教育行为。

### 2. 以团队协作形成教师发展文化

对于一所学校来说,团队合作是学校关爱教育文化的重要组成部分,是促进学校健康发展的方法。为此,吴家山第四小学建立了一整套以人为本、科学有效的教师评价制度,不以一次"胜败论英雄",而是通过备课组活动注重对教师平时工作的过程性评价。集体校本教研为教师职业素质的提高、专业发展的实现提供了一个优秀的平台。

近几年来,吴家山第四小学一直坚持校本化的半日教研制度,按学科分成语文、数学、英语、音乐、体育、美术、综合七个类别。每周固定的时间,聘请专家对教师进行指导。学校组建"青尚训练营",每周五开展青年教师培训,以"吴四小,老师好"为主题,开展"形象好""功底好""团队好""学风好""服务好"五个板块的培训活动。活动以团建活动、专家讲座、自主研修、读书沙龙等形式开展,进一步优化青年教师队伍的群体结构,提高教师队伍的综合素质,培养、造就德才兼备的教师队伍,全面提高教育教学质量,使学校可持续发展。

### 3. 以课题引领形成教师发展文化

学校鼓励教师要善于发现问题,并能围绕这些问题去学习相关理论,以解决问题的需求促进专业能力的提升。学校鼓励教师以教研组、备课组和自组团队等多种形式申报市级、区级和校级课题,并订立制度来管理、支持教师的教学研究。

学校申报武汉市教育科学"十三五"规划重点课题"'互联网+'环境下的小学生核心素养的多元化评价研究"。在评审会上,三位评审专家一致认为该课题研究目标明确、思路清晰、内容丰富、过程扎实、成效显著,评定为"优秀"。学校申报的省级课题"关爱教育理念下小学新生活德育实践研究"中的重难点:"关爱教师理念"和"新生活德育"的关系、"新生活德育"中"新"的内涵解读等方面的思考,受到与会专家的高度认可。

教师的科研意识与科研能力在提升,教育教学质量也在提高,将教师的科研工作与教育教学、班主任工作等有机结合,成为教师在追求教育价值理念之下自我专业日常化提升的过程。

## (三) 关爱教育与学生发展文化

### 1. 以爱育爱,提升学生的情感素养

新课程倡导课堂教学要实现三维目标,即知识与技能、过程与方法、情感态度与价值观三维目标。在实现新课改的过程中,不仅要培养学生的智力成长,更有义务培养学生的情感成长。情感培养是一个循序渐进的过程,需要在课堂教学和课外活动中进行。

利用课前、课后一分钟等多种形式,师生互相倾听和分享彼此当下的情感体验,建立和谐的课堂氛围和良好的师生关系。课堂上创设有效教学情境,激发学生学习兴趣。师生间平等的对话,教师的语言多一些鼓励、肯定的话语,消除学生的紧张感,拉近学生与教师的距离,促进学生情感的自然流露。教师设计不同形式和内容的主题班会,利用真实的事件或身边的榜样,激发学生积极的情感,内化情感目标。

### 2. 以爱启智,提升学生的学习能力

在提倡素质教育时代下,自主学习能力成为学生在课程学习中的必需能力。学生拥有了自主学习能力,就能进一步提高对知识的掌握能力,进而为后续学习奠定坚实的基础。学校在专家团队的引领下,分析原有"实践-体验"教学模式的利弊后进行了重构,打造了"五爱-五环"教学模式。提出了学生在课堂学习中的能力目标——"五爱"(即爱倾听、爱思考、爱提问、爱合作、爱探究),并通过"五环"(即情

境导入、问题导学、活动导趣、展示导法、拓展导思），提升学生的学习能力和核心素养。

3. 以爱赋能，提升学生的生活能力

瑞士心理学家皮亚杰认为："活动是认识的基础，智慧从动作开始。"因此，学校要充分利用环境的优势，重视学生的实践活动，让学生动手、动口、动脑，提高生活技能。

以活动为载体，关爱学生成长。学校安排教师开展"培优帮困"活动，做好活动记载，使爱的阳光普照每一个心灵。开展班级文化建设活动（例如，制定班级公约、班名班训等），培养学生的责任感和团队精神，增强班级凝聚力。开展关爱学生成长特色系列活动：每年春暖花开，举行春晖节"红色经典诵读"；每届新生到校，开展以"传统美德记心间"为主题的汉服入学礼。从正衣冠、签名墙签名，到击鼓鸣志、朱砂启智，再到拜师礼、听实训，丰富的新生入学活动，让学生体验到满满的仪式感。"全能小海星，健康我先行"主题趣味运动会，使全校2300名学生放飞快乐，校园里留下了"小海星们"纯真的笑脸、悦动的身影、灵动的脚步。学校还联合武汉少儿电视台，现场直播"温暖你我他 海星在行动"迎新春大型公益义卖暨科技艺术展。在深化小海星文化品牌内涵的同时，以爱的名义向希望工程捐款，帮助困难青少年群体欢度幸福、温暖的新春。

4. 以爱树人，促进学生的全面发展

没有爱就没有教育，爱是教育的原动力。每个学生都是立体的，他们的发展也是多方面的。传统的学习评价只是单一地考查学生认知方面的表现，而忽视了其他方面（如情感、态度、价值观等）。其实，发展的各个方面都不是独立存在的，而是相互联系、相互影响的。没有了情感、态度、价值观等方面的发展，认知的发展也必然受到影响。因此，学习评价不能仅集中在认知方面，更应该兼顾除认知之外的诸多其他侧面，注意评价的全面性。学习评价作为对学习活动进行价值评判和反馈的过程，理应从学生发展的角度出发，对自身进行一次改革，使学生在参与评价的过程中，具有主动性，成为发展的主体。学校应变革过去那种单一化的评价方式，采用更为科学的、有效的、多样化的、利于学生发展的学习评价方式，不断增强学生的评价意识和评价能力，使评价为学习服务，使学生在学习评价中全面发展。

## 三、关爱教育与班级文化建设

2017年教育部印发《中小学德育工作指南》，明确指出，要文化育人，建设班级文化，鼓励学生自主设计班名、班训、班歌、班徽、班级口号等，增强班级凝聚力。班级文化是校园内生文化的主要内容，也是德育文化育人的基础，良好的班级文化对学生的成长起到积极的作用。浇花浇根，德育育人需从班级文化开始，只有具备优秀的班级文化，才能衍生出良好的校园内生文化，秉承着学校以"关爱教育"为办学理念的文化，建设以"关爱"为主题的班级环境，使学生在充满"关爱"的班级环境中，实现德育文化育人的目标。

## （一） 关爱教育导向下的班级环境建设

### 1. 蕴含"文化"的墙

心理学认为，现实是环境对人心理情绪影响的主要形式。苏霍姆林斯基说过，使教室的每一面墙壁都发出教育者的声音。[1]班级文化墙蕴含"文化"的特征。让实体的墙蕴含"文化"，把"文化的东西"搬到墙上，师生共同参与，在墙上创造出"文化"，这样的一种文化必然是班级文化。班级文化墙不仅能说话，还能说到学生心里去，引起学生的回应。因此，班级文化墙蕴含的文化必定是师生共同创造的文化，并处于动态生成中。

学校以关爱教育理念为主导，"小海星"文化为载体，分别有五个板块：小海星作品展示区、小海星活动掠影、小海星最美书香、小海星图书角、班级信息栏以及黑板报。在以生为本的原则下，体现新课程"一切为了每一个学生的发展"理念，同中求异，让每一个学生都能展现自己，体现生生参与的原则。教室的每面墙都应留下学生参与的痕迹，让学生都能体验到参与的喜悦。学生参与体验的过程，会让他们对教室产生爱护意识，并自觉维护"共同的家园"。

在作品展示区中，以关爱学生为主、教师指导为辅，学生尽可能地展示自己，一幅认真的美术作业，一份有进步的钢笔书写，一卷充满墨香的毛笔作品……都能上墙展示。每一份作品都是对学生的肯定，让学生感受到集体的关爱，激发学生参与热情，让学生产生不竭的动力，形成积极向上的班级文化。

在活动掠影展示区中，就更能看见学生的身影了。一次为班级拼搏的篮球比赛，一场团队合作的挑战赛，一次默契十足的趣味运动会，一次精彩绝伦的艺术节表演……不断地激发学生的集体荣誉感，那一张张拼搏的笑脸背后，是整个班级的凝聚力。

在黑板报的展示中，以学生审美为主，由学生自己分工合作，讨论交流，发挥所长，让他们大胆发挥、分享创意、体现个性、彰显自我、完成布置，在潜移默化中培养学

---

[1] 刘秀斌. 我爱我家——从教室布置看班级文化的建设[J]. 小学教学参考, 2013（6）:5-6.

生的自主能力。

小学生身心发展规律决定着他们容易被新鲜事物吸引,固定布置容易产生疲劳,从而影响教育功能。在每月重要节日或活动时,班主任通过照片或文字的记忆更换教室布置,使学生获得一种精神力量,激活前进动力。这些区域使学生有一种被关爱的归属感、自我的成就感,自主激发学生的学习积极性以及在班级中的小主人翁意识,在汲取关爱的同时也能传递关爱。学生的参与让班级文化墙灵动起来,教师的参与丰富了班级文化墙的意蕴,并产生引导作用,而师生共同创建班级文化墙过程中的收获与成长比班级文化墙本身所带来的效果更有价值。[1]

**2. 绿色班级环境建设区**

苏霍姆林斯基曾经说过,无论是种植花草树木,还是悬挂图片标语,我们应从审美高度深入规划,挖掘育人功能。所以在班级建设中,倡导用绿色来美化环境,每人一盆花,爱每一盆花,做到人人有责,人人有爱。班级环境建设中绿植必不可少,它不仅仅能给人美的视觉享受,更为学生带来新鲜的空气、视觉的放松和心灵的舒适。班级里的花花草草都是学生们自己带来的,贴上了小标签,写上了名字。看一看谁是养花小能手,谁能在学期末把花养好带回家……这些都有奖励。为此,学生带来的花花草草各不相同,使教室别有生趣。每天都有学生来给花草浇水,有时还会帮忘记浇水的同学也浇上水,花儿竞相开放,友爱也在悄悄发芽、成长、蔓延。

### (二) 关爱教育导向下的班风班规建设

**1. 生生互动的班风班规建设**

小学是人格的初步形成时期,学生易受外界影响,各方面发展都不稳定。作为班主任,要创建有个性、有力度、有效度的制度文化去影响学生人格的形成和发展。

(1) 制定"班级公约"。

每学期开学,班主任召开班会,让学生根据本班实际情况,共同探讨"班级公约",涉及安全、纪律、卫生、学习等方面,每一条都是学生的心声,都要考虑学生的需求,都应以是否有利于学生成长和发展为标准。在班级公约正式确定之前进行试行,再讨论、修改,最终由班委代表集中完善。

(2) 实行班干部轮换。

班干部通过自荐、推荐、民主投票、民主评议产生,并设试用期。在班干部选用上实行正、副双岗位竞争机制,即每个岗位设两人,使班干部时刻保持危机感和紧迫感。

---

[1] 金培付.教室布置,让每一面墙都说话[J].新课程学习(下),2012(7):116.

班主任在健全"班干部"管理时,应尽量调动全员积极性,可以增设"一日班长""卫生组长""图书管理员""观察记录员""安全巡视员"等岗位,并定期轮流竞选。

(3)建立多元评价制度。

根据皮格马利翁效应(指人们基于对某种情境的知觉而形成的期望或预言,会使该情境产生适应这一期望或预言的效应),小学生更希望得到老师的赞赏。所以,班主任应在班级建立多元评价制度,通过"小组擂台",每周对小组表现进行评价,建立"星光大道"星级评比,每月评选出"学习之星""作业之星""守纪之星""卫生之星""文明之星",并在班会课上颁奖表扬。实行多元化评价,正契合新课改的评价观,能让学生感受到老师的关爱和鼓励,从而使学生能更好地全面发展。

**2. 家校协同的班风班规建设**

教育部2021年工作要点指出,要强化学校家庭社会协同育人体系,学校应当从中发挥指导作用,明确家长在学生教育问题上的主导作用,积极构建完善高效的学校家庭社会协同育人机制,促进学生素质的全面发展。

小学阶段的学生对家庭的依赖程度较高,家庭是学生设定自我追求的第一群体。家庭文化资本不同,使学生个体上具备不同的家风文化,由此看出,班级文化需要家长、学生、教师共同创造,从而达到家庭家风、学生个体、教师影响的文化融合。

如何让家长参与班级文化建设呢?吴家山第四小学有以下几点做法。

(1)开设家长学校专栏,打造家长学校平台。

首先,挑选一部分有教育经验的优秀学生家长,在班级的QQ群/微信群里分享他的教育经验,让其他迷茫的家长找到正确的方法。其次,收集家长在教育孩子中最具有共性的难题,通过全校投稿选出最有实战经验的家长,录制成视频全校推送。每一次的推送,都是家长的一次成长,实实在在解决家长的困惑,关爱家长教育,使家长自觉并乐意参与孩子的教育,家长与学校关系更加亲密融洽,这种力量也带动学生积极向上,为打造良好的班级班风做出贡献。

(2)借助班级优化大师,打造家长班级平台。

学校的班级管理中,不仅仅只有家长学校专栏,最关键的是将家长带入班级中,共同参与班级建设和发展,合力打造使学生全面发展的班级文化。通过班级调查、电话和QQ/微信交流,发现个别学生和家长沟通是存在问题的,学生报喜不报忧,或者完全不跟家长说在学校的情况,家长也不能及时地掌握孩子在学校的情况,使孩子养成了堆积问题等不好的习惯。为了进行及时有效的沟通和合作,学校邀请家长加入班级优化大师,其中的每一项细则都清清楚楚(包括作业完成情况、课堂听课效率、行为习惯、书写习惯、卫生情况,等等),以加分的形式,及时清晰地展现。家长通过手机App在第一时间就能知晓,回家后也可以进行有效的沟通。各科教师也加入班级优化大师,使得学生每一节课的表现都能全面地反馈给家长,家长也能和各科教师及时进行沟通。这样三方合一,效果好、质量高,学生在校表现积极,家长也不用为了家校脱离而焦虑,家长和教师也能更好、更及时地沟通。不仅如此,这也给了学生巨大的能量。每天下课,黑板前面都围着学生,或是加分,或是看看自己的分数排名。看看谁是四颗星,谁已经到月亮了,谁已经是太阳了。每一分都显得弥足珍贵,学生因此更加规范自己的言行,更认真地书写作业,更认真地听讲。同学之间争着学,比着加分,在班级中营造了一种乐学的氛围,形成了一个强大的、良好的体系,非常有助于学生习惯的养成,形成积极向上的良好班级班风。

### (三) 关爱教育导向下的特色班级活动

#### 1. "小海星"文化特色活动

"小海星"文化是基于学校"关爱"教育办学理念下的学校文化之一。每个学生都是独一无二的,要顺应学生个体发展,激发学生潜能,面向每一个学生,激发和唤醒他们的潜能。按照时间分布,班级会举行一系列形式多样的"小海星"特色活动(如,小海星体育节、小海星艺术节、小海星挑战赛、小海星实践活动等)。

#### 2. "小海星"素质实践活动

晒秋、巧手迎新春、阅读、运动、学雷锋手抄报、家务劳动、见字如面等都是学校的班级特色实践活动。其中,晒秋活动、学雷锋手抄报登上了荆楚网和湖北日报体育课堂版面。

#### 3. 班级有特色

2018年,李婷老师的班级开展的特色班级活动——生态游学,获得了武汉市生态环境教育活动一等奖。李婷老师带领学生在美丽的后襄河公园感受妙趣横生的生态研学课——"了解身边的蜻蜓";2020年,又带领学生实地考察身边的美丽湖泊——黄狮海;2021年,去金银湖研学……走出教室,离开传统的课堂,把课堂搬进大自然,促进了体验与学习相结合。让学生仔细观察身边的事物,真实地记录它们的特点,在分组活动中增长了学生组织协调和随机应变的能力,增长了学生个人的知识储备,提高了学生的语言表达能力。微信公众号上、微直播上,一一记录下学生最真实的行为与想法、收获与分享等,直观地呈现在家长、教师、学生眼前。

2021年,于娜丽老师班级开展特色活动——水培。水培金边吊兰的研究课让人耳目一新,劳动课的模式体现到位,在小组合作学习的实践环节中,让每个学生都能动手体验培育植物的完整流程操作,学生的劳动体验感会更强。通过实践活动与家长、教师的点评与指导,"爱劳动"不再是一句空话,学生感受到劳动教育是一门充满智慧的课程,是一门与科技息息相关的课程,更切身体会到人工智能和现代农业对生活的影响。在培育植物过程中,也培育了自己的劳动之心。满足了学生个性发展的需求,增强了学生的成就感。活动体现了学生的综合素养,更体现了学校的办学特色。

4. 主题班队会

班级每周一次的少先队活动,认真贯彻落实德育五大体系,大力开展三爱(爱学习、爱劳动、爱祖国)、三节活动(节粮、节水、节时),以及经典诵读、文明城市建设、文明校园创建活动,道德实践活动和科技文体活动,丰富的活动使家校共育成为现实。

# 第二节 关爱教育与人的全面发展

在教育活动中,最重要的主体应当是学生,也就是学习者、受教育的对象。学生的成长是教育发展的根本目标,所以,以生为本的思想在教育中最基本的体现应该是促进学生的全面发展。

## 一、关爱教育导向下的"立德树人"

### (一)"立德树人"的价值追求

党的十八大以来,党中央为教育事业确立了立德树人的根本任务,也为新时代中小学教育指明了根本方向。中小学校肩负着培养中国特色社会主义事业的建设者和可靠接班人的重大使命,立德树人根本任务在中小学的落实具有特殊的重要性。笔者尝试阐述立德树人的价值内涵和背景,探索立德树人根本任务在中小学落实的实践路径和举措。

1. "立德树人"的基本含义

"立德树人"是在对传统教育理念的创新性继承和发展基础上,对新时代中国特色社会主义"立什么样的德,树什么样的人"的深刻回答。德因人而立,人因德而树。德与人的具体价值内涵随着时代的发展变化不断丰富。

2. 传统语境中的"立德树人"

在中国的传统文化语境中,立德与树人理念有着极为悠久的历史渊源,始终代表着中国人对于育人理论的思考和求索,并在不同历史时期有着不同的现实表现。《左传》云:"太上有立德,其次有立功,其次有立言,虽久不废,此之谓不朽",这是"立德"一词首度在中国传统典籍中出现,此后立德、立功、立言成为封建时代许多读书人不懈追求的人生境界,亦作为一种强大的精神力量激励着发奋苦读的青年学子。

《管子》曰:"一年之计,莫如树谷;十年之计,莫如树木;终身之计,莫如树人"[1],这是"树人"一词的首现。中华文明作为人类农耕文明的杰出代表,很早就已经意识到人是农耕社会能够产生决定性作用的能动者,因此,《管子》的树人理念明确指出社会延续与进步的决定性因素在于人的成长与提升,树人也因此成为文明社会追求发展与创新的核心要素和最高追求。

### 3. 新时代背景下的"立德树人"

自党的十八大以来,党中央高度重视培养社会主义建设者和接班人的相关工作,十八大报告提出,要坚持把"立德树人"作为根本任务,把思想政治工作贯穿教育教学全过程,实现了全员育人、全程育人、全方位育人,开创了我国教育事业发展的新局面。

党中央从宏大历史脉络和深远政治考虑上,明确提出了"立德树人"的根本任务,实现了"立德"与"树人"在新时代的高度有机融合。在新时代中小学教育中,贯彻落实这一根本任务具有深刻的理论渊源,体现了我国进入新历史方位的现实需要,契合了新时代社会主要矛盾的变化对教育带来的新要求,契合了培养担当民族复兴大任的时代新人的历史性任务。

## (二)"立德树人"的实践探索

### 1. 树立生动活泼、健康向上的儿童形象,使"立德树人"清晰可见

(1)"立德树人"的根本出发点是站在生命智慧的学校文化角度,关注学校精神文明建设。应在小学给学生一个可视的形象,如找寻奥运会上的"福娃",能代表着北京奥运、人文、自然、科技奥运的内涵,又给人简单、可亲的感觉。

(2)在学生的教材中,寻找"小海星"。

2006年的开学典礼上,前任校长把小学三年级语文中一个关于小海星的故事讲给全校师生听,故事是这样的:一个孩子到海滩上玩耍,他看见许多海星被早潮冲上海滩,当潮水退去的时候,它们被留在了海滩上。如果被正午毒辣的阳光照射,它们很快就会死去。因为刚刚退潮,所以绝大部分的海星都还活着。孩子向前走了几

---

[1] 黎翔凤. 管子校注[M]. 北京:中华书局,2004.

步,捡起一个海星,把它丢进了海里。他就这样不停地捡啊捡,又一个个把它们扔回海里。有人正走在孩子的后面,不理解他为什么这么做,于是就追上问:"你在干什么?海滩上有成千上万个海星,你能够救几个,救不救几个海星又有谁在乎呢?"孩子又向前走了几步,捡起一个个海星,把它们丢进海里,一边丢一边说道:"这个小海星在乎,这个小海星也在乎。"

这个故事感动了在场所有的师生,逐渐形成了尊重生命,不放弃对信念和生命的追求的"小海星"文化。

### 2. 打造"童心、童真、童趣"校园文化,使"立德树人"寓教于景

从建校开始,学校非常注重校园物质文化的打造,按童心、童真、童趣的"三童"原则,建设学校的楼宇文化、办公室文化、书吧文化、走廊文化、园区文化等,特别是反映学生良好行为习惯的厕所文化。学校引领学生对厕所文化开展"创意大比拼",从文化环境建设的角度,修整、改造厕所环境。在确定了"百科楼—行知楼—师陶楼—启智厅—百味堂"后,学校在教师、学生中征集命名并诠释"童趣园""童乐园""行知园""智慧园""惜时园""奉献园""感恩路""爱心路""宇宙空间""海洋世界""海星路"。

学校将"九个楼梯口"喻为通向学生的心灵之门,并在学校开展创意征集活动,定为"自信之门""爱心之门""感恩之门""心灵之门""智慧之门""友谊之门""奋斗之门""创新之门""阳光之门"。例如,在四(2)班确定的"自信之门"上,三(4)班的学生邹雅雯写了这样一句话激励同学——"每天告诉自己一次,'我真的很不错',我可以接受失败,但决不接受放弃"。就这样,原本无生命力的资源,师生在主动参与下对其有了不同的体验,文化陶冶发挥了交流、唤醒自我意识的中介作用,"立德树人"在学生、教师、家长的全体参与与体验中有了载体和活力。

### 3. 养成生活、学习、运动等方面的好习惯,使"立德树人"习以为常

经过多次讨论和试点班实践,学校提出了以"预习习惯、阅读习惯"的基础性习惯为突破口的9个学习习惯的培养,并列出了低、中、高级培养原则,学校以健康生活为突破口,提出了做好两操、入好厕的生活习惯的培养要求,每年六一儿童节前期,学校依据好习惯生的评价标准表彰学生。

### 4. 建立好班主任、学生干部、家长队伍,使"立德树人"有章可循

(1) 打造好个性、思考、智慧型班主任团队。

学校组织开展班级办班理念实践探索,从取班名,提出班级目标、口号,设计班

徽、班级规则,形成班级特色,问题学生管理等入手,开展以"生命·智慧"为主题的个性、思考、智慧型班主任专业化成长第一、第二届论坛。学校以市级"百优班主任"为骨干引领,有市级"百优班主任"三名,他们各具特色:张仔荣老师的"家校合作中的特色"、余志琼老师的"综合实践活动"、周玮老师的"亮剑班级文化"。充分利用"百优班主任"的资源和优势,开展"百优班主任"的引领活动,努力营造有助于班主任专业成长的良好德育氛围,由三位"百优班主任"带领教师形成自身特色的班级文化。积极探寻班主任专业化发展的新途径,在自我反思与行动研究中不断提高德育的有效性,在积累德育案例、故事的过程中提高自己的班级管理水平和理论水平。每个班级创设具有自己班级特色的"小海星"文化。例如,发展适合自己班级特色的个性、智慧的班级管理,创建"三优"的班主任专业化发展模式。

（2）打造理解支持型家长团队。

学校利用多种形式（如开放课堂）,请家长参与监考、参与学校文化的创意设计,探索"我和孩子同读一本书""弟子规""亲子运动会""家长经验谈"等,评选了240个学习型小海星家庭,150个艺术学习型小海星家庭。

（3）打造领袖素质型小干部队伍。

学校拟定了领袖素质型小干部的培养计划,并以"相约星期二"为主题,在每月最后一个星期的星期二集中训练领袖意识、领袖管理智能、领袖素质。目前,第一期班级已经开始试点。

**5. 打磨有创意的"小海星"文化节,使新立德树人富有感染力**

（1）设计"让童心飞扬"的入队文化。

近几年来,学校突出建设"中国少先队"。学校认为"中国少先队"是属于中国,属于中国少年中的先驱,属于中国少年中的杰出代表。为了加强少先队的组织意识和感召力,在入队的那一天,学校高年级的入队活动志愿者将参加活动的家长迎至举行入队仪式的启智厅,每一位参加入队活动的家长、教师均佩戴红领巾。在仪式上,由家长亲手为孩子佩戴红领巾,送上成长的礼物,说一句祝福的话语。作为感恩的回报,孩子也送给父母一个深情的拥抱,献上第一个队礼,汇报一曲《感恩》手语操。每每此时,家长的眼睛里噙满泪水,感到自己的孩子真的长大了,懂事了,孩子也感受到父母对自己的期许。这一活动在多年的延续和积累中形成了吴四小特有的入队文化活动。

学校希望与家长一同分享孩子的成长,感受孩子的成长。入队前,家长和孩子在家中练习佩戴红领巾的美好时光,相信在每个孩子和家长心中都会留下温馨的记忆。有一位家长在参加完入队仪式后写下了这样的一段话:"我在给孩子戴红领巾时,手不停地颤抖,一刹那我觉得我的孩子长大了,我感到很幸福……"

2006年,学校提出了立德树人的根本出发点就是"培养国际视野、民族灵魂的中国少先队",让少先队员在生命智慧的学校文化中,沐浴爱与感恩的阳光,播撒爱与感恩的种子。学校在"争、选、练、戴、送、谢"六步少先队入队文化中培养了一批批少先队员,提供了形式多样的亲子互动契机。

（2）设计"放飞希望——共同托起明天的太阳"的毕业文化。

2006年,学校连同"同人国心TA22班",请300名社会义工和300名学生家长为近300名毕业生开展了"共同托起明天的太阳"大型毕业团队培训文化活动。按照"破冰引发",营造不同的学习氛围,"对话定向"明确目的,"体验责任与受害者""个案教练""叠报成塔""孤岛求生""立场画"等培训流程,使家长、学生、教师、义工在交流中相互信任、相互支持。2007年,学校组织毕业生到"红心教育基地"参与拓展训练,并由每个学生喊出自己的目标。2008年,学校组织毕业生到"红心教育基地"开展"相信自己、信任他人、支持团队"的心理体验训练,学校将学生的体验文章编成了"我们一起走过"文集。

（3）设计"沐浴阳光、展我风采"为主题的小海星阅读、思维创新、艺术、体育文化节。

围绕"小海星"文化,学校开展了一系列的小海星活动,健康小海星体育节、学习小海星语文节、智慧小海星数学节、快乐小海星英语节、特色小海星艺术节……学生们争当"小海星之最",班级争创"小海星之家"。希望每个学生都能成为耀眼的新星。2008年7月4日19:00,学校推出音乐备课组龙霞老师多年来的舞蹈创编作品专业专场汇报演出,并表彰150个艺术小海星之家。

（4）学校拟定了《小海星手册》,从家校合作、学生自主学习、生活自理等方面全面评价学生,规范学生行为,激励学生树立目标,平衡发展。

低段以"弟子规"作为传统文化教育的方向,培养学生文明礼仪,训练走、说、行、用的礼仪,评选优秀学生;中段以加强团队的合作竞争意识为导向,在运动、学习、生活习惯上用好《小海星手册》;高段以加强理想教育为主的学风建设,培养与提升自我管理能力。规则如下:获得一百枚小海星印章的学生可获得"小海星少年称号"并奖励小海星照片喜报一张;获得三百枚小海星印章的学生可获得"小海星好少年称号"并奖励由校长亲笔签名的小海星照片喜报一张;获得五百枚小海星印章的学生可获得"小海星优秀少年称号"并奖励由校长亲笔签名的小海星祝贺信一封,以及代表学校文化的小海星水晶一个。

利用开学和散学典礼、升降旗仪式、节日庆典等活动表彰小海星先进集体和小海星少年。借此鼓励先进,督促落后,全员形成了人人监督、争当先进、不甘落后的良好竞争氛围,使学校形成良好的教育教学秩序,为师生提供良好的学习和生活环境。

老子在《道德经》中说:"道可道,非常道;名可名,非常名。"在德育研究探索的道路上,学校只是做了一点自己的尝试。

### (三)"立德树人"的实践成效

学校坚持以德立校,立德树人,从家庭、学校、社区三个渠道入手,形成强大的德育网络,构建坚实的育人体系。

#### 1. 锻造"立德树人"的班主任队伍

学校紧扣《东西湖区中小学德育工作规程》,把具有生命力、智慧型、有效性的工作特色作为打造班主任名师的方向。通过"五个一"的活动挖掘班主任专业化成长的活水源头,即"一月一次"班主任团队培训,"一季一个"班主任团队展示,"一学期一个"班主任幸福周,"一学期一次"对家长培训,"一学年一次"德育论文交流。在这些常规"一"字策略坚持落实中,一个"智慧、诗意、个性"的班主任团队不断发展壮大。

#### 2. 开发"立德树人"的德育校本课程

学校全面落实《道德与法治》《品德与生活》《品德与社会》和班(队)会,定期举行班(队)会评比和班(队)会活动设计评比,联系学生实际,探索有效的教育方法。

在培养友爱、乐学、善思、慧行的现代化小公民的学生发展目标的推动下,学校从三个层面设置,开发社团活动课程(如,管乐、民乐、网球、足球等),为学校校本课程特色做示范;教师打造一批特色课程(如,舞蹈、合唱、航模等),为激发学生兴趣引路;围绕班级结合班级特色建设,打造一批如版画、百家讲坛、花样跳绳课程,为学生特长发展搭建平台。

#### 3. 开展"立德树人"的德育特色活动

为全面落实德育目标,学校不断丰富德育内容,重视学生的实践体验,开展演练、评比、表彰,努力形成爱国主义教育、法制法规安全教育、文明行为养成教育、自主自立教育等活动序列。如开展"十个一"成长记录活动:每日一写、一阅、一诵、一做、一练、一助、一趣、一知、一敬、一思;开展"优秀学生""优秀学生干部""美德少年"以及"优秀小海星"等评选活动。

成立少先队工作委员会,规范少先队日常工作。每年召开少先队员代表大会,民主选举产生大队委员会成员;少先队干部、班级干部,由学生自我推荐,竞争演讲,民主投票产生,经培训后上岗并承担布置、指导评估有关学生的德育活动,使学生的自主意识和能力得到锻炼和提高。

#### 4. 强化"立德树人"的心理健康教育

从2009年起,学校坚持开展"亲子教育家长工作坊"的培训课程。以亲子沟通的技巧训练为主,有针对性地开展学习理论、观念改变、体验互动等活动形式,对家长与学生进行有效的、一致性的亲子沟通技巧的培训,解决家长在亲子沟通中的诸多困惑和需求。

#### 5. 深化"立德树人"的家校协同育人

学校在上级教育行政部门的领导下,重视家庭教育工作,正确认识家庭教育在整个教育工作中的地位与作用。一是成立"关爱孩子"家长护畅队,开展好警校家活动;二是每学期学校都要召开家长会,让家长、教师互动沟通;三是举办家庭教育讲座,不断丰富家庭教育知识;四是邀请家长到校参加学生的活动,调动其教育子女的积极性;五是开展家长开放日活动,让家长深入了解学校和教师,最重要的是要了解孩子的学习状况。

学校德育来源于生活,服务于生活,吴家山第四小学将进一步增强全员育德意识,拓宽网络育德途径,在坚持中形成特色,在落实中显出实效,继续深化关爱教育育人体系下新生活德育的内涵,让其焕发新的光彩,让学校关爱德育具有品牌影响力。

## 二、关爱教育导向下的"智慧成人"

### (一)"智慧成人"的价值追求

#### 1."智慧成人"的基本含义

在教育哲学视角下,智慧教育出发点和归宿点是唤醒、发展人类的智慧。智慧教育在传统意义上主要是传授给学生系统的科学知识、形成学生的技能、发展学生的智力以及培养学生能力的教育,这样的理解是有一定局限性的。因此,"智慧成人"是基于我校实际情况,在实践探索中不断尝试和发现,对智慧教育的具体内涵进行了一定的扩展和补充。

学校希望的"智慧成人"是一种更为全面、丰富、多元、综合的智慧教育,教育最基本的追求在于促使受教育者全面地发挥自己的智慧本质,成长为理性智慧、价值智慧和实践智慧的统一体。旨在培养学生学习与创新技能,其中包含批判性思考和解决问题的能力、沟通与协作能力以及创造能力等。在物联网、云计算、大数据等的推动下,信息技术在教育领域的应用有了很大的推广。我校"智慧成人"利用适当的信息技术积极参与各种事件活动,并且在不断的实践和创造中体现关爱教育理念,实现对学生学习环境、生活环境的提升。

2. "智慧成人"的时代要求

2008年,IBM公司提出了"智慧地球"这一新的概念,从那之后,便成为全球互联网研究的最热门的话题之一,微课、智慧教育、教育大数据、智慧课堂、翻转课堂等成为近几年来的热门词汇。我国也提出了建设智慧城市和数字社会的发展战略。中小学"智慧校园"建设是构建智慧教育体系和智慧城市的重要环节。"教育信息化2.0 行动计划"坚持将信息技术和学校的教育教学进行深度融合,构建数字化、网络化、个性化、智能化、终身化的教育模式;同时在借助信息技术的基础上,实现一个学习型的社会,即人人皆学、处处能学、时时可学的社会,真正地实现教育信息化的发展之路。

"智慧生活""智慧城市"等新名词的出现,打破了传统状态下学习活动扩展、内容僵化的壁垒。信息技术在教育领域的广泛运用拓宽了知识教育体系的更新与变革,"智慧"作为第四次教育革命的重要价值指向,主要以数据信息系统、智慧环境、智慧资源和智能管理服务模式等板块构成的"教育生态系统"为支撑,聚焦人机结合、通才培养和反馈数据收集等过程,旨在为学校、区域、各级各类学习者提供差异化、智能化、体验可视化及高适配度的学习环境。

3. "智慧成人"的校本特色

学校利用信息手段,创建智慧校园、建设智慧课堂,智慧教育的教学宗旨和根本任务是为学生的终身发展奠基。因此,教育教学的目标不单单是让学生学习和掌握书本知识,还要培养学生的独立个性,激发学生的个体潜能,促进学生情感、态度和价值观方面的和谐发展,让每一个学生都有理想、有信仰、有自信、有责任、有担当,进而促进学生的身心和谐发展,学生的生活能力、社会适应能力、劳动能力等全面提高。我校所有教室配备希沃白板及展台,让学生在日常的学习中充分感受科技带来的学习的便利,同时配备智慧教室,为教师录课上课带来了便利,班级门口的电子展示台,能够充分展现班级文化特色,渗透关爱教育,培养学生个性化发展。学校运用智能平台进行校内一切事务的管理,将信息技术运用到学校的各个部门,包括运用智能平台智慧管理教师、后勤等。

### 4. "智慧成人"的实践探索

（1）聚焦学生核心素养，提供优质学习资源。

智慧教育是新时期数字资源及教育产业的智能化发展的必然路径，以"智慧"作为教育发展和技术变革的关键指向，从教育内容、教育架构、教育生态来看，智慧教育具有阶段化的递进规律，可以分为以知识模块构建为内容的智慧课堂、以知识总量扩容为重点的智慧校园、以共建共享机制为核心的智慧环境。基于阶段化特点，学校"智慧成人"发展遵循"体系、规模、质量"三步走策略：加强体系创建，提供"适需"学习服务，建设"智慧课堂"；注重规模扩张，打造"云网端"信息平台；构建高质量"智慧校园"。从长远来看，未来智慧教育的创新将更加注重操作便捷性和资源集约性，要完善操作界面，打造"智能视窗"，建设"在线班级"，实现数字资源"集群推送"。

（2）立足润泽生命理念，构建启迪智慧课堂。

2019年2月，中共中央、国务院印发了《中国教育现代化2035》，作为第一个以教育现代化为主题的文件，提出了推进教育现代化的八大基本理念：更加注重以德为先，更加注重全面发展，更加注重面向人人，更加注重终身学习，更加注重因材施教，更加注重知行合一，更加注重融合发展，更加注重共建共享。由此可见，我国对教育信息化非常重视，而在教育教学中，信息技术将处于不可缺少的地位。各级政府部门都集中精力，重视关于智慧校园的建设和扶持，武汉市每个区都有相应的智慧校园试点学校，智慧校园的总体发展迈上一个新台阶，呈现良好的发展趋势。

2018年6月，在中国国家标准化管理委员会公布的《智慧校园总体框架》中，主要从物联网、智慧教育和智慧管理这三方面来定义智慧校园。我校构建一种开放式的学习环境和舒适便捷的生活环境的基础上，为学生提供个性化的学习辅导，为教师提供个性化的备课方式，通过这种方式，教师能清晰的了解每一个学生的学习情况和学习特征，与此同时，网络化的校园便于教师对学生进行个性化的辅导和评价。教师在智慧化的环境下通过运用智能化的方式培养学生的智慧，其体现在解决问题时学生所表现出来的创新思维、批判性思维和信息素养。环境的智慧体现在构建一个数字化高级校园，校园里融合了许多新技术，如物联网技术、云计算与虚拟化技术、刷脸门禁等。

智慧课堂可根据网络系统所设置的特定语义来描述文本信息，自动化、智能化地捕获大量外部信息，并进行分类分析存储。由于学生学习层次不同，学校为了让学生更好地选择自己需要的学习内容，提供"适需"学习服务，建设智慧课堂，不同频、不同时地推进原有学科教学过程和知识文本材料，实现由纸质媒介向数字媒介的转换。首先,建立"数字课本",统筹"学"与"习"。传统的纸质媒介知识文本或教学设计已无法满足学习主体的认知诉求,纸质媒介上的学习实践活动在数量和质量方面均有待拓展。其次,要加强"虚拟+现实"全场景教学。智能课堂的实践运作离不开技术环境的支撑。智慧课堂初期以"电子书包"为引入,逐步向微课、多终端投屏、云服务等维度变革,极大地推进了"虚拟+现实"的全场景教学模式的建设。同时,学生可通过数据分享互动系统,与外部师资力量交流观点与学习成果。例如,在智慧课堂教学过程中,系统可根据学生个人情况寻找相关学习资源,学生的学习数据可在课堂空间进行流通与细化分析,以便进一步推进智慧课堂知识资源的流动。智慧课堂的实践应用破除了传统授课过程中的"教师中心化"模式壁垒,教师由原来的课堂主导者、权威者转型为研讨者、促进者,并借助在线技术对综合学情、学科教学进度及实践项目应用价值进行评定。在智慧课堂环境中,应强调"人、物、知识"这三类要素的内在联结关系,借助网络空间中智慧资源的"发展包容"特性来覆盖更多的参与个体,为学习者个体提供个人专属的在线操作系统,利用新技术与智能教育资源,与校内外、组内外人员进行方案研讨与成果交流,以此更好地推进课程资源的均衡配置与研讨实效的提升。

(3)打造"云网端"信息平台,营造智慧化校园环境。

教育信息化进程的推进需要以智能网络系统、智慧校园为依托,以"人技协作"为落脚点,打造由云计算、大数据和开放学习空间组成的"数字校园"。从要素组成层面上看,智慧校园注重将知识类型由传统的静态资源转变为动态化生成资源类型,借助云平台进行信息存储,并联结各智慧教室和教学主体。基于此,有如下建设:提高资源留存率,建立"校内云系统"。为课程资源进行更科学而精密的分类与配置,将教育云平台作为智慧教室的软硬件后台支撑,借助区域教育网、公共校本文件,对智慧课堂参与人员及学习活动的各项数据进行实时采集、统计与调控。与传统的校内教育教学不同,智慧校园选取开放、协同的资源架构模式,集信息汇集、应用整合、用户管理、服务运营于一体,打破了传统意义上知识数据资源的区域封闭或垄断现象。大体来看,区域间的教育差距主要体现在可支配优质资源方面,一些优质课程、微课、纸质资源不便于移动或借阅,阻碍了资源库的共建共享。"智慧云平台"很好地解决了这个难题,允许区域内各教育主体以低成本来获取更高质量的资源服务,推动了智慧校园的协同建设。我校智慧校园深度交融了传统物理空间与网络虚拟空间,打造了全过程、情境化、数字化的信息资源库,涵盖知识信息供给、人员管理及质量核定等多个方面,允许有需求的学生根据自身的时间、地点情况,自行选择相对应的资源与服务。在此过程中,学校需要把传统的标准化教学生产线模式转变为育人才、育创新、育共享资源的开放式教学模式;个体的校园学习环境不再是传统的同等条件、同进度的等同模式,而是契合个体需求的层次化情境。

5. "智慧成人"的实践效果

(1) 学生的学习力、思维力等高阶能力大幅提升。

学生在整个教学过程中的综合表现相比以前有很大的进步。例如,学生听讲、练习或操作时更加专注,学生互动的次数明显增多,学生的思维更加活跃,学生自主学习的积极性更高,合作交流学习的效果更好。

智慧课堂以"增长学生智想"为目标,在课堂教学中要求隐去教师的权威,呈现学生的精彩。具体表现在引导争辩的课堂、追求疑问的课堂、凸显探究的课堂、走向生活的课堂、唤醒智慧的课堂。

其一,学生主动学习、增强自主感悟的能力。学生主动学习、主动阅读相关书籍、查阅相关知识的积极性明显增强。以往"小和尚念经,有口无心"的现象明显减少。在教学过程中,教师牢记课程标准中的"阅读教学要珍视学生的独特感受、体验和理解";在阅读教学中,教师确定了感悟是前提、积累是基础、表述是创新的策略。教师积极引导学生在品味语言的韵味、体会语言的精确时,还要对课文进行创造性的阅读,让学生读出自我感受、读出灵感,让学生的语感得以深化、内化,不断开发学生的语言潜力,这是智慧阅读教学的最终目的。

其二,学生探究学习、解决问题的方式更加灵活。智慧课堂要求教师创造性地引导学生进行主动的、个性化的学习。智慧课堂对转变学生的学习方式、最大限度地挖掘学生的潜能,起到了重要的推进作用。其主要表现为:智慧课堂激活了学生学习的体验性、推进了学生思维的独特性、激发了学生学习的主动性、培养了学生在学习活动中的"问题意识"。

其三,学生主动合作的意愿和能力明显提高。以音乐学科为例,教师在音乐课堂上通过运用合作学习的方式,鼓励学生对乐曲进行再创作。通过组织小组竞赛,让学生在小组交流、合作的过程中进行再创作,学生学习及创作的兴趣、合作的兴趣和能力显著提升。

(2) 教师信息素养与课堂教学深度融合明显增强。

学校利用教研活动时间,选择有关信息化教育资源主题,供教师学习。通过学习,教师掌握了教育教学新技能,学会了运用教学新技术信息化教育资源有效应用,从而调动全校教师主动参与信息化教育资源有效应用的推进,为全校开展信息化教育资源有效应用的推进奠定了基础。

目前,我校教师几乎每节课都在使用信息化教学设备进行教学。从开始的不习惯到现在的"白板控",并不是依靠强制执行,而是信息化教学设备的使用让教师们尝到了甜头。教师用于备课、制作课件的时间相比之前有明显减少,因为电子白板能提供PPT功能的同时还能随性板书,这个功能深受教师的喜爱。与此同时,在展示交流成果、拓展课外知识和作业布置,以及作业、试卷讲评中更加省时省力,效果更好。

(3) 学校信息化资源、平台、管理保障明显改善。

①利用信息化教育资源创设情景引入新课。

利用信息化教育资源创设一定的情景,引导学生进入新课。"兴趣是最好的老师",学生学习兴趣的特点之一,就是"最初对学习的过程及外部活动更感兴趣,以后逐渐对学习内容以及需要独立思考的学习作业更感兴趣。"学生一旦有兴趣去学,那么就非常容易调动他们学习的主动性和积极性,而信息化教育资源课件的最大好处就在于能创设生动形象的情景,极大地调动学生的学习兴趣。问卷调查显示,大部分学生非常期待教师使用信息化教学设备上课,感觉听讲、练习或操作时自己更加专注、更加开心,与老师、同学互动的次数相比从前有明显的增多。

②利用信息化教育资源参与探究法、双向互动。

利用信息化教育资源中的声音和图像等引导学生探究出课文的学习方法,主动学习,真正实现师生之间的双向互动。"以有形导无形",现代信息技术教育观认为,充分利用声、光、电等因素辅之以教学,可以起到事半功倍之效。我校教师充分利用信息化教学手段,通过教师的"教"和学生的"学"探究学习方法,优化课堂教学结构,从而大大提高课堂教学效率。与之前同年级同时期的课堂表现来看,绝大部分学生认为,思考问题没有以前费时费力,感觉自己自主学习的积极性更高,与同学合作交流学习的效果更好。

③利用信息化教育资源总结拓展、授之以渔。

在新课结束之前,利用信息化教育资源展示本节课教学流程,回忆总结本节课的学法,然后提示学生,今后遇到类似的文章都可以运用此方法去学习。这样,就等于交给学生一把钥匙,开启了智慧的大门,为学生的课外阅读提供了学习方法、指明了方向。

④利用信息化教育资源,增大课堂容量,达到事半倍之效。

新课标下的课堂,降低了知识的难度,扩展了学生的知识面,这些靠传统教学手段(一支笔、一本书、一张嘴、一块黑板)是无法完成教学任务的。教师们要"多、快、好、省"地提高课堂效率,达到事半功倍的效果,采用现代化教育手段,利用有限的时间,有效地增加课堂的容量。

学校的智慧教育都是基于学生开展,体现我校的关爱教育,从多方面智慧教育,共创智慧环境,在智慧的环境中育人,在实践中显出实效,继续深化关爱教育育人体系下的内涵,让其焕发新的光彩。

## 三、关爱教育导向下的"强体健人"

### (一)"强体健人"的价值追求

"人生幸福快乐,强身健体十分重要。"习近平总书记强调,全民健身是全体人民增强体魄、健康生活的基础和保障,人民身体健康是全面建成小康社会的重要内涵,是每一个人成长和实现幸福生活的重要基础。全民健身助力全民健康,全民健康支撑全面小康。这样的逻辑链条支撑起了全民健身作为国家战略的坐标体系,也让全民健身获得了前所未有的发展动力,推动着全社会体育观的更新升级。体育在提高人民身体素质和健康水平、促进人的全面发展,丰富人民精神文化生活、推动经济社会发展,激励全国各族人民弘扬追求卓越、突破自我的精神方面,都有着不可替代的重要作用。

#### 1."强体健人"的基本含义

强身健体是体育作用于个体的功能之一。体育运动的强身健体功能主要体现在:体育可以通过促进人体八大系统(即运动系统、神经系统、循环系统、呼吸系统、消化系统、内分泌系统、免疫系统及泌尿系统)的健康发展来促进个体的健康。

#### 2."强体健人"的时代意义

小学体育教育是新课程标准下的一项重要内容,它旨在培养学生的身体素质和健康意识,以及培养学生的社会交往和团队合作能力。

首先,2022新课标小学体育教育要求学生掌握基本的体育技能(包括跑步、跳跃、投掷、接力等),以及基本的体育技术(如游泳、篮球、足球、羽毛球等)。其次,要求学生具备良好的体育素养(包括自我调节、自律、团队合作、节制、礼貌等)。此外,要求学生具备良好的健康素养(包括营养、睡眠、运动、心理等)。

#### 3."强体健人"的校本特色

2022新课标小学体育教育的实施,需要学校和家长共同参与,学校要提供良好的体育设施和教学环境,家长要关注孩子的体育健康教育,给予孩子充分的支持和鼓励。此外,学校还要组织学生参加各种体育活动(如田径比赛、游泳比赛、篮球比赛等),以增强学生的体育素养和健康意识。

### (二)"强体健人"的实践探索

**1. 教学结合实际,促进测试达标**

《义务教育体育与健康课程标准》是小学体育与健康教育教学的准则,在体育与健康的理念下,小学体育教学应重视教学内容、教学方法的改革,在改革中提高与促进小学生参加体育运动的兴趣,以更有效的方法促使小学生对体育运动方法和基本技能、体育健康和健康基础知识的理解与掌握,在体育教学中提升学生的体能,树立终身体育运动的意识,使学生健康阳光、茁壮成长。体育与健康理念下的小学体育教学活动的开展,需要小学体育教师围绕教材内容,结合小学生的心理和生理特点,从学生的兴趣点出发,以"生活化""趣味化"的教学方法为课堂主旋律,突出体育与健康意识的灌输,切实加强学生体能锻炼,增强学生体质。

**2. 抓实体能训练,突出学生主体**

一个人的健康特征是指身体健康、心理健康、社会适应能力良好,而要达到身体健康重要的一点是要加强体育锻炼,学生在体育锻炼中不但可以增强身体素质,而且还可以培养克服困难、积极进取、乐观向上的人生信念,因此教师要引导学生正确认识体育与健康的辩证关系,充分理解体育运动对健康的重要性。

多元化的体育教学与体育锻炼适合小学生的心理特点和对体育活动的心理需求,从而达到身体健康的目的。小学生活泼好动,对新的事物兴趣感强,因此体育教师在体育教学的设计和组织指导学生体育锻炼的活动中要重视方式多样化,使学生对体育课堂教学与体育锻炼活动既有强烈的兴趣,又自始至终保持高昂的精神和坚韧的毅力,还可以学习和掌握一定的运动知识与技能。多元化的体育教学不但能够使小学生充分感受到体育锻炼快乐有趣,而且还能够有效地释放因学习而带来的心理压力,缓释和消除学习情绪焦虑状况,促进学生轻松、愉快、高效地学习。从体育与健康的层面来审视,多元化的体育教学与体育锻炼在充分满足小学生兴趣爱好的同时,又有效地促进了身体机能的生长发育。

在体育教学活动中,重点向学生宣传体育与健康意识,引导学生在小学阶段就树立"健康第一"的思想,并且将体育与健康意识贯穿于体育教学活动的始终,结合教材将体育与健康思想融合于体育教学的各个环节,使学生充分感受到体育对于健康的重要性,体育教师还应结合小学生的生活经验来进行体育教学活动,将教学内容与学生的生活实际"捆绑"起来,使学生理解体育与健康的关系,懂得只有参加体育运动,才能拥有健康体魄,例如,有的小学生略显肥胖,有的小学生略显瘦弱,这都影响到体质与体能。这除了与饮食和遗传基因有关外,最主要的原因是这些学生缺少体育锻炼。因此,对于这些肥胖或瘦弱的学生,教师应重点抓好他们的体育锻炼,"对症下药",督促他们坚持锻炼。这种结合实际的体育教学活动,可以最大限度地促进小学生体育测试达标,从而使体育与健康成为学生的共识与追求的目标。

### 3. 注重社团建设,彰显体育特色

教师要利用一切教学资源和教学方法,引导学生积极参加体育活动,以"阳光体育活动"为锻炼载体和运动平台,形成自觉锻炼的良好习惯,增强身体素质。在具体的体育课堂教学中,教师可以采用跑步、踢足球、立定跳远、投掷实心球、跳绳、运球跑、追逐跑等方式来锻炼学生的体能。教师还可以把男女同学分组进行立定跳远、投掷实心球、跳绳、运球跑等项目的对抗赛,以提高小学生参与体育运动的积极性,从而达到增强体质的目的,教师可以把运动项目设置的主动权交给学生,让他们设计"喜见乐做"且洋溢趣味的活动项目,在教师指导下统一进行自主锻炼,这样既体现了学生的主体性,又充分发挥了学生运动锻炼的主观能动性。

### 4. 走向社会生活,拓展锻炼空间

引导学生走向社会、走向生活进行大众化的体育锻炼,在强化运动意识的同时,提高身体素质,大众化的体育锻炼一方面可以提高小学生的锻炼兴趣,另一方面可以使小学生学到更多的锻炼方法,这对促进健康体质的形成具有重要意义,例如,很多小学生对社区或村民小组群众生活中常见的广场舞非常感兴趣,有的学生甚至还随家长一起去跳广场舞,锻炼身体。对此,教师在教授学生啦啦操时,可以将广场舞的视频或录像播放给学生看,比较各自的特色,在要求学生学好啦啦操的基础上,鼓励学生走向社会,参与跳广场舞,将体育与健康运用于日常生活中,这样既能够使小学生的社会生活丰富多彩,也能够增加小学生锻炼身体的机会和时间,更重要的是较好地延伸和拓展了体育锻炼的空间,有效地践行了《义务教育体育与健康课程标准》。总之,体育与健康理念下的小学体育教学,教师应引导学生理解运动锻炼的重要作用,开展多种形式的体育教学活动,正确面对锻炼问题与困难,在体育教学中结合实际,促进学生测试达标,切实抓实体能训练,突出学生锻炼主体地位,鼓励学生走向社会生活,拓展锻炼空间,真正实现发展体育教育,强健体质的目标。

### (三)"强体健人"的实践效果

#### 1. 学生体育运动兴趣和爱好明显增强

学生的体育锻炼在生活中起着非常重要的作用。通过学生体育运动,能够培养

学生的团队精神和集体主义精神,提高学生身心健康的发展,培养学生顽强的意志品质。因此学校开设了多个体育社团活动,根据学生不同的喜好选择自己喜欢的、感兴趣的社团活动。

啦啦操是学生非常乐于参与的一项综合性体育活动。活动形式为体育与舞蹈相结合、教育性和艺术性相结合,适合学生的年龄特点。小学阶段是学生身体发育的最佳阶段,开展啦啦操有利于提高学生学习舞蹈的兴趣,培养学生良好气质,增强学生集体意识,让学生在唱唱跳跳中感受律动的魅力。啦啦操不仅能够达到启迪智慧和陶冶情操的目的,而且对学生身心健康的发展也有良好的促进作用。

轮滑是一种体现速度的运动。用"风"体现出一种身姿的飘逸,寓意力与美的结合。学习轮滑可提高学生的心肺功能、灵敏度、平衡能力以及身体协调性;学习轮滑能全面提高学生的运动潜能,包括体能、耐力、大脑与身体各部位之间的协调性、运动反映的快速准确性等。学习轮滑有助于培养学生的良好个性,锻炼学生的意志力,培养不怕苦不怕累的精神,增强信心,培养学生乐观自信、阳光向上的性格。

### 2. 学生体育运动技能和特长明显提升

小海星轮滑社团利用轮滑运动的娱乐性、健身性、方便性来丰富、活跃学生的课余生活,练就了一个个健康灵巧的身体,培养了不怕吃苦、坚毅顽强的性格。轮滑运动提供给学生更多参与及展示的机会,发掘学生的表现欲望,培养学生活泼的个性。

排球运动是人类体育发展史起步较早的一种体育形式,也是世界上三大球类之一,因其体积小易于掌控且危险性小等因素一直深受人们的喜爱。参加排球社团能丰富学生的业余生活,提高学生的综合素质,增强团队合作意识和凝聚力,更能提升学校的文明形象,在对外进行体育交流或比赛时,展现我校风采。

跆拳道是一项能够强身健体、防身自卫的传统搏击武术,更是一项新兴的集健身、竞技及娱乐为一体的现代体育。其集力学、兵学、哲学、医学及伦理学为一体,以技击格斗为基础,修身养性为核心,磨炼人的意志、振奋人的内在精神气质、培养人的良好礼仪及道德为目标。跆拳道社团的开展主要是让学生了解什么是跆拳道,根据学生的基本素质让学生得到一个更大程度的提升,懂得基本的礼仪、礼貌。根据各个学生年龄层次的特点,设计不同的教学内容,将跆拳道精神植入品德教育、赏识教育、挫折教育、个性教育等,跆拳道不仅仅是拳脚功夫,更是一种让学生综合素质得到大幅度提升的教育。

### 3. 学生身体素养和综合素质大幅改善

舞蹈社团是一个深受学生喜爱的社团，开展舞蹈社团可以丰富学生的课余文化生活，缓解紧张的学习压力，培养文艺爱好者。它的成立为学生全面发展、展现自我才华又提供了一个良好的平台。在校园开展舞蹈社团可以培养学生的体力、协调性、乐感；学生可以从舞蹈中汲取灵感，将舞蹈的思维方式渗透到自己的生活乃至学习中。开展舞蹈社团重在希望通过学习舞蹈，培养学生注重加强形体美的展示，同时注重内在美。舞蹈社团活动必须与音乐教育的基本任务合拍，坚持普及与提高相结合的原则，面向全体学生，做到在普及的基础上再提高。凡参加舞蹈社团的学生，不论水平高低，要保护其积极性，使其认识到社团活动的意义和作用，从而积极主动地参加活动。在活动过程中，教师精心组织，实施分层指导并采取多种形式，因材施教，因人而异，让学生产生强烈的求知欲和竞争感，使潜在的智慧和舞蹈才能得到自由地发展。

足球社团的成立是贯彻落实全国青少年校园足球工作会议精神，加强学校体育工作，实现提高学生体质健康、运动技能和人格素养的总目标和总要求，提高校园足球普及水平，奠定中国足球发展的人才基础，我校立足学校实际，积极努力发掘足球人才，成立小海星足球社团。目前，学校已修建一流的足球场地，满足足球社团活动。足球社团以足球为媒介，提高学生校园内体育文化知识，提高身体素质，丰富生活，享受乐趣。

为了深入贯彻全国青少年网球进校园工作会议精神，提高小学生网球运动水平，推动学校网球运动的发展，促进学生健康成长，我校成立了小海星网球社团，推动了网球进校园活动的开展，激发了学生参与的兴趣，让学生在网球运动中体验积极向上的网球文化氛围，培养了学生顽强的意志和团结合作的精神。

## 四、关爱教育导向下的"审美养人"

### （一）"审美养人"的价值追求

#### 1."审美养人"的基本含义

审美素养是个体在审美经验基础上积累起来的审美素质涵养，主要由审美知识、审美能力和审美意识三要素组成，其中审美知识是审美素养的基础，审美能力是审美素养的核心，审美意识是审美素养的灵魂。审美素养既有感性特征，又有理性成分；既表现为情感态度、生活品位和精神气质，又表现为价值选择和理想追求；既包含了体验、欣赏和判断能力,又包含了创造能力。[1]其带有情感性、愉悦性、过程性以及全面性,是人格、情感、艺术的教育。

因此,"审美养人"是通过各种审美活动,使人拥有感知美、鉴赏美、理解美、创造美的基本能力和自觉意识,提高自身对美的接收和欣赏的能力,以及对审美文化的鉴别和创造能力,具备审美经验、审美情趣、审美能力、审美理想等审美素养。

**2. "审美养人"的时代要求**

2020年,中共中央办公厅 国务院办公厅印发了《关于全面加强和改进新时代学校美育工作的意见》指出,全面贯彻党的教育方针,以立德树人为根本任务,落实文艺工作座谈会精神,按照国家中长期教育改革和发展规划纲要(2010—2020年)要求,把培育和践行社会主义核心价值观融入学校美育全过程,根植中华优秀传统文化深厚土壤,汲取人类文明优秀成果,引领学生树立正确的审美观念、陶冶高尚的道德情操、培育深厚的民族情感、激发想象力和创新意识、拥有开阔的眼光和宽广的胸怀,培养造就德智体美全面发展的社会主义建设者和接班人。

《关于全面加强和改进学校美育工作的意见》围绕学校美育教学,提出五个方面的具体改革举措。一是开齐开足上好美育课。强调要严格落实国家规定的美育课程开设刚性要求,在落实"开齐开足"这个底线要求的基础上逐步实现"上好"的目标,不断拓宽课程领域,逐步增加课时,丰富课程内容,提高美育教学质量。二是构建以学生发展为中心的教学模式。逐步完善"艺术基础知识基本技能+艺术审美体验+艺术专项特长"的教学模式。强调在学生掌握必要基础知识和基本技能的基础上,着力提升核心素养,帮助学生形成艺术专项特长。三是普及面向人人的美育实践活动。面向人人,建立常态化学生全员艺术展演机制,大力推广惠及全体学生的合唱、合奏、集体舞、课本剧、艺术实践工作坊和博物馆、非遗展示传习场所体验学习等实践活动。四是推进美育评价改革。强调把中小学生学习音乐、美术、书法等艺术类课程以及参与学校组织的艺术实践活动情况纳入学业要求,全面实施中小学生艺术素质测评,探索将艺术类科目纳入中考改革试点。五是促进高校艺术学科创新发展。强调进一步优化学科专业布局,构建多元化、特色化、高水平,具有中国特色的艺术学科专业体系,提高艺术人才培养能力。

《关于全面加强和改进学校美育工作的意见》对新时代学校美育工作的总体要求主要体现在以下四个方面:一是强调重要意义。强调美是纯洁道德、丰富精神

---

[1] 杜卫.论审美素养及其培养[J].教育研究,2014,35(11):24-31.

的重要源泉，从审美教育、情操教育、心灵教育、丰富想象力和培养创新意识的教育四个维度进一步强调美育的价值功能。二是明确指导思想。明确以立德树人为根本，以社会主义核心价值观为引领，以提高学生审美和人文素养为目标，弘扬中华美育精神，以美育人、以美化人、以美培元，把美育纳入学校人才培养全过程，贯穿学校教育各学段。三是确立工作原则。《关于全面加强和改进学校美育工作的意见》确立了美育工作坚持三项原则："坚持正确方向"——引领学生树立正确的历史观、民族观、国家观、文化观，陶冶高尚情操，塑造美好心灵，增强文化自信。"坚持面向全体"—— 健全面向人人的学校美育育人机制，缩小城乡差距和校际差距，让所有在校学生都享有接受美育的机会。"坚持改革创新"——全面深化学校美育综合改革，形成充满活力、多方协作、开放高效的学校美育新格局。四是确定主要目标。按照2022年和2035年两个重要时间节点提出目标要求。到2022年，学校美育取得突破性进展，育人成效显著增强。到2035年，基本实现社会主义现代化时，学校美育基本形成全覆盖、多样化、高质量的具有中国特色的现代化学校美育体系。

义务教育艺术课程以立德树人为根本任务，培育和践行社会主义核心价值观，着力加强社会主义先进文化、革命文化、中华优秀传统文化的教育；坚持以美育人、以美化人、以美润心、以美培元，引领学生在健康向上的审美实践中感知、体验与理解艺术，逐步提高感受美、欣赏美、表现美、创造美的能力，抵制低俗、庸俗、媚俗倾向；引导学生树立正确的历史观、民族观、国家观、文化观，增强爱党、爱国、爱社会主义的情感，坚定文化自信，提升人文素养，树立人类命运共同体意识，为实现中华民族伟大复兴而不懈奋斗。

### 3."审美养人"的校本特色

中国已经日渐崛起，"中国梦"成为国人共同追求的目标，培育和践行社会主义核心价值观是此目标得以实现的本质手段。而社会主义核心价值观的建立，从精神价值层面呼唤人的审美素养的提升。因此，小学生审美素养的提升，是培育和践行社会主义核心价值观的需要，是发展小学生素质教育的需要，也是吴家山第四小学培养"有爱、乐学、善思、慧行"学子的需要，值得教师深入探讨和研究。

学校开发的"小海星梦之坊"校本课程体系，基于关爱教育文化，将"关爱"校本课程的核心理念定位为"爱润于心，智见于行"。学校力求通过更丰富多彩的课程，让学生去体验、感悟，成为有爱、乐学、善思、慧行的学生，在课程中让生命焕发智慧的光芒，让智慧点燃生命的"智慧美"。

同时,学校依据"五育并举"的原则,对应德智体美劳开设了"小海星梦之坊"的系列板块。"小海星梦之坊"校本课程,聚焦于"德、智、体、美、劳"全面教育,结合学校科学实践活动和文艺活动的特点,提出包括"爱生命、爱智慧、爱科学、爱艺术、爱劳动"在内的"五爱",形成了"五彩美"。

在开展相关课程教学时,教师认识和了解不同年龄段学生的心理状态、生活环境等,建立合理的教学观念,借助已有的教育资源和创新教学方法,在重视学生个体差异的基础上因材施教;同时重视每一个学生自主选择的权力,并予以适当的表扬,让学生加强自我意识,学会自我肯定,获得自主发展。此外,在教学期间,教师结合艺术课程的独特性,大力发掘多学科教学资源,采取相应的教学方法,使学生透过艺术课程认知和体验生活中的人性真善美,从而理解截然不同的人生情感、态度、价值观取向,认知人性社会的丰富性,并学会关心他人、关爱生命。

学校在关爱教育导向下进行"审美养人"的教育教学活动,对全面提高学生审美能力和创造力具有重要的教育意义。我校根据学生的特点进行审美能力的培养,以落实核心素养为主线,引导学生积极参与各类艺术活动,通过感受美、欣赏美、表现美、创造美,丰富审美体验,充分发挥艺术课程在培育学生审美和人文素养中的重要作用。在学生的文化类课程学习之外予以补充拓展,通过音乐、美术、体育等形式对学生的审美观进行合理引导,在潜移默化的感染与熏陶下,使学生成长为具有良好审美意识与正确思想观念的全面发展型人才。

**(二)"审美养人"的实践探索**

吴家山第四小学以陶行知先生"爱满天下"的教育思想为指导,以"关爱教育"为特色,在着力培育"有爱、乐学、善思、慧行"学子的同时,注重提升学生内在的审美素养。

**1. 营造"审美养人"的校园环境**

打造有爱、优美的校园环境,能够正确引导学生发现美、欣赏美,培养高尚的审美情操。学生通过观察细节,体验环境的生命力,激发他们对美好生活的信念和追求,从而提升学生的审美能力,充分彰显学校的环境美。

为营造良好的校园文化环境,学校以"关爱教育"为主题进行创设。从校园建筑布局上,根据地形打造了绿树成荫、花草怡人的校园环境,如小桥流水、廊亭风车、繁花绿柳等,四季如画。在教学楼内,展示着书香长廊,增设了校园文化墙,感受校园活动之美等艺术设施,定期更换主题供全校师生共同欣赏美、感受美、创造美,以此丰富精神,净化心灵,陶冶情操。

校园环境彰显的不仅是外在美,也是一种精神内在美。学校构建了生机勃勃、友爱和谐、健康向上的校园氛围,不仅陶冶了情操,还加强了师生审美修养,启迪了智慧。[1]

### 2. 建设别具特色的艺术教育社团

艺术课堂是审美的起点和核心领域,以课程带动素质的提升,是小学生审美素养培育的良好途径。

在关爱教育的指引下,结合"小海星"等校园文化特点,以学校的美术、音乐、劳技等学科及各种艺术社团活动为阵地,体现"五爱"中的爱艺术、爱劳动。学校于2016年开发出"艺术小海星"课程。该课程以美术、音乐、劳技等学科及各种艺术社团活动为阵地,旨在充分挖掘学生的优点,在满足学生个性化发展需求的同时,让学生在不同的社团活动中获得成就感,收获学习的乐趣。小海星大社团包括舞蹈社团、管乐社团、合唱社团、美术社团、戏曲社团、劳技社团、木工社团、小海星种植园等。在不增加学生学习负担的前提下,根据不同年级的教学时间,确定了各年级开设的课程。在满足学生个性化发展需求的同时,也让学生在不同的社团活动中获得成就感,收获学习的乐趣。

### 3. 开展丰富多彩的艺术活动

丰富多彩的艺术活动是吴家山第四小学审美教育的重要组成部分。学校自开办以来,一直坚持开展各项艺术活动,促使学生艺术兴趣和爱好的发展,智力得以开发、情操得以陶冶、审美能力得以培养、审美境界得以升华。

学校开展的"星之旅"研学旅行课程是针对小学生的心理、生理发展特点,精心选择合适的课程地点、主题活动和体验项目,带领学生进入社会大课堂,通过丰富多彩的体验活动,感受四季的意境美,了解家乡的山水、探寻家乡的风俗、读懂家乡的历史。活动过程中,培养了学生的探索精神和创新意识,提高了学生对家乡美的审美意识,让学生学习科学研究的方法,发展综合运用知识的能力,切实达到五育并举、全面发展的目标。

### 4. 在学科联动中渗透"审美养人"

学校围绕"打造艺术教学特色,提升学生审美素质,建设关爱校园文化"的目标,坚持以艺术课堂教学中的发现美、鉴赏美、创造美为主,以其他学科课堂教学中

---

[1] 党洁. 提升小学生审美素养的实践与探索——以深圳市龙华区民顺小学"儒雅教育"为例[J]. 教育观察,2018,7(20):84-86.

的渗透美为辅,使学生在校园文化熏陶与学科交融碰撞中获得良好教育情感的滋养,全面发展学生的审美素养。

每一个学科并不是孤独存在的,其教学过程都与审美教育有着不解之缘。语文课上,传统文化传承赋予了学生语言文化感受美;数学课上,灵活思维赋予了学生缜密逻辑美;英语课上,多元文化赋予了学生文化冲击对比美。学校将科学、科技活动、音乐、美术、数学、信息技术、英语等学科融入科技教育,将多学科教学有机融合,以课堂教学为阵地,以社团活动为延伸,在多学科联动中,既将科技教育融入课堂,又将审美渗透其中,提高审美素养。

多学科丰富的教学内容和意义处处蕴藏着美。教师充分挖掘其中美的因素,引导学生感受美、欣赏美,培养学生审美的兴趣和能力,不断提高学生审美品位,丰富学生思想情感,充实学生人生体验。

### (三)"审美养人"的实践效果

#### 1. 学生艺术兴趣和爱好明显增强

吴家山第四小学在培养全面发展的人的理念指导下,将"爱艺术"赋予了金色的内涵,形成了"五彩"中的"艺术金"这一德育模式。由此,小海星体艺社团如雨后春笋般迅速发展,多种小海星社团为学生自主发展和自我展示提供了广阔的平台。在教师的引导下,学生积极参与艺术教育活动,求知欲与探索欲得到了极大的提升,学生在轻松、愉快的学习中主动参与各项活动,激发了学习兴趣,提高了艺术修养,并拥有了发现美、创造美的能力。

#### 2. 学生艺术技能和特长明显提升

随着"艺术小海星"校本课程的开展,以及各类艺术教育活动的举办,学生广泛参与,充分发挥了学校学生社团的美育功能,使其成为知识性、趣味性、艺术性为一体的第二课堂,使得每个学生有机会参加至少一项艺术活动。在社团课程学习中,学生不断训练艺术技能,掌握学习方法,在学校举办的各种文化节日活动上,学生的特长都得到了充分彰显。

#### 3. 学生审美和综合素质大幅改善

多年来,学校组织的众多社团活动已经成为吴家山第四小学一道道亮丽的风景线,通过社团活动的形式进行课外的自主管理与自主学习,较好地提升学生的综合素质。丰富多彩的社团活动,使得学生的潜能和智力得到进一步开发,同时每一个学生都有了展现自我和发展自我的机会,促进了学生的多元发展,以及审美素养的全面提高。

## 五、关爱教育导向下的"劳动立人"

### （一）"劳动立人"的价值追求

劳动教育是中国特色社会主义教育制度的重要内容，直接决定社会主义建设者和接班人的劳动精神面貌、劳动价值取向和劳动技能水平。近年来，劳动教育被淡化、弱化，出现了部分青少年不珍惜劳动成果、不想劳动、不会劳动的现象，与社会主义建设者和接班人的培养要求有较大差距，因此，必须切实加强大中小学劳动教育。

#### 1."劳动立人"的基本含义

劳动教育是使学生树立正确的劳动观点和劳动态度，热爱劳动和劳动人民，养成劳动习惯的教育，是人德智体美劳全面发展的主要内容之一。"劳动立人"则指劳动教育作为素质教育的一部分，对其他四种教育的培养起着促进作用[1]。在德育方面，学生可以在自己的劳动过程中感受劳动成果的来之不易，进而学会尊重他人的劳动成果，养成不怕吃苦、艰苦奋斗的精神。同时，学生在劳动的过程中必然会将理论知识融入劳动之中，无形中促进了学生智力的发展。此外，在劳动的过程中，学生也会促进身体各方面的发展和视野的拓展，这也在无形中促进了学生体育和美育的发展，它对促进学生全面发展的作用是显而易见的。

#### 2."劳动立人"的时代意义

教育部认真贯彻习近平总书记关于劳动教育的重要指示精神和中央有关决策部署，高度重视做好中小学劳动教育工作，先后出台了《关于加强中小学劳动教育的意见》等政策文件，推动各地积极开展劳动教育实践活动。2020年3月，中共中央、国务院印发《关于全面加强新时代大中小学劳动教育的意见》，对加强新时代劳动教育进行了整体设计。文件指出全面加强新时代大中小学劳动教育，必须坚持目标导向和问题导向相结合，提高站位、构建体系、强化保障，把劳动教育的四梁八柱搭建好。要通过劳动教育，提高广大中小学生的劳动素养，促进他们形成良好的劳动习惯和积极的劳动态度，使他们明白"生活靠劳动创造，人生也靠劳动创造"的道理，培养他们勤奋学习、自觉劳动、勇于创造的精神，为他们终身发展和人生幸福奠定基础。

毋庸置疑，在新时代背景下，加强学生的劳动教育，努力提高学生的劳动素质，对学生的成长和国家的发展意义深远。

---

[1] 庞茗萱,高维,程亚楠.天津市小学生劳动教育现状调查研究[J].上海教育科研,2017（08）:46-50.

（1）劳动教育有利于培养学生的良好道德品质。

对学生开展劳动教育,是少年儿童养成道德品质的重要组成部分。实施劳动教育,能使学生树立劳动创造一切的观点,懂得劳动光荣、懂得自己的幸福靠劳动创造,热爱劳动和劳动人民,能促进学生良好品德的形成。

（2）劳动教育有利于促进学生的智力发展。

"劳动"在智力发展中起着特别重要的作用。"儿童的智慧在他的手指尖上。"[1]这是苏联著名教育家苏霍姆林斯基说的一句话。这句话形象说明了劳动在儿童成长中的作用。双手灵巧的孩子,热爱劳动的孩子,思维一般都清晰敏捷、喜欢钻研。由此看来,劳动不仅能为社会创造价值,而且能促进劳动者肌体的发育、品质和意志的形成、知识的增长,有利于发展学生的创造思维。劳动还可以丰富知识,发展智力。在劳动过程中,儿童学会如何正确地思考问题,有利于逐步提高他们处理问题的灵活性。通过劳动,最容易形成正确的事物表象,在正确表象的基础上,就能形成正确的概论,进而进行正确的判断和推理。

（3）劳动教育有利于学生的身体和心理健康发展。

小学生正处在长身体的阶段,组织他们参加一定的劳动教育,通过不同的劳动教育,使身体的各部分都能得到锻炼,增强肌体各器官的功能,提高抵抗力,达到强身健体的目的。

### 3."劳动立人"的校本特色

吴家山第四小学在"劳动立人"教育实践体系的引领下创建了一系列相关课程,并在实施过程中与学校教育教学的方方面面有机融入,更好地促进学生的全面发展。

（1）将劳动教育融入校园文化建设之中。

为充分发挥劳动育人功能,学校将劳动教育纳入主题班会、升旗仪式、运动会、艺术节、征文演讲等活动中,积极倡导劳动教育理念,打造"立人"教育品牌下的劳动教育文化品牌。

（2）将劳动教育融入行为习惯养成之中。

学校将每学期开学前后作为开展劳动教育活动的重要时间节点,把劳动教育内容融入开学典礼、"开学第一课"、新生学校文化教育等学前教育活动中。同时,引导学生从小事做起、从自己做起、从细节做起,逐步养成爱劳动的习惯,班级日常的清洁卫生维护均由学生完成。

---

[1]（苏）瓦·阿·苏霍姆林斯基.给教师的建议[M].杜殿坤,编译.北京:教育科学出版社,1984.

（3）将劳动教育融入学生家庭生活之中。

教师引导学生自己的事情自己做,家里的事情帮着做,弘扬优良家风,参与孝亲、敬老、爱幼等方面的劳动。为了明确劳动任务,学校还会在每周末、寒暑假安排适量的劳动家庭作业,针对学生的年龄特点和个性差异布置洗碗、洗衣、扫地、整理等力所能及的家务。为确保劳动教育开展实效,我校通过家校联系等途径,转变家长对学生参与劳动的观念,使家长懂得劳动在孩子学习、生活和未来长远发展中的积极意义和作用。

（4）将劳动教育融入课程与教学之中。

将劳动教育在课堂中落实,需要准确把握劳动教育的精神实质和时代内涵,充分发挥课堂教学主渠道作用,将劳动教育贯穿教育全过程,切实开设综合实践活动中的劳动与技术教育课。因此,学校因地制宜,紧紧围绕"小海星创联园"挖掘劳动素材,形成劳动课程。不仅如此,劳动课程在内容设计上趋于系统化,课程结构丰富,各章节衔接紧密、环环相扣。每课时的教学设计思考深、扣题紧、问题准。课程设计紧紧围绕劳动教育这一主题不仅实现了目标、内容、方法、评价和成果上的创新,而且形成了基本的模式框架。

### （二）"劳动立人"的实践探索

劳动教育是基础教育阶段素质教育的重要内容和组成部分之一,它是以操作性、实践性为主导的学习方式,以培养学生正确的劳动技术意识和创新思维能力为目的的教育行为。其中实践性是小学劳动课的第一特性,让学生"从做中学,从实践中来",把学到的劳动知识与劳动制作融为一体,让学生亲历劳动过程,在劳动中强化实践体验,提升育人实效性。

为全面落实"立德树人"根本任务,充分发挥"以劳树德、以劳增智、以劳育美、以劳健体"的劳动教育融通性功能,吴家山第四小学坚持教育与生产劳动相结合,从"小切口,真问题"入手,在创联园内开展了"蚜虫来了"和"金边吊兰水培"等项目式劳动教育校本课程,种植、养护、创联一体的劳动实践研究培养了学生的探究意识与创新能力。

#### 1. 养鱼不换水,种菜不施肥

"这里是鱼菜共生探究实践区,养鱼不换水,种菜不施肥,利用硝化菌分解鱼类粪便形成氮肥,来种植各类蔬菜。"伴随着学生讲解员的介绍,一座物联网现代农场映入眼帘。这一切并不是在某个植物园或智慧农业基地,而是建在武汉市东西湖区吴家山第四小学的"小海星创联园"。2021年年底,学校将"小海星苗圃园"提档升级为"小海星创联园",这也是该区唯一一所位于中小学校内的物联网现代农场。学校将劳动教育与其他学科深度融合,创新模式深受学生欢迎。

小海星创联园由现代温室大棚与集装箱教室两个部分组成,占地面积约800平方米,其中现代温室大棚部分又分为沉浸式教学区、鱼菜共生探究实践区、植物立体水培探究实践区、沙培探究实践区、育苗操作区、热带植物探究实践区。通过物联网传感器与控制技术,整个小海星创联园实现了包括灯光、温度、水温、pH值、鱼池溶氧度在内的自动监测,所有灯光、通风、遮阳、降温等操作均可通过手机物联网操控。学生可以亲身体验到信息科技在现代农业中的广泛应用。

在鱼菜共生探究实践区,设置有根据实际环境定制的玻璃缸,缸内是既能用于喷灌用水,又能作为观赏鱼的生活场所,它还支持物联网探究,支持手机App远程控制。作为主要的供水区,内置水泵、水位传感器、土壤温湿度传感器、电磁阀控制模块、电加热模块、自动喂食模块、远程摄像头模块、GPRS模块等。整个鱼菜共生探究实践区以"养鱼不换水,种菜不施肥"的理念,利用硝化菌分解鱼类粪便形成氮肥来种植各类蔬菜,同时在蔬菜水培槽中养殖泥鳅,净化水质。实现了鱼、鳅、菜、菌的共生共促的有机农业生态。学生可以在这里直观地了解自然生态系统的神奇应用。

另一边的垂直生态绿化墙,可以自动把鱼类粪便作为植物浇灌的肥料,形成生态循环,模拟湿地环境,完成自动浇灌及植物生长光照的补充,供学生、了解、探究、学习。

现代化的农业设置,也激发了学生探究的兴趣。在育苗操作区,有小型鱼菜共生箱、立柱水培机、育苗盘。学生在教师的指导下已经培育出豌豆苗、绿豆芽、黄豆芽。在沙培探究实践区和热带植物探究实践区,学生不仅认识了常见的多肉植物和热带植物,还亲自动手培植了火龙果。

**2. 农场进校园,课堂进农场**

现代化农场搬进校园,课堂也从教室转移到农场。学校目前已经开设了包含"金边吊兰水培"等科创+劳动课程,根据不同年级学生的特点,引导学生自主观察、分组讨论、绘画记录、科学分析、有序劳动。学校以教育部《基础教育课程改革纲要(试行)》等文件为依据,以培养学生创新精神和实践能力为重点,大胆实践,精心组织,扎实有效地开展劳动课程。经过近一年的探索与实践,学校充分利用本校教育资源,逐步形成了具有本校特色的水培植物栽培劳动课程体系。

为更好地发挥"劳动立人"的作用,学校采取多种措施,建立了专门的劳动教育师资队伍。学校的劳动校本课程始终把发挥学生的自主性作为课程实施的基本策略。坚持让学生自主选择探究、促进学生个性发展;让学生走出教室、走近生活;让学生体验感悟、积累经验。

### 3. 开发"金边吊兰水培"系列课程

吴家山第四小学的"金边吊兰水培"课程是一个系列课程,共有五大板块的内容,涉及水培植物的优势、植物的选择、根系的培养、营养液的调制以及对水培植物的观察和记录。该课程历时近一年,分三阶段五环节进行。

1）准备阶段

（1）走近水培。

①确定有研究意义的子课题。水培植物的栽培系列课程的主题确定后,还需要将其具体细化为一个个可操作的子课题,每个子课题内容清晰,衔接紧密,确保整个活动顺利实施。

②成立活动小组。在教务主任和科学教师的建议下,劳动教师将班级同学根据个人的爱好和研究兴趣自由组合分成了两组,即"绿色天使组"和"环保卫士组",并根据组员各自的特点进行明确的分工。

（2）张望水培。

"张望水培"即东张张西望望,大力搜索与水培相关的资料文献等,为课题研究提供基础和借鉴。本环节主要分三步走。①逛花市:认识植物名称、了解植物的生活习性是顺利开展植物栽培研究的前提。②水培大搜索:利用课余时间,鼓励学生上网查找、阅读书籍报刊等获得与水培相关的知识,如水培的概念、水培的基本原理、基本操作流程、水培优点、水培发展前景等。为了方便学生相互交流,教师还鼓励学生将自己收集到的水培资料加工成水培手抄报,张贴在实验室的后墙上,以便更多的同学了解水培、认识水培。③观看水培操作录像:在课题确定后的前两周,教师特意为学生提供了两次有关水培植物的录像,让他们初步感受水培的基本操作流程。同时,也为学生提供了许多与无土栽培相关的视频网站,方便学生查阅资料。

2）实施阶段

（1）亲历水培。

本环节的重点是了解和运用科学探究的基本方法,体验水培的基本操作流程,感受水培带来的喜怒哀乐。这也是课题研究的核心。主要研究活动有:①"变废为宝"水培装置的设计与制作。②尝试多种植物品种的水培。

（2）创新水培。

本环节共设计了四个探究实验:两种植物的组合栽培初探;探究"光照对水培植

物根系生长的影响";探究光照强弱对水培"绿萝"的影响;花鱼共养初探。

另外,还补充了几项活动:"水培植物的教室摆放设计"探讨;我为校园植物做名片;水培植物的日常养护研究初探;植物灯谜会;两种植物的组合栽培研究初探。

3)总结阶段

回眸水培。学校的水培系列活动持续近一年,在学期即将结束之际,相关教师对本学期的研究学习进行了全面的总结:①争先恐后话水培。②精彩纷呈示水培。

### (三)劳动立人"的实践成效

"金边吊兰水培"科创+劳动课程体现了"聚焦真问题、开展真学习、获得真知识"的特点。这种"顶层设计优、基地投入大、项目开发真、实施过程实"的科创劳动是学校学生综合素养的展示,也是学校办学特色的最好呈现。

#### 1. 学生劳动意识和精神明显增强

校本课程是为学生设计的"个性课程",重点在于激发并保持学生对学习的兴趣。在科创劳动课程中,学生解决的问题都是他们真实遇到的、急需解决的,学生的劳动意识得到了极大的激发。劳动意识的增强也为学生的长期观察和动手实践提供了内在动力,同时带动了一个连锁反应。由于科创劳动课程是以科学知识为媒介实施的,故其兴趣还转移到了科学常规课上,使学生对科学课的学习兴趣更浓厚,学习热情高涨,劳动意识增强。此外,在劳动的过程中,学生的思维一直处于活跃的状态,有利于锻炼学生的思考能力,促进学生创造力的发展。还能激发问题意识,渗透研究精神,促进学生的思维发散,训练学生的动手能力,学生的劳动精神也明显增强。

#### 2. 学生劳动技能和习惯明显提升

科技创联园劳动基地的建设,为学生搭建了劳动的平台,让学生能够在动手实践中学会劳动。课程每个章节的教学设计新颖巧妙,契合学科学情和生活实际,将科学、劳动和其他学科进行了学科的渗透与融合。通过课程实施培养了学生的观察能力,在观察的目的性和深刻性上有较明显提升。如学生在对金边吊兰根系的观察,调制营养液时水位的把控,测试营养液pH值的精确度的过程中,能够进行科学的观察和记录,对感官观察法的运用也更娴熟。劳动教育还可以帮助学生积累劳动经验,丰富学生的知识储备,增长学生的见识,开阔学生的眼界,在不知不觉中发展学生的智力。活动中以学生为本,开放式的场景能够充分调动学生的劳动兴趣和劳动积极性。基于项目化学习的系列课程,引导学生在动手实践中反复尝试,探究最优化的处理方式。学生劳动成果的展示区,变成了学生充满期待的生长点,学生期待通过自己的劳动来创造美好的生活。

### 3. 学生学习和生活素养大幅改善

劳动在为人们提供丰富精神生活素材的同时,也使人们拥有丰富的精神体验。苏联教育家苏霍姆林斯基曾经写道,"劳动的欢乐是任何其他快乐所无法比拟的。这种快乐如果没有美的感受是不可思议的"[1]。不过这里的美,并不只在学生有所获,而首先在于创造。"劳动的欢乐是生活的美;认识到这种美,学生就会有自尊感和克服困难后的自豪感""只有那些善于努力工作和知道什么是汗水、什么是疲劳的人,才能领略这种快乐"。劳动能够深化人们对于幸福生活的认知,能够丰富人的精神生活,从更高层次上满足当下社会人们对于生活特别是精神生活的美好期待——劳动为幸福生活提供了物质和精神的源泉。

## 第三节 关爱教育与学校高质量发展

### 一、关爱教育导向下的校园环境新面貌

#### (一) 校园物质环境新面貌

质量是学校生存之本,科研是学校发展之根,环境是学校育人之舟。学生的主要活动场所是学校,校园环境质量跟学生发展息息相关,并产生持久的影响。从实用性到艺术性,校园的一草一木、一砖一瓦,都可以行"无言之教",它们对学生成长具有强烈的暗示性、渗透性和潜移默化的作用。为进一步改善办学条件,营造良好的教育教学环境,全面提升师生在校学习和生活美好体验,近年来,在东西湖区工委、管委、教育局的高度重视和大力支持下,学校加强资源条件建设,不断加大对校园环境建设及教育教学基础设施的投入,积极开展推进校园升级改造工程,创设优美和谐的育人环境。

#### 1. 校园环境新举措

(1) 加强校园基础设施建设。

校门口安装电动升降防撞桩,这里是校园安全的第一道防线,防撞桩不仅摒弃了传统防护设施占地面积大、不易移动等缺点,更是解决了传统设施安全防护能力不足,抵挡不了汽车冲撞的弊端。教学楼的所有地面都铺设了防滑、耐磨的地贴,原本粗糙的墙柱也都加上了防撞贴,保证学生在校活动的安全。此外,对篮球场、足球场也进行了改造,使原本陈旧的操场焕然一新。

---

[1] 涂丹霞. 苏霍姆林斯基与中国的劳动教育[J]. 教师教育论坛,2019,32(08):79-82.

（2）完善校园环境保洁措施。

学校聘请了专业的保洁团队，负责公共区域清洁工作，改善了以往只靠学生负责包干区保洁，卫生打扫不彻底的状况，以确保校园干净整洁，创造优美温馨的育人环境。

#### 2. 校园环境新景观

以校园景观建设、绿化、教室美化、走廊艺术化的巧妙设计作为校园文化的物质载体，陶冶情操，启迪智慧，激发潜能。使进入学校的每一个人都能感受到"润泽生命，启迪智慧"的办学理念。

校门的背景墙上刻着"关爱·尚德"的校训，两栋教学楼中间"兰亭序"的巨幅书卷设计以及校园楼道的文化墙，集中国古典文化和现代文化于一体，体现出积淀、传承和创新的特色校园环境建设的主题。"激发师生每一个闪光点，教会每一位学生会学，不放弃每一位学生"，彰显着我校求真务实对教育本质的追求。

#### 3. 校园环境新气象

我校不断改善学生的学习环境和教师的办公环境，努力做到冬暖夏凉、舒适可人。室内文化设计突出班级特色和年级文化。修缮了启智厅，使其成为一座现代化的礼堂，还修建了小海星创联园，占地面积约800平方米，由现代温室大棚与集装箱教室两个部分组成。其中现代温室大棚部分又分为沉浸式教学区、鱼菜共生探究实践区、植物立体水培探究实践区、沙培探究实践区、育苗操作区和热带植物探究实践区，这也是东西湖区唯一一所位于中小学校内的物联网现代农场。可以说，一流的硬件设施，整洁有序、典雅优美的校园环境，起到了"润物细无声"的育人效果。

近几年来，校园环境每学期都在改变，年年都有新面貌。在实践中，我校最深的体会是，校园硬件建设不可能一步到位，不能一味追求完美，要量力而行，要在原有物质条件的基础上，挖掘环境建设的细节所体现的校园文化内涵。改变学校硬件条件就是要营造一种校园文化，使师生感受积极向上的和谐氛围，创建利于青少年健康成长的教育环境。

### （二）校园制度环境新面貌

#### 1. 科学制定管理制度

科学的管理制度，是创建现代化学校的制度保证。吴家山第四小学实行校长负责制，充分发挥党支部的政治核心作用、工会的桥梁纽带作用和教代会的民主监督作用。教代会、行政会、教师会和家长委员会等,成为学校民主决策与实施的有效机制。我校每周一召开全体教师大会,平时有重要事项则通过教代会、行政会、备课组长会或德育主任会商讨决定,再向教师们传达,这种形式既减少了开会,节省了教师宝贵的时间,又可及时传达重要信息。凡涉及评优评先、年度考核、奖金分配、绩效工资、岗位设置的制度都经过行政会讨论后提交职代会逐条表决通过后执行。学校的各项制度均有教师参与,共同制定,人人都是主人,人人当家做主。

### 2. 严格落实管理制度

严格执行制度,是学校行政管理的关键。

科学设置岗位。学校所有的工作岗位都经过教职工代表大会表决确定。对于不同岗位"因岗制宜",合理安排工作量,保证相对公平。

合理分配绩效工资。我校奖励性绩效工资不进行量化打分,按照"奖勤罚懒、抓两头促中间"的原则,保护教师工作积极性,根据岗位确定奖励性工资标准,定期召开由教师代表参加的评奖会,对各部门考核结果进行审核,对工作成绩突出的予以奖励,对违纪违规或没有按要求完成工作的予以处罚,做到奖罚分明、标准统一。

严格执行劳动纪律,杜绝人情照顾。严格落实考勤,对中间脱岗、早退、公共场所吸烟及违反五条禁令等现象及时处理。

规范评优评先、年度考核、职称评审操作。学校将职称评审的硬件条件、考核项目、加分因素在教育局职称评审相关规定的基础上进一步细化,并制作成明细表。职称评审时组织部分干部和教师组成评审小组进行评定。评优评先、年度考核都由教职工自己申报,学校在申报的教职工中进行评选。评优评先、职称评审年级组都安排教师旁听监督,全程参与,保证公开、透明。

对教学违规"零"容忍。教学管理严格执行《教学违规及教学事故处理办法》,凡是出现违规及教学事故,按规定严肃处理,绝不姑息迁就。

规范财务管理。物资采购实行出入库制度,凡采购物资,包括教职工外出学习所购资料都要先办理入库,仓库保管员在实物与发票相符的情况将物品入库并出具入库单,采购人员凭入库单和发票报销。凡报销一律由经办人签字、主管领导审核、校长批准后办理。

领导带头,制度面前人人平等。制度能不能执行下去,关键看领导。学校中层以上领导都按规定课时量承担学科教学工作;在评优评先、职称评审、奖金分配中与教师同等对待。

### 3. 不断完善管理制度

不断完善管理制度,让学校管理焕发新活力。学校的发展日新月异,管理制度不能一成不变。每学期期末召开总结大会,各部门述职后,全体教师对制度执行过程中出现的问题进行讨论,并对相关制度进行修订,使制度更加切合学校实际,更具针对性和实用性。

## (三) 校园精神环境新面貌

文化作为一种教育力量,文化教育力对一个组织乃至社会的发展有着巨大的推动作用。学校文化是一所学校的精神追求和生活方式,其蕴含着丰富的课程资源,不管是显性的还是隐性的,都将融入师生的思想和行为之中,只要身在其中,就能感受得到文化的魅力,让学校在丰厚的文化积淀中发展和超越,让校园真正成为师生共同成长的家园。

### 1. 改善校园精神风貌

多年来,我校着力加强校园文化建设,努力优化育人环境,效果显著,成绩突出,在努力发掘、利用校园环境的同时,形成了浓厚的主体环境文化,使一草一木、一墙一板都能"说话",都起到教育人、启迪人的作用。在校园文化建设中,我校围绕一定的教育主题,打造了一些学校教育景观:①"德育墙",从学习、生活、理想等角度对学生进行生动形象的教育;②"求美"景点,塑像高高耸立、"三风一训"标牌锃亮醒目;③"文化长廊"景点,每一幅画,每一句标语都激励着学生奋斗拼搏、积极进取;④"成果展示""体育精神"等主题景点,都成为吸引学生观赏、感悟的重要场所。

学校通过文化资源的整合、再生、创新和互动等多种形式,不断提升学校精神文化引领的"软实力"。通过"校训、校徽、校歌"等学校标识的征集评选、重新修订和广泛宣传,提升学校的文化品位;通过学校橱窗、校刊、广播站和网络宣传,树正风、扬正气,形成了"爱润于心,智见于行"的校风、"乐学于究,扬长于境"的学风和"爱泽于微,智启于趣"的教风。

我校非常重视校园文化活动。校园文化是一种群体文化,它体现在学校的一切活动中。现代中小学生朝气蓬勃、活泼好动,"死读书、读死书"有悖于中小学生身心发展规律。基于这一认识,我校鼓励教师走出课堂、寓教于乐、开展丰富多彩的校园文化活动,创建文明、健康向上、和谐的校园文化生活。

班级文化是对学校文化的细化落实和补充发展,对学生有强烈的引导、启示、规范和激励作用。优良的班级文化能塑造出积极向上的班级精神,有效地调动学生学习与实践的兴趣,使学生养成良好的品德,培养学生的创新精神和能力,对学生的成长发挥着重要的影响。我校根据各班学生的特点,指导他们创设一种奋发进取的班级特色文化,充分发挥班级文化的育人功能。组织各班教师和学生一起确定班级奋斗目标,精心设计出针对性强、能引起学生强烈共鸣的标语,设计本班的班名并将其布置在教室显眼的地方和班级网页上,作为全班学生的共同精神支柱,形成强大的班级凝聚力。

学校为学生建立展示作品、荣誉的专栏。一方面把学生习作、书画作品、手工小制作、手编小报等,按不同主题分期展示出来,以培养学生的兴趣爱好,促进学生个性特长的健康发展。另一方面展示班集体或学生个人在学校各项活动中获奖的情况。对学生产生正面导向激励,不仅满足学生的自我成就感,增强班集体的凝聚力,而且促使全班形成你追我赶、不甘落后的良好竞争氛围。

与时俱进、建设校园网络信息文化,也是展现学校文化的重要方式。随着信息技术的发展,网络作为传播的新媒体,已成为学生获取和交流信息的重要渠道。网络信息资源的丰富和交流的便捷,深得学生的关注和喜爱。建设校园网络信息文化,既能引导学生正确运用现代化网络工具扩大知识面,又能建立网络德育阵地,让学生树立正确的道德观,避免网络不良思想文化的影响。我校打造的公众号一经推出,就深受师生、家长喜爱,学校组织有德育和信息技术专长的教师,不断完善公众号的建设。学校开辟了"菁菁校园""超级课堂""特别关注"等栏目,及时把学校开展的德育活动,校园及学生中的大事、好事、趣事(如,学生获得的表彰奖励等)通过文字、音像及时上传至校园网,扩大影响、营造氛围,使其贴近学生、成就学生。

**2. 提振学生精神风貌**

以师生发展需求为根本,规划、设计和布置校园景观,力争做到让每一面墙都会说话、让每一根立柱都能怡情、让每一寸场地都能育人。置身于这样的校园环境中,学生的精神风貌有了很大的改变。"学而时习之,不亦乐乎""三人行,必有我师焉"每上一个台阶,学生的口中都会欣喜地念着台阶上贴着的名言,在潜移默化中增长知识、陶冶情操。

"老师好!"整齐的校服、鲜艳的红领巾、灿烂的笑脸、真挚的问候,文明有礼是所有人对我校学生的深刻印象。学校设立了礼仪教育专题楼道,每年新生入学都会举行特殊的开学礼,将礼仪教育渗透学生的生活。每学期的"百强小海星""学习型家庭"评选和系列德育活动,极大地增强了学生的自信心,展现了学生的风采。

学校每学期都会举行大型校园文化艺术活动。如书画比赛、广播体操比赛、趣味运动会、庆祝元旦文艺晚会等一系列形式活泼、内容健康、主题鲜明、情趣高雅的活动。这些活动既为学生提供了放松大脑、放飞心情的空间,也为他们提供了施展才华、张扬个性的舞台。

开展阳光社团活动,长跑队、三跳队、舞蹈队、合唱队、管乐队、京剧社团、啦啦操队、篮球队、足球队、轮滑队等文体活动,真正让全体学生动了起来。这些特色训练队和阳光社团活动,已成为学生放飞理想、追逐快乐的乐园,既培养了兴趣、陶冶了情操,又开阔了视野,锻炼了能力,还培养了团队精神,增强了集体荣誉感,同时也有利于挖掘学生的潜力,发挥个性特长。"阳光、活泼、勇敢、自信"是吴家山第四小学学生最真实的名片。

"我爱我班""我管我班",学生们用"雏鹰""欢乐之家""小螺号"等给自己班级命名,根据本班实际提出"轻松乐学、精益求精""勤学守纪、合作竞争"等班风建设目标,起到凝聚人心、振奋精神的作用,使学生更热爱班级,具有崇高的集体荣誉感。

**3. 展现教师精神面貌**

近年来,吴家山第四小学提出"吴四小,老师好"的教育口号,坚持探索"好老师"的标准,总结出适合学校教师队伍发展的教师行为准则——"好老师"是学生学习、行为习惯的引领者,是自我管理、终身学习的践行者。

学校在管理上采取多种人性教育和人文关怀等措施来加强教职工队伍建设。对因病住院的教职工,采取到医院探视和慰问,送去组织的关怀;每年组织教职工到校外体验集体生活,组织教师翻山越岭,长途拉练,开展文体活动;每年为教职工体检一次;每年都对困难教职工进行慰问,帮助教师解决实际困难,教师的归属感和幸福感大大增强,工作热情不断提高。

学校不断加强特色活动建设,构建教师自我教育平台,激发教师成长的内驱力,以打造"爱岗敬业、务实进取、乐于奉献"的高效率、有业绩、有活力的团队为目标。每学期都开展师生宣誓活动、"幸福女教师""最美教师"等评比活动,通过"校长寄语""青尚训练营""读书团队交流"等活动,注重思想引领,努力使每一位教师树立正确的人生观和价值观。开展"党员示范课""推门听课""小组教研课""青尚杯"教师技能大赛等活动,不断提升教师的专业素养与教学技能,展现教师"幸福、从容、自信、专业"的职业风采。

学校硬件环境建设为师生的校园生活营造出高雅和谐的环境氛围,同时精神文明建设为学校的改革和发展提供精神动力。学校不断打造发展的"硬实力",提升竞争的"软实力",构建起师生和谐发展、幸福生活的"精神家园"。

学校自身的文化构建与实践,是当代教育发展对学校发展提出的现实使命,是一项长期而艰巨的工程,它对教育目标的具体落实、师生的健康成长有着重要的意义,我校将继续努力,探索、优化校园文化建设的新途径。

## 二、关爱教育导向下的特色品牌新发展

"十四五"以来,我国教育事业发展进入新阶段,学校特色品牌创建的重要性、必要性日益凸显。经过近年来的实践探索,吴家山第四小学在特色品牌创新发展上颇有亮点,体现在以下几方面。

### 1. 文化特色品牌新发展

校园文化是体现一所学校办学理念、精神风气的一种群体性文化,它是在长期的办学实践过程中积淀而成的育人条件、历史传统和校园氛围等物质因素和非物质因素的总和。良好的校园文化对整合育人资源、拓宽育人渠道、强化育人效果、提升学校品味具有重要作用。

"小海星"文化一直是吴家山第四小学的一张亮丽的名片。我校坚持标准评比"百强小海星",使一批品德优秀、学习优秀、身体素质优秀、能起模范带头作用的学生脱颖而出,成为优秀的学生代表。

2016年,湖北大学委托管理团队进入吴家山第四小学,拉开了学校现代化建设"提档升级"的序幕。7年来,由湖北大学教育学院靖国平教授"领衔",带领专家团队搭建平台、提供资源、专业指导,精准帮扶学校"内联外接""以强带弱""强强联合",实现了学校教育教学的跨越式发展。

在湖北大学专家团队的指导下,我校基于"润泽生命,启迪智慧"的办学理念,构建了"关爱教育"育人体系,围绕办学理念、办学目标、育人目标、一训三风、管理制度、德育模式、课程体系、教学模式、校园环境建设、学校品牌创建等,逐步形成特色鲜明、成效显著的"关爱教育"育人文化,"关爱教育"获得社会各界广泛认同,焕发出新的活力。吴家山第四小学通过借势、借力、借智,积极开展"关爱教育"的理论建构和实践探索,办学质量稳步提升,社会声誉持续向好。

2021年10月,吴家山第四小学与湖北大学委托管理团队联合编写了《关爱教育的理论和实践》,并由华中科技大学出版社出版发行。《关爱教育的理论和实践》充分阐述了吴家山第四小学教育改革与发展的历程,以及关爱教育的实践行动探索,它是学校6年来践行"关爱教育"文化的智慧结晶——通过深入的理论研究和持续的实践改进,秉持创新性和实践性相结合,理论和实践紧密结合,达到了协同创

新的良好效果。2022年,《关爱教育的理论与实践研究——基于武汉市义务教育学校委托管理6年的行动研究》,荣获武汉市基础教育教学成果奖一等奖。

**2. 德育特色品牌新发展**

"关爱教育"以人性关怀、人文关怀为己任,它是对德育人本化的积极回应。德育人本化强调德育的本质功能是追求个体道德理想人格,实现人类德性的完美境界。德育人本化强调德育更多地关注每一个学生的现实生活与精神活动。幸福是人生的重要主题,幸福的本质是精神愉悦,其核心是对人生意义和价值的追寻。德育应成为个体追求幸福人生与健康人格的必备条件。

(1)生活德育。

生活德育来源于生活教育。生活德育理论认为——生活即教育,人的道德发展从生活实践中来,最终还要回到生活实践中去。生活德育的目的在于引导人过美善、和谐、幸福的生活。生活德育论是新时期我国德育理论的可贵探索,它紧紧抓住道德知识、道德教育和道德生活的特殊性,强调德育服务于生活回到生活实践中并引导生活。

(2)新生活德育。

根据新时代发展的特点和需要,吴家山第四小学积极营造"在生活中德育,育德于生活之中"的新生活德育理念,从家庭、学校和社区生活三个渠道入手,构建新生活德育网络,营造新生活德育育人环境。

学校建立党组织主导、校长负责、群团组织参与、家庭社会联动的德育工作机制,紧抓德育工作,将"熟知和践行社会主义核心价值观、了解党的光辉历史和基本知识及立志听党话、跟党走"作为评选的必备条件,将表彰命名为"红色百强小海星",让红色的理想信念代代相传,让学生榜样影响身边的同学。

2020年8月,吴家山第四小学通过官方微信公众号开辟了《思政微课堂》专栏,并将其纳入校园文化建设之中,每月定制主题,安排不同学科教师录制视频、轮流主讲,供学生和家长观看。《思政微课堂》是德育工作的一项创新,讲好思政课,让其点燃学生的心灵火花是全体教师的使命和职责。蔡校长表示,下一步将推出"点单"式服务,按照学生和家长的需求设计视频,使《思政微课堂》形式和内容更加丰富、新颖。

学校严格要求班主任组织每周的班会活动。班会是以班级为单位的全体学生的会议或活动,它既是班主任对学生进行管理、引导和教育的重要途径,又是培养和展现学生自我管理能力,培养和增强学生主人翁意识的一种重要方式,同时也是处理、解决班级问题,开展各项活动的有效途径。

班主任是学生成才的导师,学生灵魂的塑造者。班主任工作的核心是德育工作。班主任在日常生活中和学生接触最多,是学生效仿和学习的直接对象,班主任的一言一行,都会给学生留下深刻的印象,对学生的思想、行为产生潜移默化的作用。德育教育工作是班主任工作的基本内容,也是班主任工作的重要保障。

此外,学校每学期都会组织学生进行春游和秋游。该类活动不仅使学生开阔心胸、陶冶情操,而且还能增长见识、强身健体。身于青山绿野之中,芳草如茵、阳光和煦、鸟鸣雀跃,处处充满生机,使学生心旷神怡、精神焕发,倍添青春活力。

德育是人全面发展教育的重要组成部分,德育与智育、美育、体育、劳动技术教育有密切的联系,德育与其他教育相互渗透、相辅相成,并为其他教育提供精神动力和价值方向,它们共同服务于教育目的,促进受教育者的全面发展和丰富个性的形成。

### 3. 课程特色品牌新发展

随着我国新一轮基础教育课程改革的不断推进,课程资源的开发与利用问题逐步引起了课程理论界的重视。人们越来越深刻地认识到,没有课程资源的合理开发与有效利用,基础教育课程改革的宏伟目标就很难实现。

过去的课程过于注重理论知识传授,基础知识和基本技能成为课程唯一追求的目标,忽视了学生积极主动学习态度的养成,忽视了学生学习能力和价值观的形成。新课程的第一任务就是要改变这种现状,使课程在"促进学生掌握基础知识基本技能""形成积极主动的情感态度"和"形成正确的价值观"这三方面,均衡地发挥作用。简而言之,过去课程的功能主要让学生掌握知识,新课程的功能在于培养学生学习态度、学习能力、价值观。

吴家山第四小学构建"五爱五彩"的校本课程评价体系,锻造多元好课程。根据各课程特性之间的相关性,从整体上划分出五大课程领域,并且贯穿了每个层级的课程平台,包括品德与修为领域、人文与社会领域、科学与技术领域、身心与健康领域、艺术与审美领域。

品德与修为领域课程致力于引导学生树立正确的理想信念,传承中华民族厚德仁爱的道德操守,培育以国家认同、法治信仰、社会责任为内涵的公民意识,在全球化背景下形成尊重差异、合作共生的国际视野。

人文与社会领域课程致力于将人类优秀的文化成果内化为学生的人文素养,引导学生形成开放、多元的文化积累,提高人文社会领域的理解力和研究力,增强文化自信,孕育学识渊博、谦逊有礼、情趣高雅的人文情怀。

科学与技术领域课程致力于引导学生了解科学技术的本质、原理和前沿动态,培养学生追求真理、实事求是的科学精神,提高学生独立思考、合作探究的思维品质和创新能力。

身心与健康领域课程致力于帮助学生打造强健体魄,培养自信乐观的处事态度,塑造健全的人格特质,形成珍爱生命的价值取向。

艺术与审美领域课程以艺术的方式引导学生感受生活、认识世界,在艺术鉴赏、艺术活动中感悟人类审美价值的发现与创造,培养和发展学生的审美情趣和审美观念。

五个领域的课程彰显了"五彩青春"的内涵,学校提出了对学生在品德素养、文化素养、科技素养、健康素养和艺术素养等方面的培养模式和发展要求,品德素养是立身之本,文化素养是发展之源,科技素养是时代之峰,健康素养是成长之基,艺术素养是品质之魂。

**4. 课堂特色品牌新发展**

(1)旧课堂教学模式。

当今素质教育下的课程改革和教材变革带动了课堂教学改革,课堂教学改革的关键是课堂设计和教学过程的创新。过去的教师一言堂怎么样转变成今天师生互动的大课堂;过去的以知识为中心怎样转换成今天的能力立意;过去的只强调学科观念怎样转变为今天的综合素质培养;过去的上课一支笔、一本书怎样转换成今天的多媒体,这些都是课堂教学改革面临的重要课题。

学生到课堂是来学习的,教师到课堂是来教学的,究竟是教学主导课堂还是学习主导课堂,本来应该由教育目的决定,但最终却采纳了谁强就由谁主导的原则,课堂很自然就形成了教师主导、教学主导、教学目标主导课堂的现状,学生、学习和学习目标反倒成了工具。韩愈对师者的定义是传道、授业、解惑,当学生只是被动地接受教师教学时,只存在听得懂还是听不懂的问题,学生自己是难以形成困惑的。事实上,没有学生的"学",教师的"教"也就无从谈起,只有学生学习了,才会在学习过程中产生困惑,只有学生产生了学习的困惑,教师的教学才有针对性,这就是皮之不存毛将焉附的道理吧。

(2)新课堂教学模式。

我校在课堂管理中落实"五爱五环"课堂新教学模式,打造优质好课堂。

教师在课堂上营造宽松、融洽的教学氛围,以平等的身份参与学生的交流、协商、讨论活动。教师上课时精神饱满、激情高昂,带动学生积极主动地去探索新知,允许学生犯错,对出错的学生不训斥、不呵斥,要耐心地去引导其找到错误的根源。

放下"师道尊严"的形象,和学生平等对话,让学生畅所欲言。所以教师要营造一种宽松、融洽的课堂教学氛围,让学生主动参与、主动探究、主动合作,真正让学生"动"起来才是构建高效课堂的关键。

我校教师用心备好每一节课,上好每一节课,能让学生在课堂上畅所欲言,教师注意对学生创新能力的培养,引导学生进行创造性的思维。在信息化技术的支持和教师师德修养的滋润下,学生都能积极主动参与学习,使课堂教学出现了许多意想不到的惊喜、亮点和效果。

### 5. 社团特色品牌新发展

社团是小学生素质拓展的载体,同时也能增强小学生的社交能力。

随着社会各界对小学生教育的重视程度日益增强,学校有序、规范、科学的教育管理体系就显得尤为重要。有效的管理源于有效的组织,要最大限度地发挥组织的功能,就必须依靠管理体制和组织机构对其合理的优化。除了各学科知识的每日学习之外,社团活动也至关重要,对小学生的成长有着举足轻重的作用。

在校园中,参加社团的学生具有共同的爱好和特长,他们凝聚在一起,具有一种群体优势。在共同目标的鼓舞下,学生能够集思广益,采集创新资源,互相鼓励、互相配合,充分发挥集体的智慧和力量,创造思想的财富。丰富多彩的社团活动内容广泛,增强了学生学习的能力,使其充满了创新的活力,激发他们不断地去探索和创造新知识。

我校依托"小海星剧场",开展"小海星趣味挑战赛""文明小海星PK赛"等活动,为学生健康成长搭建快乐学习、阳光自信、个性展示的舞台;建设"三童园林",创设适合学生成长的具有童心、童真、童趣的学园、乐园;多功能室的建设和使用,推进"小海星体艺社团""小海星大科技"的打造;结合教学质量提升工程,开展"百强小海星"的评比,"五爱五环"课堂教学模式的深化与重构,塑造、培养具有关爱素养和特质的学生。

受"小海星"文化熏陶,我校教育教学管理秩序井然,特色活动丰富多样。

(1)种类丰富。

学校共设立23个特色项目,43个班级参与特色艺术教学。学校从一年级引进手哑鼓后,中华小四弦、管乐、京剧、轮滑、足球、啦啦操、柔力球、书法、美术、科技等也纷纷组建社团队伍,让学生人人有特长、班班有特色,在活动中提高核心素养。

(2)打造高品质活动。

吴家山第四小学利用"阳光时间",开设以学科特色为主的社团活动。跑道上的轮滑小将装备齐全、蓄势待发，只听一声令下，队员们你追我赶，犹如踩着风火轮一般勇往直前。体育场上踢足球的运动小将像雄狮，威风凛凛驰骋球场。社团活动中能听到老师们激情的呐喊，能看到各社团成员努力学习的身影，学校里到处都是学生努力练习时流下的汗水。

（3）成果多多。

学校开展各特色活动，而学生们也不负众望，在各项比赛中屡获佳绩，"小海星轮滑队"更是首次登上中央电视台。

据了解，吴家山第四小学是全国青少年冰雪运动特色学校，湖北省首个"轮滑进校园示范学校"。通过参加"小海星文化节""小海星争霸赛""小海星趣味挑战赛""小海星班级足球赛"等活动，学生们个个自信十足、训练有素、敢拼敢搏。学校在东西湖区2019年校园啦啦操比赛乙组获一等奖，小海星合唱团在武汉市第四届校园合唱节中获一等奖。

2020年12月，吴家山第四小学被授牌为"传统文化进校园——鸣鸠琴教学示范校"，每一位成员积极实施鸣鸠琴进课堂的教学实践活动，结合教学实际总结了鸣鸠琴在小学音乐课堂中的五个有效做法（情景、活动教学，与声乐演唱相结合，与中华传统文化融合，运用鸣鸠琴参与创编教学及充分合作）。现在，鸣鸠琴已成为吴家山第四小学音乐学科一张靓丽的名片。

学校社团活动的开展，不但丰富了学生的课程，拓展了学生的活动，更为师生的校园文化生活添上鲜亮的一笔。

## 三、关爱教育导向下的教育质量新提升

### （一）教育质量新提升

教育质量是学生发展、学校发展的重要标准，在关爱教育观指导下改进和提高小学教育质量，让学生在轻松、愉快的课堂上进行高质量、高效率地学习，促进学生情感与智慧的和谐发展是教育者的共同目标。7年来，吴家山第四小学各门学科的教育质量都在稳步提升，其中语、数、英学科在东西湖区教学质量排名中稳居前列，音、体、美学科更是名列前茅，整体的综合排名在东西湖区处于第一方阵中。

教学成绩在稳步提升，学生的综合素养也在逐渐提高，学校积极开展各项有利于学生综合素质发展的活动。如在"关爱教育"育人文化的引领下，学校打造了"小海星剧场""三童园林""百强小海星""小海星体艺社团""小海星大科技""小海星梦之坊"校本课程，"五爱五环"课堂教学模式等教育品牌。依托"小海星剧场"，开展"小海

星趣味挑战赛""文明小海星PK赛"等活动,为学生健康成长搭建快乐学习、阳光自信、个性展示的舞台;建设"三童园林",创设适合学生成长的具有童心、童真、童趣的学园、乐园;多功能室的建设和使用,推进"小海星体艺社团""小海星大科技"的打造;结合教学质量提升工程,开展"百强小海星"的评比、"五爱五环"课堂教学模式的深化与重构,塑造、培养具有关爱素养和特质的学生。近年来,学生在各项比赛中屡获佳绩,合唱、舞蹈、啦啦操在省市区各级活动上崭露头角,"小海星轮滑队"更是多次被中央电视台宣传报道。

全面关爱,五育并举,使得学生"有爱、乐学、善思、慧行",在关爱教育观指导下更加注重学生全面发展以及育人方式的改革。

### (二) 科研质量新提升

教学是学校的工作重心,而校本科研工作,则是学校工作重心的核心生产力,很多学校都感受到科研工作对学校发展与质量提升的重要性。在教科研成果的推广应用上,学校结合实际,遵照国家意志,遵循教育规律,以学校教育为核心,以提高学生综合素质为目标,为实现育人格局的完善和育人方式的创新而努力,取得了很多令人满意的成果。学校申报武汉市"十三五"规划重点课题《互联网+环境下的学生核心素养多元化评价研究》于2020年以优秀结题;申报"十三五"湖北省规划重点课题《关爱教育理念下小学新生活德育的实践研究》在研;申报"十四五"武汉市重点课题《信息化背景下促进城郊小学教师专业化发展路径研究》立项成功,且有多名教师参与武汉市和东西湖区个人课题研究。教师要提升文化教育研究能力,不但需要学习科研的专业基础知识,还需要重视实践研究。探寻科研实践活动的重要途径是指导教师参加科研,开展课题研究就是为了培养教师善于观察和解决问题的能力。

在校园内进行科研协作沟通交流,给教师构建相互交流、共同促进的平台,不仅有利于学校形成科研共体,还有利于教师对学术资源整合,就科研上的问题进行探讨与交流。

### (三) 管理质量新提升

学校的管理影响着整个学校的发展,近几年来在关爱教育的导向下,吴家山第四小学从管理理念到管理制度都有了新提升。学校意识到教师管理和培养的重要性,在"造就党和人民满意的高素质专业化创新型教师队伍"的新时代教师专业发展理念的指导下,学校将"坚持教师队伍优先发展,提升教师综合素质,培养一支专业化的教师队伍"整体目标纳入学校五年发展规划,并制定了"青尚训练营"青年教师培养计划,依托"教师个人专业发展三年规划"、"师徒结对"、校本研修、外出培训等措施落实培养目标与教师专业发展计划,让教师得到全面发展。教师发展管理的顶层设计为教师队伍的打造指明了方向。

校长作为教师培养工作的第一责任人,带领学校行政人员制定教师专业发展的目标;教务处负责拟定相关方案与计划,并通过岗前培训、基本功训练、校本培训等培训方式提高教师专业技能;教研室负责校本教研,培养教师课堂教学能力;工会通过教师社团活动引领教师精神成长、提升教师职业幸福感;校办负责教师项目制与各项宣传,激励教师发挥特长;后勤部负责提供后勤保障。学校各部门分工明确、职责明晰、组织高效,全方位促进了教师的成长。

吴家山第四小学坚持"以人为本"的管理思想,广泛征集教师、学生、家长意见,聘请专家"把脉",制定出《吴家山第四小学学校章程》,并依据《吴家山第四小学学校章程》修改、完善各项规章制度,保障了学校各项工作的有序开展。《吴家山第四小学教学常规管理制度》《吴家山第四小学教师校本研修制度》《吴家山第四小学科研管理制度》等,让教师在工作中有章可依、有律可循,并保障了学科教研活动常态化以及有效德育的全面实施。

管理的不断提升,也促进了学校各方面社会声誉的提高。建校二十年来,学校被授予"全国青少年校园冰雪运动特色学校""全国足球特色学校""湖北省中小学健康学校""湖北省轮滑示范学校""武汉市网球试点学校""武汉市青少年创客教育联盟单位""武汉市体育场馆开放学校"等多项荣誉称号,先后被评为"湖北省放心食堂""武汉市素质教育特色学校""武汉市普通中小学办学水平示范学校""武汉市群众满意中小学""武汉市高效课堂先进校""武汉市师德建设先进集体""武汉市绿色学校""武汉市园林示范学校""东西湖区最佳文明单位"等。《长江日报》《武汉晚报》《楚天金报》、武汉电视台、武汉教育电视台、武汉广播电台、"掌上武汉"、"文明武汉"等多家传统及现代新闻媒体对我校进行了数十次专题报道。

### (四) 教师专业素养新提升

教师专业素养是指教师所具有的知识、能力和素质的总和,它主要包括知识、技能和态度。我校师资队伍建设水平的提升主要表现在以下两个方面:一是提高教师队伍整体素质。提高教师对教育教学规律认知水平;提高教师对学生心理、生理特点及学习特点认识水平。二是加强教师队伍师德师风建设工作。加强对广大教师行为规范培训,健全完善师德考核机制和激励机制,通过多种形式开展师德教育活动,弘扬高尚师德。

教师对教育教学质量的提升不可能一蹴而就,而是需要踏踏实实上好每一节课,"不积跬步,无以至千里"。我校紧扣质量之源——课堂,从课堂入手,以课堂评价为导向,以优质课评比为抓手,改变目前学生学习兴趣不够浓、学习参与率不够广、学习主动性不够强的现状,促进教师转变教学观念,加强教学研究,努力提升课堂教学质量。通过聘请语文特级教师、数学特级教师和专家定期到校指导课堂教学活动和定期开展青年教师培训活动,快速提升青年教师的教学素养。

青年教师的成长也可以凸显出学校的成长,吴家山第四小学综合学习培训、实践研究、专业成果、师徒结对、专业素养等方面制定了《吴家山第四小学青年教师成长手册》,每学期的教师专业发展考核分为优秀、良好、合格三个等级,并按2%的比例评选"专业发展先进个人",纳入学校评优评先工作,并与高级别教师评优评先和职称晋级挂钩。这些规章制度与绩效考核方案为年轻教师的成长提供了有力抓手,并激发了教师专业发展的内在动力,促进教师不断提升自我、迅速成长。

### (五) 社会服务质量新提升

家庭和学校共育、社区和学校共育在提升学校德育水平中尤为重要,只有多方合作才能使教师、家长、社会都有明确的教育方向与目标,从而提升教育的效果,近年来,学校充分发挥了与家庭、社区的合作共育的作用,提高了社会服务家庭教育的质量。

吴家山第四小学在关爱教育的指导下定期召开毕业班家长会,科学引导家长如何正确面对学生青春期身体、心理的变化,如何面对升学压力以及如何选择升学的方向。分享家校合作案例和成长故事,建立分享和沟通学习的桥梁。在疫情期间,利用校园公众号分享超级课堂"疫起宅出心花样"等多种主题课堂和心理游戏,帮助缓解居家学习期学生和家长的焦虑情绪。

学校教师积极参加社区活动,在2022年暑假,我校就有多名教师参与暑假社区托管活动"吴家山第四小学青年志愿者教师——刘唯老师走进吴家山街额头湾社区";"筚路蓝缕建楚国"爱国主题活动。梅慕琦老师的《暑假安全小知识》让学生在愉快的暑假中学会保护自己,从夏季防溺水和食品安全两个方面为学生普及相关安全知识,让学生在互动中提升安全意识。邱芬老师走进吴家山街额头湾社区为学生带来了一节融合多学科知识性的美术课,60余名学生积极发言,课堂氛围热烈。

近年来,学校还积极参与送课下乡的活动,多名教师下乡促交流,发挥骨干教师的引领作用,推动教育均衡发展。如我校姚文勇老师的科学课送教湖北荆州,张莉老师的音乐课送教湖北十堰,肖华老师的体育课送教湖北枝江等。这些课程都为农村教师提供了示范作用,让新课标课程理念深入基层。

在关爱教育导向下,教师要关注学生心理健康成长需求,充分发挥教师的主导作用、学生的主体作用和家长的监督责任。

(本章编写人员:李玲莉　董丽娜　涂茜　于娜丽　吴雯　周梦婷　梅慕琦　邱芬　戴薇　潘雅倩　冯雪莹)

# 第二章 关爱教育导向下的教师发展

# 第一节　关爱型教师的内涵、特点和类型

## 一、关爱型教师的内涵

在学校教育教学活动中,教师实施关怀和爱的教育是拉近师生关系的重要手段,更是教育人性化的充分体现。关爱型教师应当秉持关爱教育的理念、拥有关爱学生的品质、具备关爱教学的能力、掌握关爱评价的方法,在此基础上不断丰富和完善关爱教育体系。

### (一) 秉持关爱教育的理念

关爱教育是一方对另一方的存在和价值的认可、尊重、欣赏、赞美,以及一方为维护另一方的价值和存在而付出种种努力的教育活动。在学校,教师不仅是知识的传授者,更是温暖学生生命的导师。有爱的教师、会爱的教师,能让学生体验到爱的教师是关爱教育中的重要一环。

关爱型教师要秉持关爱教育的理念,不断促进学生发展。小学是教育启蒙阶段,小学生的思维能力和认知能力还不够成熟,对教师的依赖性比较强。教师不仅要负责学生的学习和思想,还要对学生的健康和生活进行指导,因此,教师在开展教育管理工作的过程中,一定要将关爱教育融入班级管理和课堂教学活动中,构建和谐舒适的班级环境,促进学生健康成长。教师需要正视学生自身的经验和价值需求,尊重并引导学生的价值选择向有益于社会文明的方面发展,让学生学会调整自己的认识,敢于质疑、大胆想象、解决问题,不断提高认识、转变观念、陶冶情操。学生既能感受到教师的关爱,又能进一步将关爱教育的理念转变成自己内在的价值认同,使学生可以在一个具有多种价值观的社会共同体中学会共处、学会交往、学会合作,从而适应社会的发展。

### (二) 拥有关爱学生的品质

拥有关爱学生的品质是关爱型教师的核心组成部分,是回归爱的教育的彰显,教师对学生的关爱是基于对学生的主动了解,关怀学生、尊重学生,并努力对学生负责的过程。它既是一种道德关系,又是一种情感联结,还是一种难能可贵的人格魅力。

## 1. 主动了解

主动了解是关爱学生的前提。弗洛姆认为，了解是一个人有能力关爱他人的必要条件。[1]教师主动了解学生，既是关爱学生品质的重要标志，也是教师和学生进一步亲近的指导方向。教师并非是对学生学习和生活的简单了解，而是包括了诸多方面，比如对学生身心发展状况、现有发展水平、性格特征、兴趣特长、成长环境、生活习惯、行为方式、心智倾向、社会需求等方面的了解，教师对学生的了解程度是教师关爱品质彰显的重要维度。

## 2. 积极关怀

积极关怀是关爱学生的关键。关怀是关爱的外在体现，是关爱的基础性象征。教师积极关怀学生，是一种最直接、最显性的表达方式，主要表现为对学生的存在和价值的关怀，包含怜悯、同情、喜爱、欣赏等主观情绪体验。以关怀为情感导向，强调的是教师在情感方面对学生各维度的关注，教师重视学生、牵挂学生、惦念学生，充分体现了以生为本的教育理念。因此，教育工作不再是简单的传授知识，它拥有了更多的意义和价值。值得注意的是，关爱型教师对班上的学生都一视同仁，公平公正地看待学生，给予每一个学生充分的呵护与关心，同时，积极关怀既要注意时间和方法，又要做到选择性与差异性相结合。

## 3. 充分尊重

充分尊重是关爱学生的基础。教师充分尊重学生，是指在基于学生需求的基础上，尊重学生的差异性、独立性，帮助学生成为更好的自己。尊重即对学生的特性和独立性进行维护，做好随时"隐退"的准备，这是对关爱型教师的一种有效限制，也是对关爱型教师本身的要求，是必不可少的要素。在教育过程中，尊重学生的人格，应以平等、真挚、友善的态度对待每一个学生，尊重他们发展的主体性和差异性特征，充分尊重学生的人格和自尊心，以激励和启发为主要的教育方法帮助学生实现人格的完善与健全，帮助学生成为更好的自己。

## 4. 认真负责

认真负责是关爱学生的保障。教师对学生认真负责，是在用实际行动践行自己的关爱理念。它并非口头的简单一言，而是强调教师的关爱行为要以一种长久且端正的态度给予学生保障。教师要在基于了解学生的基础上，对学生付出真心，在践行关爱行为的过程中，对学生的需求给予一定的响应，并承担起教育学生的责任和使

---

[1] 安亚萍.弗洛姆关爱教育理念对高校思想政治工作的启示[J].陇东学院学报,2017,28（04）:125-128.

命。真正的关爱体现在教师对于学生成长需求的敏感与反馈,这也是教师教育责任的体现。在教育过程中,倡导教师要学会充满责任感的"理智的爱",杜绝放纵的关爱,对学生身心发展的需求响应做到:及时、准确、有法、有度。

### (三) 具备关爱教学的能力

一个没有关爱教学能力的人不能胜任基础教育工作,在实际的教育过程中,教师不能很好地表现出自己对学生的关爱,那么他就不是一位合格的关爱型教师,更不会受到学生的喜爱。因此,关爱教学能力的培养就显得尤为重要。

关爱教育需要具备以下几方面的能力。

#### 1. 敏锐的观察力

在小学阶段,学生的学习情况存在很大的差异,如果教师不能敏锐地观察到学生的不同特性,就很容易忽视一些学生。因此,观察力是关爱型教师在教学环节需要掌握的第一能力。教师要在课堂教学和实践活动中学会观察,做到实时观察、及时观察、有效观察、系统观察等,观察方式多样。在课堂教学中,教师一边上课,一边观察学生的动向,提醒走神的、沉默的、不善思考的学生;在作业批改中,教师可以根据作业完成情况推测出学生的学习情况,字迹潦草也许是学习态度问题,不做作业也许是根本没听懂。在教学环节中,教师通过多种观察方式,让学生感受到教师的关爱和注视,可以帮助学生规范自身行为,稳定发挥优势。

#### 2. 强大的沟通力

学生是学习真正的主人,教师需要充分认识这一点,培养学生的独立人格。在教学过程中,教师要和学生进行沟通,观察学生的心理状态,如果发现学生出现负面情绪,教师一定要具体分析,进行疏导,而不是一味地责备。例如,上课时,学生懵懂的双眼意味着他并没有听懂相关知识,教师应对相关知识再次讲解,注重使用柔和的语言和关切的眼神与学生沟通,可以变换多种表达方式,慢慢贴近学生的内心,让学生感受到被尊重和被关怀,从而进行心灵沟通。

#### 3. 专业的指导力

教师相对于其他职业而言,具有较高的专业性和职业认同度,在指导学生方面具备充分的经验和方法。教师专业的指导更强调让学生感受爱、体验爱。例如,在课堂上,教师可以通过小组合作的形式,激发学生学习兴趣,引导学生学会合作,在学生讨论过程中进行巡视,对于积极交流的小组给予充分尊重和认可,对于个别不善表现的学生给予及时鼓励,加强学生的自信心;对于独来独往的学生给予更多陪伴,引导学生融入小组并尝试开口交流。

#### 4. 有效的反思力

教书育人是一个漫长的过程,作为关爱型教师,需要做到有效反思,以及时调整关爱方式和关爱行为。不同的学生有不同的个体差异性,教师更需要因材施教,在日日反思、时时反思中学会动态关爱,努力营造良好的情感氛围,倾心关注学生的心灵世界,准确把握学生情感变化的脉搏,因势利导,使学生获得健康的情感体验。例如,教师每次上完课,都应该将真实的课堂情况和自己的备课时预设情况进行对比,及时记录,撰写反思笔记,以便调整教学设计。教师既要反思自己的教学流程,也要反思学生是否学有所获等。

### (四) 掌握关爱评价的方法

关爱评价的基本原则是以人为本,教师要以学生能力发展为导向,特别关注学生身心发展的评价与培养。评价的内容要多元化,评价的方法要做到多样化、个性化。关爱评价应该是唤醒、发现、激励,是让学生在和谐开放的学校环境中,学会做人、学会学习、学会生存、学会合作。

#### 1. 过程性评价与结果性评价相结合

教师要做到过程性评价与结果性评价相结合,以过程性评价为主。教师可以采用的过程性评价包括课堂口头评价、学生行为观察评价等。结果性评价包括作业评语激励性评价、小组结果评价等,前者注重过程,后者注重结果,在评价时应把二者结合起来,侧重于过程性评价。教师对学生个体品德在形成和发展过程中所表现出来的态度、情感、能力等方面给予及时性评价,更能体现出教师对学生的关注和鼓励,学生也会呈现出更多的期待和长足的进步。

#### 2. 激励性评价与管理性评价相结合

教师要做到激励性评价与管理性评价相结合,以激励性评价为主。激励性评价包括家校联系过程中的语言评价,比如教师和家长在沟通中对学生予以肯定,也包括教学中的非正式评价,如一个期待的眼神、一个鼓励的微笑等。管理性评价则更多地指班级管理过程中的评价,教师会根据班级班风学风、学生文明守纪、德育课程实施到位率、德育阵地作用发挥等项目,结合科任教师的意见加以综合考量。这两种评价方法结合起来,便于教师全面、系统、完整地对学生进行评价,但教师要以激励性评价为主,可以是公开的评价,在班级中当面表扬,也可以是单独的谈话评价,一对一谈话中认同学生的某些优点。小学生对教师的鼓励更为受用,因此教师应多以激励性评价为主要评价方法,促进学生不断发展。

### 3. 自评与他评相结合

教师要引导学生做到自评与他评相结合,以自评为主。他评包括学校、家长、同学等第三方对学生的评价,自评主要是学生对自己的行为进行自我评价。在小学阶段,学生对自己的认识是促进他们发展的重要因素,若不能对自己有比较全面的了解,无论在学习还是在生活中,学生都容易浑浑噩噩度过,更为严重的是错过了自己发展的关键期。因此,教师要引导学生在思想表现、学习态度、生活习惯、意志品质等方面,学会自我评价。

### 4. 定量评价与定性评价相结合

教师要做到定量评价与定性评价相结合,以定性评价为主。教师可以通过以定量为主的等第评定评价和以定性为主的操行评语评价,一方面,可以用确切数值来对学生的行为进行描述,并作出精确的判断。但要注意,影响学生发展的因素过多,如不能有效把握,就会造成评价的数据无效。另一方面,教师用操行评语评价法对学生进行评价,有利于关注到每一个学生原有的发展水平,评价尺度有一定弹性,但它具有一定的模糊性和主观片面性。因此,教师在综合评价学生时,建议将定性与定量结合起来评价。可以多采用定性评价的方式来鼓励学生、关注学生,更好地展现出教师对学生的关爱。

## 二、关爱型教师的特点

### (一) 向生性

爱生,是教师必须具备的心理品质。所谓向生性,是指教师从爱护学生的心愿出发,希望学生进步,期望学生成才。赞科夫认为,教师对学生的爱,首先应当表现在教师毫无保留地贡献出自己的精力、才能和知识,以便在对自己学生的教学和教育上,在他们精神成长上取得最好的成果。[1]教师在造就培养人才的毕生中,乐于做"人梯",让学生踩在自己的肩膀上攀登科学高峰,甘做平凡的"铺路石",让学生在知识的太空自由飞翔。"青出于蓝而胜于蓝",是历史的发展规律,也是教师的良好愿望。

#### 1. 诲人不倦,关爱每一个学生

师爱是教育的"润滑剂",是进行教育的必要条件。当教师全身心地爱护、关心、帮助学生,做学生的朋友时,师爱就成了一种巨大的教育力量。全面公平的爱是指教

---

[1] (苏)列·符·赞科夫.和教师的谈话(升级版)[M].管海霞,译.湖北:长江文艺出版社,2021.

师要热爱每一个学生。学习好的要爱,学习一般的要爱,学习差的也要爱;活泼的要爱,文静踏实的要爱,内向拘谨的更要爱;作为一名教师努力做到让每一个学生都快乐充实地度过在学校的每一天,使他们在获取书本知识的同时学会做人。

### 2. 以德育人,尊重每一个学生

尊重、理解、信任学生是消除教育盲点的基础,尊重学生要尊重学生的人格。教师与学生虽然处在教育教学过程中的不同地位,但在人格上应该是平等的,这就要求教师不能盛气凌人,更不能利用教师的地位和权力侮辱学生;理解学生要从他们的心理发展特点出发,理解他们的要求和想法,理解他们幼稚和天真;信任学生要信任他们的潜在能力,放手让学生在实践中锻炼,在磨炼中成长。只有这样,学生才能与教师缩小心理距离,学生才会对教师产生依赖感。

### 3. 为人师表,严格要求每一个学生

爱学生并不是对学生一味地娇惯、溺爱。师爱既蕴含着强烈的情感色彩,又表现出深刻的理智,不仅着眼于学生目前的得失和苦乐,更注重学生未来的发展和前途。培养学生良好的品质,不纵容、不姑息、不放任学生的缺点和错误。作为一名人类灵魂的工程师要"言传身教",凡是要求学生做到的,教师自己首先做到。坚持言教与身教并重,严格履行师德规范,以身作则,以文明的言行举止做学生的表率,从而对全社会的道德建设产生积极的影响。

### 4. 尽心竭力,不放弃每一个学困生

对于学困生,作为教师要采取多鼓励少批评的方法,以宽容的心态去对待他们的每一次过失;用期待的心态去等待他们的每一点进步;用欣赏的目光去关注他们的每一个闪光点;用喜悦的心情去赞许他们的每一份成功。通过不懈的努力,使学困生重新树立起自信,从而各方面都得到不同程度的提高。

### 5. 尊重家长,对每一个学生负责

积极主动地与家长联系,通过家访、电访了解学生在家里、在社会的情况,并向家长报告学生在校的表现,互相沟通,共商教育学生的方法,使学生能健康发展。发现个别学生问题时,主动与家长联系,并力争家长的理解、支持和配合,向家长宣传科学的教育方法,使家庭教育与学校教育同步,共同培育好青少年。

### 6. 严谨治学,让每一个学生都茁壮成长

在教学实践中,身为教师,要做到因材施教,所以在备课以及组织课堂的每一个

环节都应做到"以学生为本",在此基础上教师应该成为热爱学习、善于学习和终身学习的楷模,以求真务实、勇于创新、严谨自律的治学态度和良好的学识学风在思想政治、科学文化和业务素质等方面不断充实自己、提高自己,从而提高教学质量,培养全面发展的人才。

## (二) 民主性

教师的民主性是指具有民主意识的教师。这样的教师在日常的教学过程中充分发扬民主的教学作风,这样的教学形式无疑也会为学生的成长与进步提供有效地推动与引导。在学习的过程中,教师与学生共同探索、共同进步,保证每一个学生的潜力都能够被激发,每一个学生的个性都能够被尊重。教师的民主性主要表现在以下几个方面。

### 1. 树立师生平等的理念

教师和学生虽然在教育中的职责和任务不同,但就人格而言,师生之间是天然平等的。学生虽然在个性特点、学习成绩等诸多方面有所不同,但在教师眼里每个学生都是平等的。教师不能高高在上,不可以摆师威,要把学生视为朋友、亲人,以诚相待、以情相待、以友相待,为学生着想。要从不同的视角、多维度的评价体系去看待学生,不能以"知识的权威"自居,而应该与学生建立一种平等的师生关系,让学生感受到学习是一种平等的交流,是一种享受,是一种生命的呼唤。教师和学生成为求知道路上共同探索前进的平等的志同道合者,这样的教学相长将可以达到一种双赢的境界。

### 2. 发挥学生的主体地位

有些教师总是喜欢一个人预先将所有的问题和知识点设定,然后在课堂上让学生围绕着给定的思路走下去,没有学生之间的交流,也没给学生自由提问的机会。有时候设计的问题学生答不上来,教师就自己回答了,导致教学效果很差,学生很被动地接受知识,也接受得不好。解决这个问题就是要改变教学模式,要以学生为主体,多开展学生之间的交流活动,努力地当好一个教育的引导者和组织者。在教学中,通过教学导入,让学生自己提出问题,然后引导他们通过互相讨论交流达到解决问题的目的。给予学生更多自由支配的时间和更多自由提问的机会,这样学生学习状况会得到明显改善。学生是学习的主体,应该具备自主学习、自主思考的权利。将学习的主动权归还给学生,为学生营造一片可以自由发挥的环境,也是民主型教师、民主型教育的关键所在。

### 3. 尊重学生的不同想法

小学生正处于一个特殊年龄段,他们的思维非常活跃,同时思想上也有些叛逆。这个时候,产生各种各样的不同见解和问题上的分歧是不可避免的,作为教师就不应该将学生的新想法或新观点一票否决,哪怕这个想法是错误的。教师应该努力地让自己和学生找到一个结合点,肯定他们积极思考问题的习惯和观点的新颖,想办法引导他们认识自己观点的不足之处和思维的欠妥之处,并引导他们纠正错误,从而达到一个较好的效果。

### 4. 倡导协助学生"自治"

这里所谓的"自治"是在教师的正确引导下,学生实行自我管理和参与班级管理。学生"自治"不仅能够锻炼学生的组织管理能力,还可以增强学生的班级责任感和荣誉心,更可以培养学生团队协作精神。过去,有些教师喜欢预先设计好班纪班规,再任命一批乖学生来担任班干部,将设计好的班规条例执行下去,结果收效甚微,部分学生不愿遵守班规,还会出现班干部和学生群众关系不好的情况。其实,可以利用班会课让学生自己推选班干部,充分发挥学生主体地位,由学生自行提出班规,在班上共同协商,教师适时指导,通过这种做法,让学生把自己当作班级真正的主人,彼此相互监督,教师也会轻松。

## (三) 包容性

包容是一种心态,具有丰富的内涵,同时也是一种非凡的气度,代表了心灵的充盈和思想的成熟。没有心灵的充盈和思想的成熟,就没有良好的心态,也没有心态上的包容,更不会有行为上的从容。所以教师要培养自己良好的心态,用包容的心对待每一个学生。

### 1. 学会忍耐和等待

教育需要时间,学生的发展更需要时间。包容的教师都是善于忍耐和等待的。教育是耐心的锻炼,要能忍耐学生的错误,也要能忍耐学生的不足,等待学生的改进。忍耐意味着当看到学生犯错时能压抑住自己即将喷出胸膛的怒火,能深吸一口气后让自己心静如水。耐心能使教师以一种宽容的态度对待学生的错误观念、错误理解和错误行为,教师耐心和宽容地对待学生的错误和困惑,会使学生对教师产生信任。在所有的教育要素中,教师的忍耐首先引起并赢得回应,学生会更努力地学习、认真地反思、积极地改正。教师必须学会忍耐和等待,这是一种美丽的意境,是一门艺术,这种等待不是消极坐等,不是守株待兔,不是不讲进度和效率,不是无所作为的自由放任,而是有积极教育干预的必要等待。等待需依据不同情况,为学生克服思维困难,解除思想包袱,提供各种可能的条件。

### 2. 善于和学生沟通

教师要善于和学生沟通,第一要有自信的态度,自信的人常常是最会沟通的人。第二要体谅学生的行为,能设身处地为学生着想,并且了解学生的感受和需要。第三要适当地提示学生,一点提示、一点启发都能有效促进学生的反馈。第四要有效地直接告诉学生,直言不讳地告诉学生教师的要求与感受,将会有效帮助教师建立良好的人际网络,但要切记"三不谈"(时间不恰当不谈,气氛不恰当不谈,对象不恰当不谈)。第五要善于询问与倾听,可用询问方式引出学生真正的想法,了解学生的立场及需求、愿望、意见与感受,并运用积极倾听的方式引导学生发表意见,进而对自己产生好感。一名善于询问并积极倾听他人意见、理解他人感受的教师,必定能成为一名真正的宽容的教师。

### 3. 给学生机会

包容学生的教师,必定会为学生的成长而呕心沥血。学生的成长,需要成功、机会和表扬,教师是否给予其发挥的机会,给予机会的多少直接决定了学生的成就。对于犯了过错的学生,不计较、不追究是包容的一个方面;给予机会纠正过错,或者给予将功补过的机会,更是包容的一个方面。教师要给学生机会,让学生忘记不快;教师要给学生机会,让学生改正错误;教师要给学生机会,让学生懂得奋斗;教师要给学生机会,让学生享受成功;教师要给学生机会,让学生获得表扬。

## (四) 引导性

教学活动就是在教师的引导下,学生通过观察、实验、猜测、验证、推理等活动,获得知识经验的过程,是师生互动、生生互动的合作过程。所以,教师必须改变传统的教学模式,将教师的"教"转变为学生的"学",充分发挥学生的主体作用,让学生真正成为课堂的主人。那么,如何发挥学生的主体作用和教师的主导作用,使学生能真正主动参与教学全过程?

### 1. 调动学生学习的积极性

学生学习的热情,一部分来自天生的兴趣,这是无法掌控的,而另一部分则来自教育者的"点燃"。作为教师要千方百计地培养学生的学习兴趣和求知欲望,充分调动学生的"乐学"情感,改变学生的"厌学"情绪,使他们愉快地学习,体会学习的乐趣,使课堂成为学生求知的乐园。"点燃"来自教育者对学生真诚的肯定,来自学生对教师的爱戴。教师要多给予学生赞扬、肯定性的评价,特别是对学生在学习过程中表现出来的闪光点,更要给予及时的评价。随着教师对学生的肯定,学生对教师的信任油然而生,继而为学习奠定了情感基础。

### 2. 科学管理课堂,形成和谐的课堂氛围

教师的引领必须建立在一个积极的课堂氛围中,没有良好的课堂气氛,教师的作用就会被淹没。教师既要以自身广博的学识和独特的人格魅力做学生的"领路人",也要有一定的掌控课堂的能力。要保证良好的教学秩序,对学生的言行进行规范,保证教师的指令得到充分的执行。绝不能出现教师我行我素,学生也我行我素的局面。组织教学做到宽严有度,努力营造既严谨又和谐的教学气氛,只有严谨,学生才能跟随教师的引领;只有平等、民主、和谐的教学气氛,学生才能充分展现自己的个性,创造性地发挥自己的潜能,成为学习的主体。

### 3. 明确教学任务,明确每一个要引领的任务

没有预设的课堂是放任的,必然也是低效的,所以教师要发挥引领作用,对本节课的教学内容胸有成竹。明确教学任务,即在走进课堂前,教师一定要明确三个问题:这节课到底要教给学生什么?怎么教?为什么这么教?这就要求教师要吃透教材,教师要在教材内容的挖掘和处理、教学环节的有机渗透上下功夫,探索科学的教学方法,提供科学的学法指导,教学环节要如行云流水般自然,对课堂上可能出现的局面给出应对措施,打造高超的教学艺术,做到教得自然,教得到位。

### 4. 引导学生对知识进行归纳整理

学生对每节课所要学会的知识不会像教师一样了然于胸,因为学生所要学的知识太多,且不断地变化着学习的科目,变换着学习的内容,这就需要教师的梳理和归纳,尤其对于低年级学生的教学,课堂更需要"留白"。课堂进入尾声,适时的引导学生总结、反思本节课的学习收获。每一堂课都要给学生留出一段时间,让他们自主归纳、总结和提炼,将教师的思路方法内化为自己的东西。每一节课都要盘点总结学了哪些知识,掌握了哪些技能;另外还要定期"回头看一看",温故而知新。这种整理可以是教师带领学生口头的整理,也可以是教师备课时的书面整理,以练习的方式下发。最好是在教师的带领下进行归纳,这样能突出重点,如果有针对性强的跟踪反馈测试,则会使归纳整理形成良性循环。

## 三、关爱型教师的类型

关爱型教师能观察学生,尊重学生的个性、人格和情感需要,以情感化拨动学生

的心灵之弦。教师的赞美和鼓励是沟通的桥梁,给予学生肯定和赏识,不仅能让学生得到心理上的满足,还能增强学生的自信心,融洽师生关系。下面将从不同角度具体谈谈关爱心理型教师、关爱学习型教师、关爱特长型教师、关爱生活型教师。

### (一) 关爱心理型教师

爱,是心与心的交流,它是在我们的深层意识里进行和发生的。说到关爱,教师一定是关注学生身心健康,可以推开学生心门的人。心理健康是对每个学生的基本要求,而教师工作是面对每个学生的全局性工作。"教师应当是心理医生"是现代教育对教师的新要求。现代教育的发展要求教师不仅是人类文化的传递者,也应当是学生心理的塑造者,是学生心理健康的维护者。

#### 1. 具有科学而有效地把握学生心理的能力

关爱心理型教师不仅能够看到学生出现心理问题的真相,真心地理解和包容学生,同时能够运用科学而有效的方法把握学生的心理,因势利导地促进学生的健康成长,真正地做到立德树人。求知欲和好奇心是小学生理智感的重要内容。在教学活动中,关爱心理型教师应注重激发小学生的求知欲、好奇心,鼓励他们克服困难,使他们在学习活动中体验成功的欢乐,以此来发展他们的理智感。

#### 2. 注重培养学生控制和调节情绪的能力

关爱心理型教师真正关注学生发展,全面进行心理渗透。关爱心理型教师注重培养学生的控制和调节情绪的能力,尽量引导学生保持愉快的情绪。可以从以下三点尝试保持愉快情绪,第一,帮助学生寻找乐趣。教师要注意保护学生天真烂漫的性格,使其对各种活动都倾注热情,积极参与,享受生活的乐趣。还要帮助学生培养自己广泛而稳定的兴趣,从中获得快乐。第二,帮助学生建立自信。自信是保持愉快情绪的重要条件。教师要教会学生看到自己的优点和长处,学会悦纳自己、欣赏自己、肯定自己,做到不自卑、不自怜、不自责。要相信每个学生都有他可爱和可造就的一面,要经常肯定他们,鼓励他们。第三,引导学生多与他人交流。学生多与家长、教师和好朋友交流,可以增长知识,受到启迪,增进友谊,能给自己带来意外的收获和快乐。

### (二) 关爱学习型教师

关爱学习型教师关爱学生学习态度、学习兴趣、学习习惯、学习方法和学习问题等方面。教师从学习的角度出发,切实以立德树人为宗旨,助力每一个学生成人成才。

#### 1. 重视激发学生的学习兴趣

不同于传统教学中教师针对教材内容表层知识的传授,关爱学习型教师会将教材中的文化知识、生活实践和社会实践相连接,激发学生的学习兴趣,引导学生掌握学习方法和学习技巧,探究知识在生活和实践中的应用方法和形式,从而提高学生解决问题的能力,挖掘文化知识的内在价值和意义。这就需要学生具备良好的学习习惯,敢于尝试、敢于质疑、敢于探索,学生只有树立学习意识和端正学习态度,才能在学习中自主养成良好的学习习惯,进而快速发展自身的核心素养。

### 2. 善于培养学生良好的学习习惯

小学是学生学习习惯养成的关键阶段。对小学生而言,无论学习哪门课程,都离不开良好学习习惯的支持。有些学习习惯适用于所有课程,有些学习习惯则具有明显的学科性特征。比如,学生在家有做家务的习惯,学生在学习中也会有较强的责任感,学习态度也会更加专注和认真,而这也有利于教师在教学中渗透责任意识。当学生可以通过学习习惯对自己的家庭生活和社会生活产生影响时,其核心素养就在慢慢发展,学习效率也会随之提升。

## (三) 关爱特长型教师

关爱特长型教师不以学习成绩评价学生,而是善于发现学生的闪光点和天赋,真正引领、开启、教育学生。

### 1. 善于发现美好,关注学生的闪光点

关爱特长型教师不带偏见,用发展的眼光看待每一个学生,相信学生每天都不一样,每天都是全新的。学习好并不是唯一的出路,教师应当让学生发现自己并成为自己想成为的人。教师可从学生学习生活的细节处发现他们的优点,放大他们的优点,从而增加他们的自信,更好地修正他们的缺点。关爱特长型教师表扬学生优点具体且及时,还会发动周围的同学给予鼓励。如学生上课积极回答问题,看见地上有垃圾能随手捡起来,男生帮女生做一些体力活等。让学生感受到教师和同学时刻是以一种赏识的态度对待他们,让他们身心愉悦地投入学习和生活中。

### 2. 主动发现和培养学生的特长与天赋

关爱特长型教师需要和科任教师密切配合,通过观察、测试、问卷等多种形式,发现每一个学生的禀赋、爱好和特长。建立教师总管,科任教师指导,班委牵头,学科组长负责的各类兴趣小组是实现学生特长发展的有效途径。例如,组建演讲故事大会与写作兴趣小组,发掘有语言天赋的学生;组建班级体育特长小组,争取在各类运动会中取得好成绩;组建美术兴趣小组,对有绘画天赋和爱好的学生进行专业指导;组建班级音乐兴趣小组,发掘音乐人才。教师在培养学生特长时要做到既不影响学

生学习,也不影响学生个性化发展,让每一个学生都找到适合自己特长发展的教育。促进学生特长发展的班级管理需要教师对本班学生进行充分了解,因人而异,因材施教,制定不同的策略帮助学生寻找和发现自身的特长,同时,科学设计、组织多样化的班级管理活动,充分调动学生的主动性、积极性、创造性,从而促进学生全面而有个性的发展。

### (四) 关爱生活型教师

关爱生活型教师认为知识不是人生的起点,生活才是人生的起点。关爱学生生活,助力学生成长,就是从深入生活开始。同时协同家庭、社区为学生建立健康安全的成长环境。

#### 1. 加强学生在生活中的实践与体验

关爱学生的生活不意味着越俎代庖,事事亲力亲为。关爱生活型教师要求学生对自己生活的各个方面(如衣、食、住、行等)做些力所能及的事。随着生活水平的提高,以及当前多数家庭都为独生子女,这就使得许多学生的生活自理能力下降,在面对问题时总是需要求助他人或经他人指导才能完成,很难自主解决问题。更有许多学生家长在生活中只重视学生的学习,与学习无关的其他事项一律代为包办,这样的学生由于缺乏自主解决问题的能力,使得生生之间不和谐的关系问题直接影响学生的学习。在生活中过分、片面地强调学习,学生对于其他事项漠不关心,不能体谅父母工作以及养育的辛苦,使得学生推己及人的能力不能得到有效培养,长此以往,学生必然会受到极大的影响。基于此,教师在教学过程中就要有意识地去培养学生独立、自主的生活能力以及学习能力,鼓励学生在学习、生活中通过思考自主解决问题。同时,还要在日常的教学生活中做好学生的德育工作,帮助学生了解家长对他们的付出,并鼓励学生对家长给予一定的反馈,哪怕只是做一顿饭、做一次家务。教师在这一关爱传递的过程中要注重用行动引导学生,不能只是口头表达,可以通过家庭作业的形式将这些行动布置下去。此外,教师还要做好家长的相关工作,纠正他们"唯学习论"的偏激思想,通过教师与家长之间双向合作的方式,将关爱学生生活的行动落到实处。

#### 2. 建立学校、家庭、社区的通畅合作

关爱学生的生活,我们应该关注学生的校园生活质量,使学生能够健康地成长。除了做好学校和教师的教育外,还需要建立"学校—家庭—社区"教育网络,学生的生活、学习以及身心健康教育要形成学校、家庭、社区的一体化。父母是子女的第

一任教师,子女是家长的一面镜子。教师必须经常家访,与家长沟通交流,才能了解学生的成长环境,找出教育问题中的对策,同时寻求家长对教师工作和学校教育事业的支持,对学生采取双管齐下的教育策略。学校要建设好家长学校,开展家长育人培训、讲座,办好家庭教育方法交流会,关注留守儿童,给他们关爱和心理辅导。

## 第二节 关爱型教师的评价系统

### 一、关爱型教师的评价原则

教师评价是教育评价中的一个极其重要的领域。教师评价是在正确的教育价值观指导下,根据素质教育对教师的要求,运用科学可行的方法,在全面考评教师工作的要素、过程和效果的基础上,对教师的德、能、勤、绩四个方面进行价值判断的活动。关爱型教师是我校教师发展的一种价值追求,也是教师发展的方向,因此制定一套完善的关爱型教师评价系统显得尤为重要。关爱型教师的评价不仅能为教师队伍的管理提供政策依据,更能为教师改进工作、提升自己指明方向。

当前的教师评价中普遍存在着一系列问题:在评价内容上,过多地注重学生的考试成绩,而对教师的教学能力、育人能力、创新精神、稳定的情绪、心理素质等不太重视;在评价主体上,主要以上级领导的评价为主,缺乏同事之间的互评和教师的自我评价以及学生和家长的评价;在评价标准上,过于强调共性,忽视了教师本身的特点和个性化发展;在评价功能上,过于强调评价的奖惩功能,对于评价的指导意义没有真正落实。基于以上的问题,我校的关爱型教师评价系统旨在制定一套公平公正、科学有效、多元化的教师评价系统,在制定评价系统前首先要明确以下两个问题。

其一,关爱型教师评价的目的。关爱型教师评价是为了确定一名教师是否"有爱"的标准,充分发挥教育评价的导向、激励、改进的功能。通过评价结果的反馈,促进教师不断总结、提升自己的工作,使教师自觉、自愿地朝着关爱型教师发展,调动广大教师的积极性和创造性,最终达到全面提高学校教育教学质量的目的。

其二,教师工作的复杂性。教师工作不同于其他工作,教师工作对象复杂,如今的教师不再是每天只面对班里的几十个学生,而是要经常与家长,甚至社区联系。教师的工作内容也不局限于传道、授业、解惑,还有安全、心理辅导等非教学型工作,教育工作的周期长,教育效果滞后,教育成果集体共享等。教师工作质量的评价只凭学校领导的主观印象、学生的成绩、群众的选票都是不全面、不科学的,也是不准确和不公正的。运用现代教育评价的手段和方法就可以在最大限度上克服上述弊端。鉴于教师工作的复杂性,在评价方法上务必采用定量和定性相结合的办法,同时要对教师的全部工作进行多指标、多方位的综合分析和判断,这样才能使教师工作质量的评价更科学、更准确。

**1. 发展性原则**

当前在教育内部对教师的评价是一种主要为教育行政部门管理服务的评价。其主要目的是选拔精英教师,提供奖惩依据,确定教师职责和岗位,甄别和淘汰不合格的教师;其基本内容是考察教师的工作绩效;其基本方式是由代表教育行政部门意志的评价者,按照一定的评价标准对教师进行评价;其功能具有选拔和甄别性质,这种教师评价,只重视为确定教师升迁或对之奖惩服务,基本上是"为满足评价者的主观需要(主要体现的是行政部门的意志)";其基本特征是:以预定的学生成绩或行政业绩作为基本的参照标准,以自然科学范式为基础"量化"教师的水平。这种评价把名利的分配作为直接目的,在为平衡利益服务的基调下,功利主义和局部效应的需要难免会对教师评价产生巨大的副作用,干扰教师全面贯彻教育方针,阻碍教学改革的进行及教师之间的交流与合作,不利于教师形成正确的教育观念,否认教师具有提高自身专业化水平的内在动机,其效果是值得怀疑的。

自20世纪80年代起,发展性教师评价由英、美等国开始在西方推行。不同于传统的奖惩性评价,发展性教师评价的目的是共同总结经验,找出工作中的问题,提出改进的意见和措施,促进教师的职业和学校发展。"他山之石,可以攻玉。"国外发展性教师评价的思想必定会给我国关爱型教师评价带来一定的影响。发展性教师评价是既关注结果又关注过程的评价,它不兼具选拔和淘汰教师的任务,消除了高利害的功利色彩对评价的副作用。它关注评价主体的多元化和评价方式的多样化。发展性教师评价主要运用评价的激励、调控、导向和诊断等功能,其基本目的是促进关爱型教师的专业化发展,把教师群体的自我认识、自我诊断、自我调控、自我发展的内在需要作为第一要素,否认简单的"行政干预"和迷信奖惩的管理理念,主张评价不应带有"高利害"的威胁,摆脱功利主义对人性的扭曲,让涉及评价的全体成员真正站在共同价值的平台上,去对所面临的教育现象进行由衷的价值判断。

**2. 公平性原则**

要求严格执行现代教师评价制度的评价标准,确保评价过程公开、公正、公平进行,也就是说凡事必须有一个标准,关爱型教师评价标准的制定可以采取民主集中制的方式。首先,学校领导开会征求广大教师意见;其次,学校制定一个初步的方案,教师讨论并反馈意见;最后,学校制定一个合理的评价标准。评价标准对关爱型教师既要有质的规定,又要有量的要求;既要评价教师的工作动机与态度,又要评价教师的工作效果;既要评价教师的业务,又要评价教师的师德、师风;既要看到教师当前存在的问题,又要对其寄予厚望,不可片面评价。教师评价不但要"有准可依",而且要"有准必依"。在实施评价标准的过程中,必须克服以下几种心理效应:晕轮效应,是指在教师评价过程中,将对教师的某种印象不加分析地扩展到其他方面的一种心理现象,也就是说,当教师的某种品质在评价者心中形成了清晰印象后,就掩盖了其他方面的品质或结果,出现一好遮百丑或一丑遮百好的现象;首因效应,是指在教师评价中突出第一印象,忽视往后表现;参照效应,是指一些被评教师影响另外一些教师的印象,这是评价中产生的一种心理偏差,也是一种顺序干扰,当先评教师的形象较好时,后评教师则可能会黯然失色,或者先评教师形象较差时,后评教师则可能熠熠生辉。因此,在评价实施过程中,应大力倡导民主、平等、和谐的评价氛围,创造接纳的、支持的、包容的评价环境。一方面,尊重教师的主体地位,教师不应该是单纯的被评价者,更应该是自己行为的评价者。另一方面,要认识到不同教师成长经历的差异,教师的教学工作因其学科特点、课型、个性特点及授课对象不同而呈现出不同的教学风格。

### 3. 科学性原则

在关爱型教师评价时,要利用科学的手段和方法,从客观实际出发获取真实信息,抓住本质的东西进行分析,全面和本质地反映被评价对象的真实价值。教师所从事的是以脑力劳动为主的、既劳心又劳力的特殊的复杂劳动。这种劳动的复杂性表现为劳动对象的复杂性、劳动过程的复杂性、劳动成果的复杂性。另外,教师的劳动富有创造性,教育工作有周期长、教育效果滞后的特点。这些在评价教师时均应给予充分考虑,这样才能使评价更符合客观实际。科学性原则要求我们在进行评价时必须实事求是,一方面要深入实际进行调查,获取真实的信息,防止只听汇报、看资料,想当然地进行评价;另一方面要在科学理论的指导下进行分析研究,抓住本质的东西进行评价,防止评价结果片面化、主观化。

### 4. 主体性原则

目前的评价基本上是由管理者来制定并颁布实施的,将评价作为监督管理教师工作的手段,评判教师工作的好坏。这实际上忽视了评价过程中评价者与被评价者之间的双向交流,造成了不平等的关系,使得广大教师处于被动的局面,无法在评价中维护自己的利益、阐述自己的见解,更无法对既定的评价标准作灵活修改,只能被动地接受。这种做法无形中否定了教师在教师评价中的主体地位和主人翁意识,长此以往,将会激化教师群体与管理部门之间的矛盾,导致教师工作积极性减弱,教育热情下降。这既不利于教师个体的发展,也不利于学校的长远发展。

主体性原则充分肯定每位关爱型教师都有自我发展的意愿,都有主动追求进步的动机。教师不是被动地接受评价,而是主动谋求改进自己的工作,因此教师应当参与到对自己的评价当中,在教师评价中应体现"以评价促教师发展,为教师发展而评价"的理念,强调评价的民主化、人性化,尊重教师群体中的个体差异,鼓励教师发扬自身的闪光点。[1]为创设发展性评价氛围,鼓励教师积极参与自我评价,学校领导和上级部门应带头进行自我评价,定期召开自我评价交流活动,听取教师意见。为保护教师的隐私,鼓励教师大胆发声,还可设立匿名信箱,拓宽交流渠道,让教师可以真实地吐露自己的心声,并定期公示自评结果,促使领导和上级部门不断改进工作。当学校领导和上级部门带头自评,并重视自我评价,虚心对待反馈意见时,学校自上而下的自评氛围得以创立,发展性评价理念深入人心,教师得到尊重与保护,必能客观、真实、认真地对待自我评价,并主动利用学校所提供的条件获得实践知识的增长。[2]

### 5. 全面性原则

全面性原则是指在确定和运用评价标准时要全面,不可片面。贯彻全面性原则要抓住评价标准的全面性,还要抓住评价过程,全面收集评价信息。教育本身就是一个多层次、多因素、多变量的动态系统。教师的工作也是多层次、多变量构成的一个有机的整体结构。因此,在对教师评价时要进行多指标、多方位、多层次的分析和判断,力求真实准确地反映教师工作的全貌。作为评价的信息和资料要尽可能全面、准确、真实,不能凭片面的材料、少数人的反映进行评价。需要指出的是,全面性原则并不是把各评价要素不分主次、不分重点与非重点,也绝不是把各指标数据简单相加,而是将各种指标配以不同的权重,然后再进行综合的评价。

### 6. 多元性原则

现行教师评价制度表现出自上而下的生成过程和执行程序,强调特定教育场域内顶层管理者的价值倾向。教师在被动接受评价的过程中,对评价指标的制定、评

---

[1] 王斌华.发展性教师评价制度[M].上海:华东师范大学出版社,1998.
[2] 辛继湘.教学自评:教师获得实践知识的有效途径[J].教育测量与评价(理论版),2015,(12):1.

价步骤的操作、评价结果的解释等方面缺乏基本的知情权。因此,常常处于被动、消极的地位。事实证明,吸纳多元相关主体的共性能够为制度文本的完善、执行过程的顺畅提供有力保障,能够在一定程度上缓解教师的对立、拒绝、逃避等情绪和行为。在基本需求收集方面,包括教师、学生、家长、政策制定者、研究人员、教师联盟等在内的多元主体,可从不同角度出发,对关爱型教师评价制度的构建提供建设性意见。但不容忽视的是,教师发展应遵循一定的规律,教师评价中专业特点更为明显,对多元主体需求的无条件接纳不符合教师的专业发展需求。因此,关爱型教师评价制度的建立应在多元参与的基础上,通过理性归纳和专业设计,使教师评价制度能够在体现多元主体意愿的同时,对教师进行科学的专业评价和系统指导。

## 二、关爱型教师的评价指标

### 1. 爱教育

党的十八大以来,习近平总书记多次强调,要使教师成为"让人羡慕的职业""最受社会尊重的职业",要让广大教师"安心从教、热心从教、舒心从教、静心从教",[1]要做新时代的"大先生"。关爱型教师是新时代的"大先生",关爱教育是有温度的教育,而这个温度的核心就是"师爱"。[2]

爱教育是关爱型教师的首要评价标准。关爱型教师对教育之爱,体现为对学校的付出、对同事的帮助、对学生的尊重、对家长的支持、对自己的严格要求。爱教育是关爱型教师一切工作的前提。

有爱才有教育。教师对学生的爱是学生成长和发展的土壤,它为学生成长提供养分,为学生的发展提供支持,为学生的未来保驾护航。康德说过教育是由前一代人对下一代人进行的活动,反映的是前一代人对后一代人的爱。[3]

关爱型教师对教育事业的热爱是源源不断的,他们将教育事业视为自己毕生的追求。在具体的工作中,他们将爱国守法、爱岗敬业、尽职尽责作为对自己的要求。他们熟悉课程理念、了解课程要求、通晓教材、主动学习学科前沿知识、创新教学方法,同时以人为本,及时更新教育教学观念,将关爱教育融入自己的课堂教学中。

### 2. 爱学校

学校是教学实施的场所,是教师和学生工作、学习、生活的场所,是汇聚美好事

---

[1]《习近平总书记教育重要论述讲义》编写组.习近平总书记教育重要论述讲义[M].北京:高等教育出版社,2020.
[2] 蒋健.新时代"大先生"的教育温度[J].中学政治教学参考,2022(26):1.
[3] 高德胜.论爱与教育爱[J].中国教育学刊,2018(12):49-55.

物的中心,学校对学生的身心发展具有深远意义。从时间长度来看,其重要性仅次于家庭环境;从对学生成长所产生的影响来看,甚至超过了家庭环境。美好的学校环境有强大的教化力量与凝聚作用。关爱型教师聚焦于建设环境优美、文明生动、互敬互爱的"大美学校",不仅关注学校生态环境,更关注学校人文环境。[1]

学校环境建设有其自身规律性、科学性和育人性。[2]为营造良好的学校生态环境,充分发挥环境的育人功能,关爱型教师重视校园绿化、美化,充分利用校园的每一个角落,努力使校园的一草一木、一砖一石都体现教育的引导和熏陶,使教育环境成为一个客观功能性和人文社会学相结合的综合体。[3]

在学校人文环境建设上,关爱型教师用自己的言行教育学生,以品行立德,培养高风亮节的少年;以知行立言,培养芳兰竟体的少年;以健行立身,培养风流倜傥的少年。文化是一个人成长的根与魂。良好的学校环境丰富了学生的文化底蕴,提升了学生的文化素养,使每位学子在学校文化气质中得到浸润,发挥其立德树人的作用。

### 3. 爱同事

有一种关爱,是同事对你的爱,它伴你成长,陪你一起奋战在平凡的岗位上。

顾全大局,团结协作。身处同一个团队,首先必须树立大局意识,对内工作要相互支持,对外要形成良好的团队形象,勇于担当,善于分享,才能赢得所在集体中同事的认可。大家相互理解支持,相互学习,共同提高,分工协作,聚众之智,集思广益,凝心聚力,共同发挥团队作战能力,才能获得更大的进步。

主动关心,切实关怀。爱同事是一种主动付出的情感关注。每个人在工作和生活中都会遇到各种问题和困难,在同事有困难时,要感同身受,积极主动地提供帮助,尽自己最大能力帮助同事,用真诚的微笑和双手与同事建立起坚固的情谊,切勿冷眼旁观,更不能幸灾乐祸。

尊重包容,赞美感恩。单位就是一个大家庭,每一位成员都是家庭中的一分子,对待同事要充分尊重。学校作为相对封闭的环境与外界接触不多,同事之间更需要多谦让、多包容,保持良好的心态,共同构建良好的工作环境。

赞美能让人看见自己的价值,产生自我激励的成长动力。渴望赞美是深藏于人们心中的一种基本需要。每位同事都有自己的闪光点,所以不要吝惜赞美。懂得感恩是一个人优秀品质的重要体现,尊重同事的付出,在感恩中看见好榜样,跟着做、跟

---

[1] 蒋健.新时代"大先生"的教育温度[J].中学政治教学参考,2022(26):1.
[2] 高德胜.论爱与教育爱[J].中国教育学刊,2018(12):49-55.
[3] 林刚.中小学校园环境教育寓意的现状及设计对策——以杭州地区为例[J].全球教育展望,2013,42(04):73-78.

着学,则是做好工作的精神动力。

### 4. 爱学生

关爱全体学生,平等对待学生,严慈相济。"教师必须蹲下来看学生",建立一种新型的、平等的师生关系已经成为时代的要求。以公正之心关爱全体学生,无论其成绩优劣都平等对待学生,是教师必须具备的职业道德。关爱学生不是要求教师一味溺爱学生,而是要严慈相济,诲人不倦,真心爱护学生,严格要求学生,做学生的良师益友。

尊重学生的主体地位和独立人格,维护学生的合法权益,重视学生的身心健康。作为教师要尊重学生的主体地位和独立人格,了解学生的习惯,理解学生的思考方式。维护学生的合法权益既是学校的法定义务,又是学校教育管理工作的应有之义。重视学生的身心健康有利于促进学生个人形成良好品质,促使其学习效率、社会适应能力得到提高。

把握教育规律,尊重学生个体差异,因材施教。学生犹如不同品种的花,每种类型的花都拥有独特气质。作为园丁,教师需要充分了解学生,了解他们各自的动机和需求,充分尊重学生的差异,因材施教,培育多姿多彩的花朵,让学生在轻松、快乐的教育环境中成长,绽放出各自夺目的光彩。

"亲其师、信其道",作为教师,要充分相信学生,和学生站在同一条起跑线上,积极创造条件,让他们找到信心,让他们知道自己是这个集体中不可缺少的一分子。对于学生要多一分耐心,多一点宽容。"提高学生核心素养,让学生成为全面发展的接班人"是教育的永恒追求。作为教师要积极营造开放、共享、交互、协作的学习氛围,让校园处处激荡着智慧教育的活力,让学生身心都得到健康成长,人人都得到最好的发展。

### 5. 爱家长

2022年1月1日,《中华人民共和国家庭教育促进法》正式施行,标志着家庭教育从传统的"家事"上升为新时代的"国事",这也体现了当今教育发展的新趋势和新要求。家庭教育是一切教育的基石,家长是孩子的第一任教师。融洽的家师关系对于营造和谐的育人环境具有积极作用。因此,爱家长是教师与家长建立合作关系的前提条件。

首先,关爱型教师要营造平等信任的互动氛围,对待家长一视同仁,尊重家长的理念与人格,做到态度谦和、文明礼貌、不盛气凌人;其次,关爱型教师要拓展"家师"

沟通渠道,开展畅通、有效的家校互动,提高家师沟通效果,开展新的渠道,如建立学校公众号、家校沟通平台等,营造开放交流的良好氛围,让家长的需求和心声能够有效传达到学校,让学校、教师的用心和付出有效传递给家长,让冲突及时得到解决,促进双方互信,构建融洽的家师关系,形成教育合力;最后,关爱型教师要帮助家长树立正确的教育观念,实施有效的、有针对性的家庭教育指导。这包括两个方面,一是引导家长意识到自身在家校合作中的作用,明确自身的责任;二是有针对性地开展家庭教育指导和服务工作,帮助家长更好地理解教育政策,掌握科学教育理念,缓解教育压力。

### 6. 爱自己

教育是爱的事业,没有爱就没有教育。爱可以包含两个方面:一是爱他人,二是爱自己。一个人是否爱自己往往会直接或间接地影响到对他人的爱,但爱自己绝不是狭隘和排他的自私自利,而是指个人在无损他人的前提下对自己的尊严、人格、名誉、权益以及身体和生命的珍惜和护佑。正常情况下,一个人必然且应该关心和善待自己,之所以必然,是因为自爱源于人趋利避害的本性。教师的自爱亦是如此,不仅有利于个人利益和个人价值的实现,更重要的是直接关乎着学生的成长和幸福。

教师应认识自己、接纳自己、悦纳自己,逐步实现自己的追求;善待自己、自觉抵制社会不良风气,在工作之余适当放松、调整自己的状态,做到认真工作、快乐生活;学会在沟通中表达自己的真实想法与合理诉求,在沟通中增进彼此了解、获得力量;做到对自己负责,实现自尊、自爱、自立、自强。

## 三、关爱型教师的评价实施

教师评价指关注教师作为"人"的情感、态度、意志等因素,满足教师的客观需要和利益,强调对教师师德及教师的实际表现等方面进行系统性评价的过程。教师评价有助于让教师发现自己的长处与不足,从而对症下药,从根本上促进教师的专业发展。针对关爱型教师的评价,还应该注重情感方面的因素,如对教育的爱、对学校的爱、对同事的爱、对学生的爱、对家长的爱以及对自己的爱。在实施关爱型教师评价时要牢牢把握评价原则,紧紧围绕评价指标,促进教师评价机制良性运转。具体而言,关爱型教师的评价实施包括制定关爱型教师评价方案、开展关爱型教师评比工作、推广关爱型教师先进经验三个方面。

## （一）制定关爱型教师评价方案

评价方案是实施教师评价的基石，只有制定科学、合理、有效的评价方案，才能确保评价的顺利进行。为了促进我校关爱型教师的发展，建立更加和谐的师生关系，特制定本方案。

### 1. 评价理念

（1）以人为本。

教师首先是"人"，而教学活动也是与人有关的活动，人与人之间是充满爱的，因此在进行关爱型教师评价时要坚持以人为本的理念，充分发挥人的主观能动性，让教师、学生、家长及其他相关人士积极参与教师评价，建立多元、民主、全面、科学的评价机制。

（2）灵活开放。

人不是一成不变的，教育活动也是复杂多样的，因此在进行关爱型教师评价时要坚持灵活开放的理念，及时听取各方意见，懂得变通，依据实际情况转变评价方法，变静态评价为动态评价，最大限度地发挥评价机制的作用。

（3）与时俱进。

社会是不断发展变化的，我国经历了私塾、分班教学、走班制等不同形式的教学方式，而在不同的教学方式下也有着不同的评价机制，因此在进行关爱型教师评价时要坚持与时俱进的理念，不能故步自封，更不能画地为牢，充分发挥相关人员的主动性和创造性，建立更加适应时代的评价机制。

制定关爱型教师评价方案是为了提升教师的关爱教育理念，促进关爱型教师更快更好的发展，逐步建立起一支高质量的关爱型教师队伍。本评价方案不同于传统的将学生成绩作为教师教学评价的标准，而是一种将重点放在教师情感方面的评价，这可以帮助教师获得相关人员的全面性评价，帮助教师正视自己的优缺点，并及时对自己的行为进行分析与反思，逐步提升作为关爱型教师的综合素质。

### 2. 评价内容

打造一所学生愿意来、教师愿意教、令社会满意的学校，需要全体教职工的共同努力。师生关系是学校最基本的重要人际关系，建立有利于发展关爱教育导向性下的师生关系，发挥关爱型教师的作用，评价方案内容有以下六个方面。

（1）爱教育。

热爱教育事业，将教育事业视为自己一生的追求。教师应做到爱国守法、爱岗敬业、尽职尽责;熟悉课程理念、了解课程要求、通晓本科教材、认真备课,将关爱教育融入课堂;主动学习学科前沿知识,积极创新学科教学方法,与时俱进。

(2) 爱学校。

热爱学校,将"学校是我家,我要爱护她"的理念深植心中。构建环境优美、文明活泼、互敬互爱的大美学校。教师应以身作则,爱护花草树木、爱护建筑墙体、爱护公共财物、爱护公共环境,共建优美校园;穿得体服饰、讲文明用语、遵守规章制度、建立严谨教学秩序,共建文明校园;互相尊重、平等待人、互相激励、教学相长,共建温情校园。此外,应关心学校工作,勇于进言,为学校的更好发展献计献策。

(3) 爱同事。

热爱同事,将同事视为自己的家人。教师应团结友爱、互帮互助、共同进步、共建高质量教师队伍。具有合作意识、主动关心问候同事、及时了解同事的困难、尽量满足同事的合理需求;加强交流与合作、及时分享经验与问题、集思广益、促进进步;学会欣赏、学会理解、学会宽容、学会感恩。

(4) 爱学生。

热爱学生,将学生视为自己的孩子。教师应树立正确的育人观,积极构建良好的师生关系。全面了解每一个学生、尊重每一个学生、公平公正地对待每一个学生,促进学生个性发展;认真负责、严格要求、细心耐心,科学评价每一个学生,促进学生全面发展;关爱学生身心健康、不讽刺挖苦歧视学生、不变相体罚学生,有包容心、有理解心、多鼓励、少批评,促进学生积极向上发展。

(5) 爱家长。

热爱家长,将家长视为自己的朋友。对家长一视同仁、尊重家长的人格与观点、态度谦和、文明礼貌、不盛气凌人;主动与家长交流沟通,耐心、虚心、诚心地听取家长的合理建议,及时反思自己;换位思考、多站在家长角度考虑问题、多理解家长心理,构建融洽关系。

(6) 爱自己。

热爱自己,是教师职业幸福感的重要保证。教师应认识自己、接纳自己、悦纳自己,逐步实现自己的追求;善待自己,自觉抵制社会不良风气,工作之余适当放松、调整自己的状态,做到认真工作、快乐生活;学会沟通,在沟通中表达自己的真实想法和合理诉求,在沟通中增进彼此了解、获得力量;对自己负责,做到自尊、自爱、自立、自强。

### 3. 评价方式

评价方式应该多样化，要具有可操作性，更要具有实效性。

（1）全员评价与全面评价相结合。

学校全体学生、教职工、学生家长以及其他相关人士共同评价，做到不漏一人；对关爱型教师的爱教育、爱学校、爱同事、爱学生、爱家长、爱自己六方面进行全面综合评价，做到不漏一项。

（2）形成性评价与终结性评价相结合。

由于人是不断发展的，关爱型教师的发展也处于动态变化之中，因此在评价过程中应多注重过程，以形成性评价为主、终结性评价为辅，将两者有机地结合，建立动态可调节的评价机制。

（3）定性评价与定量评价相结合。

虽然关爱型教师的评价侧重于情感这一很难量化的因素，但是在评价过程中不能完全舍弃定量评价。在关爱型教师评价过程中，应以定性评价为主，对于可以科学量化的评价指标，还是应用定量的方法去评价。

（4）效果评价与反馈修正相结合。

教师评价方案的目的是更好地促进关爱型教师的发展，因此在评价过程中应注重信息的及时反馈，根据反馈尽快提出修正意见，真正提高评价结果的可行性及有效性。

### 4. 评价的组织

关爱型教师评价小组由学校的领导、教研室和教务处等多个部门的人员共同组成。学校的领导主要负责统筹，确定评价小组成员的各项职责，将收集资料、进行评价和制作报告具体落实到个人，让每个人各司其职，避免出现推诿现象。教研室的教师主要负责资料的收集，负责查阅相关的参考文献，从互联网了解相关的信息。教务处的教师负责制作最后的评价报告，要明确各项数据参数，明确不同的评价标准，秉持公平公正的原则，进一步保证报告的准确性。评价小组的所有成员负责最后的评价工作，综合所有小组成员的意见和看法，针对不同的教师进行评价，对所有的意见进行整合，形成最终的报告。后勤保障部门的教师负责提供进行讨论的场所，此外，还需为整个评价工作保驾护航，做好坚实的后盾。负责宣传工作的教师要做好信息的传达，要及时将工作进度展现在公众眼前，让学校和外界都能够了解学校进行的关爱型教师的评价工作，及时汇报工作进展和工作成果。

## （二）开展关爱型教师评比工作

自从学校开展关爱教育以来,人文关怀气息浓厚,师生关系积极向好发展,关爱教育效果明显。开展关爱型教师评比工作,就是要将教师评价方案落地,评比工作应定期开展,评比结果应积极宣传,获奖教职工应分享工作经验,共促关爱型教师发展。

### 1. 评比意义

为了更好推进学校关爱型教师的发展,进一步加强教师队伍建设,让教师及时获取评价信息,激励教师进步,促使关爱型教师更快速地成长,建立良好的师生关系,学校将定期对全体教职工进行关爱型教师评比工作。

### 2. 评比对象

评比对象为学校全体教职工。

### 3. 评比原则

评比原则应该公开、公平、公正、全面。

（1）公开。

在评比工作开展之前,应将评比公告进行公开,确保全体教职工都能收到开展关爱型教师评比工作的通知;评比过程必须做到完全透明化,确保全体教职工参与评比,评比结束后将评比结果在学校官网、教师工作群及公告栏中进行公示。

（2）公平。

在评比工作开展过程中,要确保每一个教职工都拥有平等的机会,评选工作者应秉持客观态度,杜绝主观意志影响,避免区别对待。

（3）公正。

在评比工作开展过程中,应严格按照统一的评比标准进行评选,不随意更改标准,做到评价过程公开、评价结果公正。

（4）全面。

在评比工作开展过程中,应对"六爱"进行全面评审,不能漏掉任何一项,做到评审项目不遗漏、评审材料不缺失;同时参与评审的人员应全面,包括教师、学生、家长、年级组长、学校领导及其他各方相关人员,要确保评审所获得的反馈意见具有全面性。

### 4. 评比标准

关爱型教师的评比标准是依据关爱型教师评价方案中的评价内容而来,具体见下表。

| 评价指标 | 评价标准 | 评价方式 |
| --- | --- | --- |
| 爱教育 | ①按要求认真完成本职工作；<br>②爱国守法、爱岗敬业、尽职尽责；<br>③熟悉课程理念、了解课程要求、通晓本科教材；<br>④坚持理论学习、积极参加培训与研讨、主动创新教学方法；<br>⑤积极参与教育科研相关活动 | ①根据学期出勤情况、工作量及各方面调查反馈意见进行评审；<br>②年级组长进行评审，需在评审手册中写出事例作为佐证；评审后交由学校领导审核 |
| 爱学校 | ①爱护花草树木，不随意采摘；<br>②爱护建筑墙体，不随意涂画；<br>③爱护公共财物，不随意浪费；<br>④穿得体服饰、讲文明用语、遵守规章制度；<br>⑤在课堂中建立严谨教学秩序；<br>⑥自觉维护学校荣誉，具有主人翁意识；<br>⑦关心学校工作、积极参与学校民主管理、为学校发展献计献策 | ①根据教师成长手册、各方面调查反馈意见进行评审；<br>②教师自评、同事他评、年级组长综合评审相结合，依据实际情况提供佐证材料；最终交由学校领导审核 |
| 爱同事 | ①有团队合作意识，以集体利益和团队利益为重；<br>②团结友爱、互帮互助、尽量满足同事合理需求；<br>③主动关心问候同事，及时了解同事困难与需求；<br>④加强交流与合作，在经验分享与问题研讨中集思广益、提升课程质量；<br>⑤欣赏同事、理解同事、包容同事、感恩同事 | ①根据同事的综合意见进行评审；<br>②同事评审时应实事求是、真心实意，必要时提供佐证材料；年级组长审核后再交由学校领导审核 |

续表

| 评价指标 | 评价标准 | 评价方式 |
| --- | --- | --- |
| 爱学生 | ①经调查确认，无学生投诉；<br>②全面了解每一个学生、尊重每一个学生、公平公正地对待每一个学生，在学生手册中做好记录；<br>③在教学过程中认真负责、严格要求、细心耐心、有爱心诚心、关注每一个学生、积极互动；<br>④尊重学生参与、质疑、出错的权利，不讽刺挖苦、呵斥、歧视学生，不心罚、体罚、变相体罚学生；<br>⑤有包容心、有理解心，多鼓励、少批评，培养学生的学习兴趣和自信心 | ①向学生发放问卷，根据问卷调查结果、教师记录手册、年级组长意见及其他相关反馈意见进行评审；<br>②学生在评审时应不记名；年级组长综合各方意见评审后交由学校领导审核 |
| 爱家长 | ①经调查确认，无家长投诉；<br>②能主动进行家访，每学期至少对十位家长进行家访，并做好相关记录；<br>③每学期与每一位家长都有交流沟通，并将交流沟通的过程与内容做好记录；<br>④原则上不在正常上班时间请家长来学校解决学生问题；<br>⑤能换位思考，站在家长角度考虑问题，理解家长心理 | ①根据年级组长、家长意见，教师记录手册及其他相关反馈意见进行评审；<br>②家长在评审时需写出事例进行佐证，必要时也可提出自己的反对意见；年级组长评审结束后，交由学校领导进行审核 |
| 爱自己 | ①自律自强，自觉遵守社会规范和法律法规，自觉抵制社会不良风气，积极向上；<br>②认识自己的优点与缺点，接纳自己的成功与失败，不妄自菲薄，也不妄自尊人；<br>③善待自己，爱惜自己的身体，工作之余适当放松，调整自己状态，不透支自己的身体与情感；<br>④学会沟通，在沟通中表达自己的真实想法和合理诉求，不压抑自己；<br>⑤学会释放压力，做自己喜欢的事，有适合自己的解压方式（如做运动、唱歌、逛街等） | ①教师自评；<br>②年级组长将教师自评结果与所有评审项目汇总后，交由学校领导审核 |

注：所有评审材料均应留存。

5. 评价的方法

（1）观察课堂法。

参与关爱型教师的教学课堂,通过教师的课堂表现,了解教师的教学方式和教学习惯,检查教师课堂的教学效果,通过课堂测验了解学生对知识的掌握程度。

（2）学生评价法。

通过和学生沟通交流,了解学生对教师的看法,要求学生从教师的教学情况、教师对学生的关怀程度等方面发表对教师的意见和看法。

（3）听班会法。

在班级开展班会时参与班会的讨论过程,观察教师对班级的管理程度和对班会开展的掌控程度,从而体现出教师的管理能力和组织实施能力。

（4）同事评价法。

通过问卷调查了解同事对关爱型教师的看法,从同事之间的交往程度,以及同事之间的相互关系,观察关爱型教师是否与同事团结友爱,是否能够及时给同事提供帮助。

具体开展方式如下。

（1）收集数据:向参评教师的学生、同事及上级领导发放问卷,通过问卷显示的结果了解参评教师平时在课堂上的具体表现,以及在课堂上对学生的关注程度。通过学生的看法了解参评教师日常生活中对学生学习和生活方面的照顾,通过领导的评价了解参评教师是否能够落实每一项教学任务。

（2）观察课堂:评价小组参与参评教师的教学课堂中,在课堂中观察参评教师的课堂表现。评价小组主要从课堂氛围、学生回答问题的积极程度、学生回答问题的准确程度、教师和学生的互动情况、学生对实践活动的参与程度、参评教师的教学方式、学生对知识点的渗透情况等方面进行评价,了解教师的整体教学质量,以及在教学结束后是否会与学生进行沟通。

（3）学生代表访谈:评价小组随机邀请几名学生进行交流,为了不造成学生的紧张情绪,可以在课后邀请学生,选择一个舒适的环境,了解学生对教师的看法,以及学生对教师的意见和建议。通过交流发现关爱型教师是否关怀每一个学生,是否能够以平等的态度对待每一个学生、尊重每一个学生、了解每一个学生的兴趣爱好,在课堂中关注学生的实际学习情况,进行针对性辅导,因材施教。

## （三） 推广关爱型教师先进经验

随着学校教育质量越来越受到社会的广泛关注,且对学校教育质量的要求越来越高,不仅关注教学质量,更加关注学生的道德情感,以确保学生能够成长为一个高素质的全面发展的人才,这对教师也提出了更高的要求。关爱型教师是顺应时代发展、适应教育要求的产物,推广关爱型教师的先进经验不仅能为我校关爱型教师的进一步发展获得更多反馈意见,也能为其他学校关爱型教师的发展提供宝贵经验,共促教育质量的提升。

1. 直接推广

直接推广是指由教育行政部门、各专业研究团体和学校主办或参与,有目的地组织经验总结者和总结对象,采取会议形式或现场演示,直接交流和传播教育经验,并由主管部门正式行文批转经验总结报告,要求所属单位或学校参照实施。例如,我校通过会议形式,邀请关爱型教师评比的获奖者,总结其教学经验与我校教职工进行分享,互相学习、互相进步,从而提升我校全体教职工的关爱教育理念、关爱教育举措。

还可通过选择先进典型的方式,进行宣传推广。由学校领导将关爱型教师评比工作中的获奖者进一步筛选,将佼佼者选为先进典型,让先进典型从小处入手,实事求是地总结先进事迹,形成书面文件,进行宣传推广。

2. 间接推广

间接推广是指将先进教育经验写成书面总结报告或录制成音频、视频等,由教育行政部门、专业研究团体、学校等组织,向教育报刊、出版社、广播电视台推荐,广泛宣传、扩大影响,促进先进经验的传播与实施。

具体而言,可以通过以下方式进行间接推广。

(1) 利用学校公众号进行推广。

由关爱型教师评比工作的获奖教师提供图片、事迹、寄语,再由公众号运营者进行编辑,在学校公众号中定期推广,延长宣传期。

(2) 利用学校广播站、大屏幕进行推广。

邀请获奖教师做客广播站,以每期一位嘉宾的采访形式进行推广,邀请获奖教师录制视频在学校大屏幕上循环播放。

## 第三节　关爱型教师的优秀成果

近年来,学校依托专家团队,打造出一支优秀的智慧型教师队伍,现如今我校教师队伍中市、区级骨干教师占比达到26%,并有逐年递增的良好态势。

## 一、课题篇

学校紧抓教科研工作,积极引导教师将日常教学中的小问题形成文稿,积极参加各级课题申报,营造良好氛围,增强教师的学术研究力。学校课题特色主要有以下三项。

### (一) 以课题打造学校德育品牌

学校建校初期正值"十五"期间,以爱为核心,立足行知教育,确定了生活德育的育人路径,以新生活教育为理念的课题研究被评为武汉市科技进步二等奖。"十一五""十二五"期间继续探寻爱与教育的辩证关系,直到"十三五"期间,学校成功申报省级课题《关爱教育理念下小学"新生活德育"实践研究》,具体介绍如下。

#### 1. 课题简介

学校于2019年9月成功申请湖北省教育科学"十三五"规划课题《关爱教育理念下小学"新生活德育"实践研究》,于2020年10月9日成功开题。该课题聚焦构建关爱教育理念下新生活德育的育人体系,积极探索关爱教育理念下新生活德育的实践路径。目前课题正处于结题总结阶段。

#### 2. 课题研究价值

(1) 有助于丰富学校德育课程体系。

新生活德育实践研究旨在构建关爱教育理念下新生活德育的理论体系,探索关爱教育理念下的新生活德育的实践路径,让学校逐步创立起全面的、完整的、独特的、可操作性的课程,对学校教师队伍是一种引领,对学生行为是一种规范,有利于学校德育课程的变革和发展。

(2) 有助于完善学校德育评价机制。

新生活德育实践研究有助于弥补当前学校德育评价的种种弊端,探索现代化新生活德育环境建设,探索新生活德育协同育人的机制,丰富学校德育课程,从而推动"互联网+"新生活德育评价体制的构建,以此完善学校的德育评价机制。

(3) 有利于提高学生道德实践能力。

新生活德育实践研究旨在形成关爱教育理念下新生活德育的理论体系,探索关爱教育理念下的新生活德育的实践路径,创立"互联网+"新生活德育评价体制,有助于学生道德选择能力、道德判断能力和道德实践能力的提高。

### (二)以课题促进教师专业发展

学校成功申报武汉市教育科学"十四五"规划2021年度重点课题《信息化背景下促进城郊小学教师专业化发展路径研究》,以课题为引领,积极建设学校教师专业发展体系。该课题具体介绍如下。

#### 1. 课题简介

学校于2021年5月成功申报武汉市教育科学"十四五"规划2021年度重点课题《信息化背景下促进城郊小学教师专业化发展路径研究》,于2022年5月23日成功开题。该课题以教师专业发展为切入点,针对城郊教师专业发展一体化的现实需求,结合当前教师专业素养有待提升等问题,探讨促进学校教师专业发展的实践路径。课题组拟从调查、分析城郊小学教师专业发展现状入手,从学校管理和教师自主发展两个层面,探索城郊小学教师专业发展的有效策略,从运行机制、校本培训、校本课程、教师信息化素养等方面,研究教师专业发展路径。

#### 2. 课题研究价值

学校将运用信息化手段,研究城郊小学共同课程如何设置,教师如何培养,如何搭建平台便于师生参与活动,如何形成"一区(学区)四校"共用研究的机制,最终达到五校共同发展的目标。

### (三)以课题提升学校办学品质

近几年来,学校成功申报省级课题2项、市级重点课题2项、组内集体课题2项、市级个人课题9项、区级个人课题11项。其中,学校的省市级课题均有依托教育信息化背景研究的内容,不断提升学校教育信息化水平,从而提高学校办学品质。优秀课题列举如下。

#### 1. 学校课题

学校秉持"润泽生命,启迪智慧"的办学理念,以培养"有爱、乐学、善思、慧行"的智慧学生,办"生态化、智能化、现代化"的优质示范学校为目标。此外,学校学生的形象标识是"小海星","小海星"的核心素养发展需要构建多元评价指标体系,还需要完善评价方法以及多元化的评价平台。学校组织教师边教学边实践,积极探索"互联网+"的多元评价平台,既提升了教师的科研素养,又进一步促进了学校学生的全面发展。

(1)课题简介。

《"互联网+"环境下学生核心素养发展多元化评价研究》被列为武汉市教育科

学"十三五"规划2016年度重点课题,于2016年10月9日立项,2016年11月16日成功开题。2017年10月10日顺利通过中期检查,2020年8月25日以"优秀"结题。该课题主要有以下两个研究目标:一是完善学校"互联网+"背景下学生核心素养发展指标体系和信息化评价平台;二是充分发挥"互联网+"的信息化评价功能,促进学生核心素养发展以及教师和学校发展。在目标的指引下,该课题主要落实了现状调查研究、评价指标体系研究、评价平台建设研究和多元评价方法研究四项研究内容,在整个课题研究过程中,该课题主要运用了文献研究法、调查研究法、行动研究法、案例研究法进行研究,取得了良好成效。

（2）课题研究成效。

① 促进了学生核心素养的发展。

在第一阶段的三个班共180名学生中,有三分之一的学生通过成长树可以看出每个月的成长进步,"慧成长"学生综合素质评价平台的评价激励作用比较显著。同时,"互联网+"环境下的多元化评价中,教师不再是唯一的评价来源,学校领导、学生及自评都是促进学生由被动地位转入积极参与的动力,并调动了学生参与评价的积极性、主动性和创造性。

② 提升了教师的科研能力。

"慧成长"学生综合素质评价平台的投入使用,给全员育人提供了便捷的途径。该评价平台充分显示了软件方便、简洁的特点。虽然学校前期只选择了三个班进行实践,但是组织了其他教师参与该评价平台的使用培训。教师们表现出了浓厚的学习兴趣,并且根据自己的教学实际情况,提出了一些很好的改进建议,完善了平台评价内容。青年教师在使用评价平台的过程中上手较快,学校积极鼓励青年教师边实践边记录使用的体验,积极撰写相关的案例或者论文;老教师积极参与学习,主动请教同组的青年教师,积极接纳这种方便、快捷、高效的评价方式。

③ 推动了校园的文化建设。

在"慧成长"使用过程中,学校全体教职工发现学生好的或不好的表现都可以直接通过软件平台对该学生进行评价。全员育人对于培养学生良好的生活和学习习惯起到了监督、激励作用,学生能积极参与管理,自觉遵守纪律,热爱集体,校园中形成了一股和谐宽松、催人上进的正能量。

④ 带动了兄弟学校的校园建设。

学校长期与区内优秀兄弟学校保持密切联系。"慧成长"学生综合素质评价平台的使用引起了区内其他学校的关注。我校在进行公开展示课、教研研讨会等时,通过"慧成长"学生综合素质评价平台对学生进行即时评价,极大地调动了学生的学习积极性,给兄弟学校的教师们留下了深刻的印象。其电子档案、跟踪性评价等特性更是赢得了教师们的喜爱。兄弟学校在"慧成长"学生综合素质评价平台的启发下,纷纷结合本校实际情况,利用互联网平台开创适合本校的评价体系,从而带动了兄弟学校的校园建设。

2. 组内集体课题

学校科研氛围浓厚,教学经验丰富、科研素养高的教师纷纷带领本教研组积极申报各项课题。其中,美术组成功申报武汉市教育规划办课题,英语组成功申报湖北省教育规划办课题。具体介绍如下。

（1）美术组课题。

① 课题简介。

学校美术组于2016年5月成功申报武汉市教育科学规划教师集体课题《利用多肉植物加强小学生美术生活体验的策略研究》。于2016年12月成功开题,2017年3月顺利通过课题中期检查,2019年12月以"优秀"结题,课题成果丰硕。

本课题在学校关爱教育的办学理念的统领下,针对学校美术教学中存在的"脱离学生实际、缺少体验"等问题,将多肉植物的种植引入美术教学,探索加强小学生美术生活体验的策略,研究具有"真、实、小、趣、意"的特点。课题综合运用了调查研究、文献研究、行动研究的方法,在创意种植、观察多肉植物的基础上,借助写生、剪纸、版画、丝网花、纸浆画、小绘本等多种艺术形式进行创作。提炼总结出了"种植体验策略、观察体验策略、艺术创造策略、评价拓展策略"等四种加强美术生活体验的策略。研究体现了"生活润泽生命"的思想,促进了师生生活、生命、生长等方面的共同成长。

② 课题研究成效。

通过利用多肉植物的种植体验,让教师在美术教学的形式和手段上不断探索和追求,逐渐形成美术教师的个性化教学特色,从而给现代小学美术教学带来一个生动活泼的欣喜局面。让美术教育回归生活,并不是脱离美术新课程标准、脱离美术教材的一意孤行,而是在贯彻新课程标准中的一种返璞归真。让美术教学回归生活并不是去冷落现存的美术教材,而是对现有的美术教材在教育过程中进行拓展和创新,是为了更好地完成美术新课程目标的各项要求,两者并不矛盾。

第一,本课题的研究突出美术在"核心素养"中实践创新价值的体现,牢牢把握美术育人的"八美",主要体现在以下几个方面。

A. 美在生活。

美无处不在,关键在于有没有一双发现美的眼睛。多肉植物以其丰富多彩的姿态深深吸引着我们,让我们爱上多肉植物、关注多肉植物、种植多肉植物、观察多肉植物、表现多肉植物。在各种体验中享受多肉植物为我们的生活带来的乐趣。

B. 美在生命。

在种植多肉植物过程中,体会多肉植物顽强的生命力,引导学生学习多肉植物成长的精神——在逆境中努力适应环境,顽强生长;在顺境中努力绽放,活得精彩。

C. 美在教育。

在课堂教学中,利用学生对多肉植物的喜爱,用多肉植物的叶片作为调动学生积极主动学习的奖励机制,对接触过多肉植物的学生而言,是非常有效的。

D. 美在利用。

在多肉植物的种植体验中,引导学生寻找生活中的废弃物作为种植多肉植物的容器,并根据容器的材质、颜色、形状等特征对多肉植物进行造型。

E. 美在创新。

在写生多肉植物的基础上进行拓展,把多肉植物运用到不同的美术领域,如泥塑、陶艺、绘画、版画、剪纸、水培种植等。

F. 美在艺术。

在写生多肉植物的过程中,找出规律,发现多肉植物有对称、重复、组合等纹样的特征,感受多肉植物的造型、色彩带来的美感。

G. 美在贡献。

多肉植物作为小型植物,造型多样、色彩丰富,具有极佳的美化环境的作用。引导学生在多肉植物的种植体验与艺术加工中,利用多肉植物来布置教室、美化校园。

H. 美在成长。

引导学生在利用多肉植物进行学习体验时,感受多肉植物成长带来的变化,并体验自己的成长变化。

第二,本课题的四个策略融合美术、劳动、科学、语文学科的知识和内容,引导学生在生活中感知感悟,在实践中学习创造,将生活体验应用到美术创作中,加深对美术的艺术性和实用价值的认知,激发学生热爱生活的情感,全面提高审美意识和审美能力。依据"让美术走进生活,让生活全面育人"的教育思想,在教学活动中强化学生的感知体验,使源于生活的美术知识能够应用、回归到生活中,真正做到以学生发展为本。真正体现我校"润泽生命,启迪智慧"的教育理念,把关爱教育做到学生心中,体现"核心素养",让学生学会团结与包容,努力与向上,在学习与生活中感染他人,传递正能量。同时使教师在学生的成长中得到启发,有所收获,推动教师成长。

(2)英语组课题。

① 课题简介。

学校英语组2018年成功申报湖北省教育科学规划2018年度一般课题《城郊小学英语语用环境创设策略研究》,于2019年1月10日成功开题,2019年12月8日顺利通过课题中期检查,2022年6月29日结题通过。该课题研究通过探索适合本校校情的英语语用环境创设的策略,从而发展本校学生的英语语用能力,全面提高英语教学质量。

② 课题研究成效。

A.研究小学生英语语用能力的构成,并制定具体的分级标准。

国家英语课程要求从三年级起开设英语课程,并对语用能力在义务教育阶段的培养提出了五个级别的要求。《义务教育英语课程标准》第二级为六年级结束时应达到的基本要求。小学生对所学内容的掌握程度很大一部分原因取决于他们对本门学科的喜爱程度。培养小学生的学科好感可以使教师工作事半功倍。教师可以通过评价激发学生的学习兴趣,并引导学生将兴趣逐渐转化成稳定的学习动机。因此对小学生语用能力的要求描述上,教师把情感态度方面的内容放在首位,以情感态度、语言知识、语言技能、学习策略、文化意识为序依次来梳理小学阶段学生综合语用能力的要求。

B.探索并总结出小学英语课堂教学语用环境创设的系列策略

第一,课堂教学引领语用的策略。通过教研和教学实践,可以发现在实际的教学过程中,语用环境创设应该贯穿在每一个教学环节中,包括教师的每一句课堂用语、学生的每一次课堂活动参与、师生的每一次互动交流等,都要尽可能地发散学生思维、创设情境,以激发他们的学习兴趣。

第二,特色作业应用语用策略。小学英语教学,教师不仅要重视书本上知识的传授,更要重视作业的设计与布置,使作业形式多样,学生趣味浓厚。在教学内容的基础上,联系学生的生活实际,加入一些新颖有趣的作业内容,如仿写句子或语篇的时候添加配图;充分利用节日、生日等开展英语主题活动,进行文化渗透,让学生制作贺卡或海报进行语言交流;有趣的英语绘本阅读、角色扮演、趣配音、采访实践、DIY作品等形式,让作业变得生动有趣,给学生提供机会和平台,让其将课堂中学到的语言知识运用到生活中,从而培养和提高他们的语用能力。

第三,特色活动发展语用策略。在传承和发展学校文化时,继续做好学校历史传统的小海星英语文化节,通过组织各类比赛活动激发学生的学习兴趣。疫情期间各年级分别组织了英语书写比赛、英语歌唱比赛、英语手抄报比赛和演讲比赛;并依托第四届小小外交家比赛在各班进行了英语演讲视频展示活动,给学生们提供实践语用的机会,培养和提高他们的语用能力。

第四,家校合作拓展语用策略。教师在中高年级给学生布置收集教学内容相关的影像资料,制作PPT或美篇,实现多元化学习,吸引并鼓励学生课后去发现并主动利用这些资源丰富自己的学习。例如,让低年级学生收集生活中看见的英语标识,让中年级学生介绍自己的家乡和城市,让高年级学生观看英文电影等。这些都需要家长的支持和配合。

## 二、论文篇

教师的专业素养提升,不仅能够提高教师的教育教学水平和能力,更能够为学生的全面发展提供更好的保障和支持。在这个过程中,教师通过反思和实践,不断研究和创新,积极探索适合自己的教学方法和策略,为学生的学习和成长提供更加优质的教育资源和服务。部分教师的论文成果如下表所示。

| 序号 | 论文名称 | 作者 | 奖项 |
| --- | --- | --- | --- |
| 1 | 浅谈如何在活动中育人,促学生成长 | 陈永霞 | 2021年全国教师成长及专业发展科研论文评选二等奖 |
| 2 | 基于在线学习的小学语文教学策略研究 | 祝文芳 | 2022年教育信息化大赛东西湖区论文一等奖 |
| 3 | 小学语文阅读策略单元的价值探讨及教学实践研究——以统编教材四年级上册批注单元为例 | 祝文芳 | 2022年武汉市教育论文评选一等奖 |
| 4 | 小学英语教学中如何培养学生的核心素养 | 李秋云 | 2021年东西湖区英语论文比赛一等奖 |
| 5 | 鸣鸠琴在小学音乐教学中的实践与策略研究 | 邓诗怡 | 发表于国家级杂志《文渊》一月刊 |
| 6 | 小学音乐戏曲课的教学策略 | 张莉 | 国家一等奖 |

续表

| 序号 | 论文名称 | 作者 | 奖项 |
|---|---|---|---|
| 7 | 小学音乐课堂教学中培养学生的音乐节奏感 | 袁芳 | 国家一等奖 |
| 8 | 小学语文教学中中华传统文化教育的渗透策略探析 | 张仔荣 | 第八届中华科研优秀文章一等奖 |
| 9 | 远城区小学低段语文课堂注意力提升的方法 | 江志 | 中国教育学会论文全国一等奖 |
| 10 | 学校生活德育中，观察问题学生后的拙见 | 江志 | 湖北省教育学会一等奖 |
| 11 | 浅谈培养小学一年级学生数学学习习惯的对策 | 罗婉芳 | 东西湖区二等奖 |
| 12 | 体育学习情境下目标定向对小学生自我效能感的影响：运动成就动机的中介作用 | 王悦 | 省级一等奖 |
| 13 | 体育课堂学习情境下尴尬情绪对体育学习倦怠的影响：羞怯与青少年社交焦虑的链式中介作用 | 王悦 | 省级一等奖 |
| 14 | 小学生"空中课堂"学习满意度的影响机制及对策研究 | 王悦 | 武汉教育学会一等奖 |
| 15 | 体育学习情境下小学生成就目标定向与自我效能感的现状及其关系研究 | 王悦 | 全国一等奖 |
| 16 | 大班额班级管理初探——"小组合作+结对子"的生生互助学习模式有效性评价 | 李婷 | 武汉教育学会二等奖 |
| 17 | 小学中段"写景状物"类习作教学策略研究——聚焦语文要素培养学生观察能力 | 白细红 | 武汉教育学会二等奖 |
| 18 | "双减"政策背景下家校合作发展低段小学生数学应用意识的策略探究 | 吴琼 | 武汉教育学会二等奖 |

续表

| 序号 | 论文名称 | 作者 | 奖项 |
| --- | --- | --- | --- |
| 19 | 立德树人理念在小学体育教学基本内容中渗透策略 | 张崇刚 | 武汉教育学会二等奖 |
| 20 | 武汉基础教育优质均衡发展的实践与思考 | 江艳霞 | 武汉教育学会二等奖 |
| 21 | 大规模在线教学的现状及反思 | 周梦婷 | 2020 湖北省信息化大赛"一等奖" |

1.《浅谈如何在活动中育人,促学生成长》(陈永霞)

**内容摘要**:我们应该在活动中坚持"以人为本"的育人基本原则,尽量科学地安排丰富多彩的德育活动,让学生在活动中得到锤炼,让学生在活动中体验社会道德和行为规范的必要性,让学生在活动中感受集体的力量和温暖,让学生在活动中增长知识,让学生在活动中学会与他人交往,让学生在活动中培养爱祖国、爱学校、爱班级、爱家庭、爱亲人、爱同学的高尚情操。

2.《基于在线学习的小学语文教学策略研究》(祝文芳)

**内容摘要**:随着教育领域的不断革新和信息技术的快速发展,中小学课堂中单一的线下教学形式逐渐发生转变。疫情期间,线上教学发展迅猛,小学生利用网络学会学习的能力逐渐得到提升。本文基于笔者自己的实际教学经验,以部编版五年级下册第二单元的语文答疑课为例,在教学中充分利用网络平台和思维导图软件,采用多种问答、及时反馈作业等形式,组织学生学会总结单元内容,关注学生的在线学习状况,探究语文教学的组织策略,以落实学生的每一次学习成果。

3.《小学语文阅读策略单元的价值探讨及教学实践研究——以统编教材四年级上册批注单元为例》(祝文芳)

**内容摘要**:阅读策略单元是统编教材中的重要一环,它符合时代发展要求,关系着学生阅读素养的提升。本文基于笔者的实际教学经历,探究了小学语文阅读策略单元的教学价值、特点和实践反思,认为可以从"联系学生认知内容,构建阅读教学的多样形态""巧用多种教学资源,突破阅读训练的固话思维""强化自主学习意识,指向阅读实践的应用能力"几方面进行尝试。

**4.《小学英语教学中如何培养学生的核心素养》（李秋云）**

**内容摘要**:为了小学英语教学活动的高效开展,提高小学生英语水平,强化对小学生跨文化交际能力的培养,作为英语教师应着重强调对学生英语素质的培养。基于现状,本文主要介绍了英语学科"核心素养"的内涵及重要性、小学英语教学现状以及培养策略。

**5.《鸣鸠琴在小学音乐教学中的实践与策略研究》（邓诗怡）**

**内容摘要**:音乐一直都是小学教育体系中最为重要的教育学科,其教学质量的提升关系到小学教育发展及学生的全面发展,通过高效的小学音乐教学能够有效培养学生的审美能力、艺术感受及人文精神等。鸣鸠琴作为一种民族乐器应用于小学音乐教学,不仅丰富了小学音乐教学内容,还增加了音乐课堂趣味性,更营造出轻松愉快的学习氛围,使得学生的音乐学习积极性得到提升,从而提高了学生的音乐学习有效性,并完善了学生的音乐知识体系,由此可见,鸣鸠琴对于小学音乐教学的重要性,理应得到相关教育者的重视及关注。

**6.《小学音乐戏曲课的教学策略》（张莉）**

**内容摘要**:戏曲是我国传统文化的一种艺术表现形式,也是我国传统艺术的精粹。为了能够继承发扬我国的艺术精粹,教育部门将戏曲融入学生的音乐学习之中。但是在当下的小学音乐教学中,戏曲教学已经成为音乐教学的难点,学生没有积极性,教师不知怎样有效教学,导致小学戏曲教学的质量和效率不尽如人意。因此,本文针对如何提升小学音乐中戏曲课的教学策略进行探究。

**7.《小学音乐课堂教学中培养学生的音乐节奏感》（袁芳）**

**内容摘要**:受传统教学模式的影响,小学的音乐课通常被家长教师当作"休闲课程",音乐课在小学教育中被边缘化,甚至被取消。随着教育事业的不断改革,教师的教学理念不断革新,素质教育是目前教育事业的主题,小学音乐教育也逐渐受到人们的重视。基于此,笔者通过调查研究,分析小学音乐教学中节奏感培养的重要性,阐述在小学音乐课堂中节奏教学的实际策略。

**8.《小学语文教学中中华传统文化教育的渗透策略探析》（张仔荣）**

**内容摘要**:中华传统文化是中华民族以及中国人民宝贵的精神财富,是民族文化中非常重要的组成部分,它对中国人的思想观念和行为意识等具有潜移默化的影响。在当前立德树人教育思想理念下,中华传统文化发挥着越来越重要的作用,它对于拓宽学生视野、提升学生文化素质和促进学生全面发展具有重要意义。小学语文教学中要注意渗透传统文化的教学,教师可以运用在诗歌教学中渗透传统文化、在课文教学中渗透传统文化、在相关拓展中渗透传统文化等策略,切实将中华传统文化渗透到小学语文教学中,让学生感受到中华传统文化的深刻内容,获得知识的提升和良好的情感体验,进而有效提升语文教学效果。

9.《远城区小学低段语文课堂注意力提升的方法》(江志)

**内容摘要**:农村远城区小学生在课堂上有意识地自觉主动地获取信息、学习知识和技能的根本手段就是课堂注意力。而小学语文课堂是为学生成长奠基的重要阵地。提升小学低段语文课堂学生注意力是尤为重要的。因此,积极探索各种注意力提升的方法,激发学生内在的需求和动机,使学生个体的态度、情感、人格处于并保持积极、活跃、协调状态,增强成功的愿望,从而调动学生积极性,并结合美育教育有效地提升小学低段语文课堂上学生注意力。

10.《学校生活德育中,观察问题学生后的拙见》(江志)

**内容摘要**:学校生活德育教育下的问题学生,首先要从学生自身维度提出相应的转变"问题学生"的对策。在观察中,用极大的爱心和耐心,还有细心去进行。通过时间的长久;通过事实观察,得出学生自身的原因,即造成"问题学生"不良行为形成的原因。然而,"问题学生"并非一朝一夕养成,转化"问题学生"也非一蹴而就便能成功,我们要怀揣着能够成功转化"问题学生"的决心,以一颗饱满诚挚的耐心、极大的爱心来慢慢影响"问题学生",帮助其改善自己的行为,走向积极和进步。

11.《浅谈培养小学一年级学生数学学习习惯的对策》(罗婉芳)

**内容摘要**:在幼儿园时期,我们注重的往往只是孩子各项常规的培养,例如生活常规和活动常规等,而当我们的孩子进入小学阶段以后,我们对孩子再三叮嘱的就是两个字——学习。我国当代教育家叶圣陶曾明确指出:什么是教育?一句话,就是要养成良好的学习习惯。"研究调查表明,一年级的孩子是培养良好学习习惯的最佳时期,所以往往我们一年级的教师会对家长说"一年级的家长是最辛苦的,要辅助孩子培养好学习习惯,如果一年级这个任务完成了,那么在今后学习的道路上孩子轻松,家长更轻松"。因为只有有了良好的学习习惯,才能提高学习效率,达到事半功倍的效果;有了良好的学习习惯,才能获得成功。良好的学习习惯可使孩子终身受益。

12.《体育学习情境下目标定向对小学生自我效能感的影响:运动成就动机的中介作用》(王悦)

**内容摘要**:目的:考察体育学习情境下目标定向对小学生自我效能感的影响以

及运动成就动机在其中所起的中介作用。方法:采用运动中任务定向和自我定向问卷、一般自我效能感问卷、运动成就动机量表对380名小学生进行现场抽样调查,并利用SPSS20.0和Amos24.0对数据进行统计和分析,分析方法包括描述性统计、相关分析、回归分析和结构方程模型分析。结果和结论:①体育学习情境下目标定向能显著正向预测小学生自我效能感。②避免失败动机在成就目标定向和自我效能感之间的中介效果不显著;而追求成功动机在小学生成就目标定向和自我效能感之间起部分中介作用。③进一步明确了运动成就动机的发生机制,研究结果表明,通过给学生树立明确的运动目标,增强学生的追求成功动机水平和自信心水平,能显著提高学生的自我效能感。

### 13.《体育课堂学习情境下尴尬情绪对体育学习倦怠的影响:羞怯与青少年社交焦虑的链式中介作用》(王悦)

**内容摘要**:目的:考察体育学习情境下尴尬事件引起的尴尬情绪对学生体育课堂学习倦怠的影响,以及羞怯和青少年社交焦虑在其中的中介作用。方法:自编中学生体育课堂尴尬情绪自评量表,并对中学生体育课堂学习倦怠量表、羞怯量表以及青少年社交焦虑量表进行重新整理和优化,对1013名中学生进行现场抽样调查,并利用SPSS20.0和Amos24.0对数据进行统计和分析,分析方法包括描述性统计、相关分析、回归分析和结构方程模型分析。结果:①体育课堂情境下尴尬情绪能显著正向预测体育课堂学习倦怠。②体育课堂情境下尴尬事件引起学生的尴尬情绪不仅可以正向预测体育课堂学习倦怠,还可以通过三条中介路线对体育课堂倦怠产生间接效果,具体是尴尬情绪通过羞怯对体育课堂倦怠产生完全中介效果;尴尬情绪通过社交焦虑对体育课堂倦怠产生完全中介效果;尴尬情绪还可以通过羞怯及青少年社交焦虑对体育课堂倦怠产生链式中介效果。结论:进一步揭示了体育课堂情境下尴尬事件引起学生的尴尬情绪影响体育课堂学习倦怠的作用机制,研究表明,避免体育课堂环境中尴尬事件的发生可以有效地营造良好的课堂气氛、和谐的人际关系,从而避免学生出现羞怯、人际关系紧张等负面的情绪状态,进而预防体育课堂学习倦怠的发生。

### 14.《小学生"空中课堂"学习满意度的影响机制及对策研究》(王悦)

**内容摘要**:目的:为了解新冠疫情期间小学生"空中课堂"学习满意度的情况及其影响机制。方法:采用扎根理论的质性研究方法,对来自湖北武汉的300名四~六年级小学生进行抽样调查和访谈,采用 QSR nvivo 10软件对调查的原始资料进行编码和分析,具体数据处理方法包括:开放性编码、主轴编码和选择性编码。结果和结论:第一,小学生"空中课堂"学习满意度的影响机制包括技术载体、课程质量、组织管理、社会支持4个维度,共包括12个方面(系统质量、信息质量、环境质量、感知有用性、内容质量、服务质量、课堂互动、时间管理、有违健康、动机异化、家庭支持、亲子冲突)。第二,提升小学生"空中课堂"学习满意度的有效策略包括:①提高"空中课堂"的技术载体和网络服务质量;②提升"空中课堂"的内容质量、服务质量和课堂互动质量;③加强课堂组织管理水平,提高"空中课堂"的积极评价;④营造良好的居家学习环境,充分发挥"家校合作"的教育合力。

15.《体育学习情境下小学生成就目标定向与自我效能感的现状及其关系研究》(王悦)

**内容摘要**:为考察体育学习情境下小学生目标定向和自我效能感的现状以及两者之间的关系,采用运动中任务定向和自我定向问卷、一般自我效能感问卷对380名小学生进行现场抽样调查。利用SPSS20.0对调研数据进行独立样本$t$检验、方差分析、相关分析以及回归分析等,研究结果表明:①小学生任务目标定向和自我效能感与性别、年龄、学段、运动项目关系不大;②小学生自我目标定向在年龄和学段的不同水平上呈现显著性差异;③在体育学习情境下小学生成就目标定向与自我效能感呈正相关。

16.《大班额班级管理初探——"小组合作+结对子"的生生互助学习模式有效性评价》(李婷)

**内容摘要**:怎么解决大班制下学生学习差异的问题呢?怎么解决大班额教师"一对多"精力、时间不够的问题呢?怎么才能同时兼顾"优生"和"后进生"呢?打破单打独斗的独立学习,采用"小组合作+结对子"的生生互助学习模式,不失为一个好的办法。它不仅能激发学生的主动性和发展潜能,帮助学生转变学习方式,还能减轻教师的负担,让教师将更多的时间、精力投入到教学和教研上。在这种学习模式下,每个学生都明确了自己的位置与目标,找到了自己的动力和舞台,得到了进步和发展。

17.《小学中段"写景状物"类习作教学策略研究——聚焦语文要素培养学生观察能力》(白细红)

**内容摘要**:观察能力是写作能力的重要组成部分。在阅读教学过程中,教师应结合单元语文要素,引导学生体会作者的写作手法。在写作教学过程中,指导学生观察的具体方法:注意观察顺序,观察时全面细致,抓住被观察对象的特点,五官并用,将情感融入观察的全过程。有计划、有步骤地培养学生的观察能力,提高作文教学质量。

**18.《"双减"政策背景下家校合作发展低段小学生数学应用意识的策略探究》(吴琼)**

**内容摘要**:为了适应时代发展对人才培养的需要,达到现代义务教育的要求,如何在小学阶段培养和提高小学生的数学应用意识,成为当前教育者重点研究和思考的问题。笔者基于《义务教育数学课程标准(2011年版)》中提到的培养学生的"应用意识"的要求、小学生数学学习的现实需要等方面,结合"双减"政策、家校共育的相关内容,对发展低段小学生数学应用意识进行了策略探究。首先本论文对数学应用意识和"双减"政策进行了介绍,其次根据目前低段小学生反馈的数学意识现状,笔者以二、三年级的其中一个单元为例设计了在教师的指导下家长、学生共同完成的生活作业,最后对作业的设计提出了一些建议与要求,并对论文整体进行了总结、反思与展望。

**19.《立德树人理念在小学体育教学基本内容中渗透策略》(张崇刚)**

**内容摘要**:习主席在十九大上重点指出"要立德树人,扣好人生的第一粒扣子"。新形势下学校德育教育摆在了素质教育的首要位置,体育是学校德育教育的重要组成部分,身体的运动使体育课程具有其他学科不具备的特点,可以对学校德育工作进一步补充和完善。本文主要从体育学科基本教材特点出发,在小学体育课堂教学中渗透对学生进行"以德树人"理念策略的探讨,丰富小学德育教育的内涵。

**20.《武汉基础教育优质均衡发展的实践与思考》(江艳霞)**

**内容摘要**:推进武汉基础教育优质均衡发展,要以教育公平为中心,深入分析目前基础教育存在的问题,从政策机制、政府投入、学校布局和师资力量等四个方面着力破解,寻求发展新路径,增强发展新动能。

**21.《大规模在线教学的现状及反思》(周梦婷)**

**内容摘要**:2020年新冠疫情的发生,改变了传统的教学模式,线上教学成为居家学习的主要方式,疫情期间大规模的在线课堂教学有其优势,也存在一定的不足。随着疫情的好转,中小学纷纷复课复学,学校的教育又步入常态化。但不意味着线上教育退出教育的舞台,后疫情时期,线上教学持续影响学校教育教学。小学数学教学方式也发生了改变,结合新课标,调整线下教学的方法,线上教学与线下教学融合,充分利用线上教学资源,达到学习效果最大化,同时培养学生自主学习能力,根据居家学习的实际情况,个性化指导学生进行教学。

## 三、案例篇

在关爱教育导向下,学校教师脚踏实地地开展学习研究,提升自己的专业素养,通过反思与实践,在成长的路上逐步发展自我、完善自我,成长为关爱心理型教师、关爱学习型教师、关爱特长型教师和关爱生活型教师。下面分享教师在日常工作中的做法。

### (一) 关爱心理型教师

朱老师,2020年入职,担任一年级语文教学兼班主任工作。在班主任工作中,她用爱陪伴学生成长,让班上一名自闭症学生融入班级生活。

【个人案例】

在一年级新生开学典礼的时候,朱老师就发现小段同学的与众不同,于是在放学后,留下了小段的家长,朱老师向家长了解了小段的具体情况。家长反映,小段发育迟缓,四岁多才能开口讲话,语言能力很差,平衡能力也很差,基本上站不稳,走几步就要往地上倒。后来小段的奶奶拿来了一份诊断书,上面写着小段有孤独症的倾向,也就是自闭症。

在了解了小段的真实情况之后,朱老师考虑到时间久了,班上其他学生就会发现小段同学与他们的不同,以及在今后的学习和生活中可能出现的问题,朱老师在班上开了一个小小的班会,告诉班上其他学生,小段同学身高虽然和其他同学差不多,但是他的智商其实只有三岁,就像是大家的弟弟一样,所以大家要多爱护他、帮助他、包容他。班会课后,就有同学主动帮助小段同学:小段同学的平衡能力很差,站得不是很稳,在一次中午打饭的时候,他因为把饭泼到了地上,崩溃大哭,情绪特别激动,然后冲出了教室,任凭打饭的阿姨怎么哄都哄不好。后来,每次打饭的时候,总有同学主动帮小段同学打饭。每当这个时候,朱老师都会表扬这些同学是乐于助人的好孩子。听到这样的表扬之后,班上越来越多的同学投身到帮助小段同学的"事业"中,甚至朱老师都感觉班上的学生自发成立了一个帮助小段同学的团队,因为每当放学的时候,总有几位同学跑过去帮他收拾书包,然后簇拥着送他出校门。

小段同学做事非常刻板,他会因为写作业时铅笔断了而捶桌子、号啕大哭,不管是重新帮他削铅笔还是换一支铅笔,甚至送他一支新的铅笔都不行;会因为饭泼到了到处跑、横冲直撞;会因为在课堂上,老师批评某个同学,而使劲拍桌子,大声地喊为什么要批评同学,事实是,他连那位同学是谁都不知道⋯⋯在他的思维模式中,所有的事情只能按部就班地进行下去,中途不能出现一点点的意外,否则他就会号啕大哭,一直问为什么、怎么办。有很长一段时间,因为他的哭闹,朱老师的语文课堂教学无法完整进行。此时唯有关爱,才能走近小段同学。刚开始,朱老师会试图劝他,跟他讲道理,后来发现小段同学的注意力会被其他事情吸引,于是再遇到类似的情况,朱老师就试着转移他的注意力,比如饭泼了,就拿着扫把到他身边,教他扫地。铅笔断了,那就暂时不写作业,学习做其他事情。

最令朱老师烦恼的是,小段同学会经常喊老师"奶奶"。每当这个时候,朱老师就会把他叫到身边,一遍又一遍,不厌其烦地告诉他"我是朱老师",一段时间后,小段同学终于会喊老师了!

在朱老师爱的教育和陪伴下,小段同学逐步融入班级生活,和同学打成一片。

(二) 关爱学习型教师

李老师,语文教研组组长,曾获得东西湖区第一届语文教师素养展示活动一等奖。在教学中,李老师善于抓住课堂契机,利用课堂评价激励学生学习热情,让学生爱学习,进而主动学习。

【个人案例】

教师的课堂评价,对学生有着非常重要的激励作用。通常教师会采取赞赏、激励性的评价,在课堂上去关爱缺乏自信的学生,这有助于保护他们的自尊心,激发上进心。李老师在教学古诗《采莲曲》时,要求学生自由朗读古诗,大家按老师的要求认真朗读,很快就有学生举起了小手。此时,班上王同学已经开始把玩她手中的铅笔了,李老师走到她附近,开始大声表扬旁边认真的同桌,并拍了拍她同桌的肩,示意同桌去引导王同学读诗和认字,在李老师的旁敲侧击和同桌的引导下,王同学也开始反复地读诗和认字了。

三分钟后,开始挑战拼音抽读生字了。王同学的小手也举了起来,李老师迫不及待地叫她起来挑战。她准确的读出了"莲、罗、裁"三个生字,并且清楚地说出了这三个字在拼读时,要注意读准边音和平舌音。由于表现出色,李老师及时给予了表扬:"王同学今天积极举手,生字掌握得很好,她还提醒同学们在认读这几个字时要注意什么,真棒!快给她送上热烈的掌声。"同学们也对王同学今天的表现很意外,顿时课堂上响起了热烈的掌声,同学们面带笑容,向她投去肯定的目光。接下来的课堂上,王同学的注意力前所未有的集中。在学习第一行诗时,李老师让同学们自由朗读,再交流自己的理解。此时,王同学竟然又端端正正地举起了右手。见她这节课表现积极,李老师又让她来回答。她的回答让李老师很惊喜,及时地对她的表现进行评价,"今天,王同学不仅生字掌握得好,而且注意力很集中,能够在诗中找关键词,并且图文结合来理解古诗,这是个学习古诗的好方法,值得我们学习,她今天有很大的进步!"这时课堂上响起了热烈的掌声。这节课上王同学回答问题的声音一次比一次响亮,可见她在这节课上收获了自信。从那以后,李老师在课堂上经常用真诚的语言、鼓励的言辞、友善的微笑及时评价,营造了一个充满关爱的课堂氛围,让学生品尝到被人尊重的喜悦,感受到自己存在的价值,一步一步地融入课堂中,主动去学习。

### (三) 关爱特长型教师

黄老师,担任语文教学兼班主任工作二十多年,东西湖区学科带头人。在工作中,黄老师能发挥学生特长,借特长助力班级特色,打造良好班级氛围,所带班级多次被评为市区级优秀班级。

【个人案例】

小刘同学是吴家山第四小学五年级一名品学兼优的班干部。她性格活泼开朗,大方直率,待人真诚,是一个爱好广泛,多才多艺的艺术之星;她勤奋、上进、积极阳光,是老师的得力小助手,同学们的好伙伴。

小时候,在父母的言传身教、老师的良好熏陶下,小刘同学幼小的心灵中种下了一颗健康向上的种子。她对艺术有着浓厚的兴趣,爱好广泛,喜欢画画、书法、舞蹈、钢琴等,特别在文艺表演方面有着异于常人的天赋。她四岁就开始学习画画和舞蹈,六岁开始学习钢琴和书法。上学以后,多次在班级活动和学校活动中进行表演。

到了四年级,父母担心艺术训练会影响她的学习,便劝她停掉画画和舞蹈。黄老师细心观察,发现小刘同学一段时间总是闷闷不乐,便主动询问。小刘同学一下子红了眼,将事情的原委告诉了黄老师。黄老师深知她父母的良苦用心,于是答应她去与其父母沟通,但小刘同学要做到不能因为艺术训练而耽误学习。借放学时小刘同学妈妈接她的时间,黄老师和她妈妈深谈了一次,觉得辛苦学习这么多年的画画和舞蹈就这样放弃,对小刘同学来讲太可惜了,更何况她是那么热爱艺术。黄老师和小刘同学的父母沟通以后,她的父母也不再那么坚持了,小刘同学也向父母保证,在小学阶段一定把画画、舞蹈、书法和钢琴都坚持学下去,自己可以合理安排学习时间,绝不会耽误学习。她说,有时学习累了,还可以通过弹琴来释放自己的压力,放松心情,陶冶情操,自得其乐。

一分耕耘,一分收获。良好的艺术素养,让小刘同学学习成绩优异,健康快乐地成长。在她的影响下,班上很多同学都保持自己的特长,每年的班级活动都精彩纷呈。小刘同学说,她特别感谢黄老师,在今后的文艺汇演中,她希望能把美丽动听的曲子带给他人,传递阳光和快乐。

### (四) 关爱生活型教师

赵老师,东西湖区优秀青年教师,二年级语文教师兼班主任,曾获得武汉市普通话大赛一等奖,撰写的论文案例多次获得各级各类奖项。

【个人案例】

小戴同学,男,9岁,跟随务工父母来校学习。家庭条件不好,存在严重的自卑心理,平时很少与其他同学接触,对同学和集体漠不关心。自由、散漫,性格暴躁,缺乏自制力,一旦同学无意中碰到他,他会表现得非常无理。虚荣心强,总想表现自己,却常常弄巧成拙,让自己陷入尴尬境地。他能按时完成作业,但字迹潦草、马虎,错别字特别多,学习成绩较差。经过赵老师的多方了解,他存在的这些问题,主要缘于他的家庭教育和成长环境。

学前教育缺失。入学前,小戴同学跟随爷爷、奶奶在偏远落后的农村生活,没有上过幼儿园。由于爷爷奶奶的宠爱和学前教育的缺失,导致他任性、散漫,学习上不具备基本的自主能力。

家庭条件较差。小戴同学家租住的房屋拥挤、狭小、不卫生,没有单独的厨房和卫生间,没有自己独立的空间。而且由于父母更换工作、房租到期等原因,经常更换居住地。心理学研究表明,一个人如果长期生活在狭小的环境中,他的性格也会变得压抑和封闭。

家庭教育不当。小戴同学的父母受教育程度不高,教育孩子手段简单粗暴。训斥、责问多,理解、倾听少,与孩子有限的交流也仅限于询问一下学习情况,对孩子的思想倾向、兴趣爱好不管不顾。另外,由于生活各方面的压力,父母不顺心时经常拿孩子出气,使他形成了暴躁、反叛的不良心理。

爱是教育的前提,作为吴家山第四小学的学生,在学校"关爱理念"的指引下,赵老师从关爱小戴同学的生活开始,用真诚的心与他建立一种友好平等的关系。让他明白老师心中永远有他的位置,老师始终都在关注他,消除他的戒备、排斥心理。通过一段时间的交往,小戴同学能主动地向赵老师吐露心迹,进而接受老师进一步教育引导。

积极进行家校沟通。赵老师通过家访、电话等方式与小戴同学的家长经常联系。首先让其家长认识到良好的家庭教育和正确的教育方法对孩子健康成长的重要性，主动配合学校的教育。其次教授一些正确教育引导孩子的方法，让家庭创造温馨的环境，实施正确的教育引导。

引导小戴同学融入集体。赵老师利用小戴同学在体育方面的特长，积极创造他展现自我的机会，让同学们逐渐地接纳他、认可他，使他感受到集体的温暖和力量，改变他不良的人际关系，培养他生活中正确的人际交往方式。此外，体育活动可以帮助小戴同学更多地与同学交流，合理宣泄情绪，陶冶情操。

帮助小戴同学树立自信。在生活中，及时发现他的闪光点，对他大加赞赏和鼓励，并参考心理学书籍，对他进行教育引导，让他认识到别人能做到的，自己通过努力一定也能做到，激发学习斗志，树立对美好生活的信心。

引导小戴同学进行自我教育。在学校、家庭协力对他加强教育引导的同时，用班上的好学生为他树立学习的榜样，用自强不息的事例激励他，引导他树立正确的世界观、人生观、价值观，让他在生活、学习中对照榜样学会自我教育，主动地改掉自己自由散漫的行为方式和行为习惯，学会控制自我、调节自我、发展自我、完善自我。

经过近一年的教育引导，小戴同学的性格有了较大的改善，人变得开朗起来，对生活充满信心。能积极参与集体活动，与同学们能够融洽相处。学习目标明确，成绩有了明显提高。在学校举办的运动会上取得了良好成绩。与家人之间的关系也发生了很大改变，家庭氛围变得温馨。但是，人的性格有一定的稳定性，不是一朝一夕就能改变的。小戴同学在学习上还不够认真刻苦，对有些问题的认识表现得比较执拗，一些不良习惯经常出现反复，要彻底改变还要经过长时间的努力。相信通过老师、家庭正确的教育引导和他自己的努力，他会和其他同学一样，共同在这片蓝天下，健康地成长进步。

（本章编写人员：祝文芳　黄亚　张珍　刘朋姣　赵玉立　刘凡　吴琼）

# 第三章 关爱教育导向下的学生发展

## 第一节　关爱型学生的内涵、特点和类型

### 一、关爱型学生的内涵

关爱教育的培养目标:培养有爱、乐学、善思、慧行的现代化小公民。

在关爱教育的引领下,学校培养面向未来的现代化小公民,其基本特质为有爱、乐学、善思、慧行。

#### （一）有爱

有爱,简而言之就是心中充满爱。爱是一种发自内心的情感,指的就是对某个人或某个物好,这种好所持续的过程也就是爱的过程。爱包含亲情、爱情、友情、母爱、父爱、博爱等。学校中的爱在教师与教师之间、教师与学生之间、同学与同学之间的多角度、多渠道地传递。它表现出转化性,通过多主体的互动,在各主体之间相互暗示、相互影响与相互转化,从而形成充满浓郁的爱的教育氛围,同时也形成一种特殊的教育爱的"共生效应"。爱的组成部分相依而生、相互促进,通过精心培育、耐心疏导会不断成长,更可以使教育过程中的个体实现生命碰触,迸发出美丽及永恒的火花,使教师成为一个迷人的职业。

培养学生爱的能力,需要学校创造充满关爱的环境和氛围,主要表现为和谐、民主的师生关系,友爱、互助的生生关系等。在师生关系中,教师处于主导地位,教师如何对待学生会最大化的影响师生关系,这需要在教师的主导下,充分发挥学生在爱的教育中的主动性,用无私的师爱去亲近学生,唤起学生对教师的敬爱之情,共同营造和谐的师生关系。爱是平等的,教师对学生的爱更应如此,这就是陶行知所说的爱满天下。

爱是细微的、具体的、平常的,它弥漫于一切教育活动中,只能以爱心激发爱心、以人格影响人格、以心灵塑造心灵。尊重学生但不能迁就学生,爱学生也要有原则。教师心中每时每刻都应充满爱,用爱来缩短与学生在空间和心理上的距离,以爱作为进入学生内心世界的通行证,使教育变得有情有义、深入人心,以此激发学生对教师的爱,从而建立起和谐的师生关系。要从爱身边的亲人、同学、朋友到爱陌生人,从爱一草一木到爱自然,从爱自己的家到爱祖国再到爱世界,传递爱的真谛和爱的意

义,使爱的知识学习和爱的能力培养相互渗透。比如,重点培养对劳动、知识、生活、生命、自然、祖国的爱,避免或净化自私、自傲、固执、冷漠、离群等不良品性,形成充满爱的健康的情感世界,使学生有旺盛的求知欲和孜孜不倦的学习精神。

**(二) 乐学**

学习有三种不同的境界:知道、喜欢、乐在其中,其中"知道"偏重理性,你是你、我是我,只是被动学习知识,不能把握自如;"喜欢"则触及情感,发生兴趣,喜欢学就学,不喜欢学就放弃,不能长久;"乐在其中"才是"乐之者"的境界。

乐学对个人是一种学习状态和学习习惯,对学校是一种积极向上的学习氛围。乐学指的是在学习中寻找快乐,在快乐中学习。孔子云:"知之者不如好之者,好之者不如乐之者。"爱因斯坦说过:"兴趣是最好的老师。"学校为学生提供快乐学习、快乐活动、快乐成长的环境,在利于学生学习的校园环境中,可以更好地激发学生的学习兴趣,使学生沉浸在良好的学习氛围中,主动地学习和探索新知识。

(1)教师创设乐学课堂。在课堂上,教师提供多种趣味性学习的方法和途径,让学生在学习中找到快乐、习得知识,促进学生健康快乐地成长;激发学生的学习动机,让学生真正感受到学习的乐趣。

(2)乐学是一种绿色生活。学生达到心态平衡、劳逸结合、学有所用、学有所悟、学有所乐的乐学境界,这是乐学的作为,也是乐学的境界。一切遵循自然、遵循生命的节奏,可谓人生之福、生活之福,生命之珍贵的追求。

**(三) 善思**

善思,即善于思考,就是凡事皆思、凡事皆问,用通俗的话讲就是爱动脑筋。"学而不思则罔,思而不学则殆",乐学、善思,两者不可偏废。善思是一种思维品质,更是一种思维习惯,也就是说,善思是一种后天素质(可以人为训练),是人才的首要素质。善思之所以重要,就在于它必定会产生思维成果,必定会产生智慧火花,必定会成功应对多种困难、问题和挑战。小学是人生学习阶段中承上启下的关键阶段,也是儿童思维形成和发展的重要阶段。思考能力是人的各种能力中非常重要的部分,对孩子未来的发展有着至关重要的影响。学校应遵循学生心理发展规律,把提高学生的思考能力作为重要的培养目标。

善思的学生善于提出问题、思考问题,在课堂上认真思考老师提出的问题,踊跃发言,力争回答有见地;作业独立思考、独立完成,力求正确、通变、创新,同时遇到难题能积极开动脑筋,努力寻求解决难题的方法,不依赖他人;有不耻下问的品质,不懂不装懂,虚心请教他人,学知识,长见识,快乐学习,善于动脑,精于思考,博闻强识[1]。善思强调了善于思考的重要性。思考乃是人生最大的快乐,会思考是人类和动物的重要区别之一。善思是打开一切宝库的钥匙,作为教师,只有善思才能教出优秀的学生;作为学生,只有善思才能取得优异的成绩。

### (四) 慧行

慧行即慧于行动。学校教育的最终目标是使学生成为"智者",即有智慧的人。一个真正的智者,能够做到将书本知识合理有效地运用到实践中并发挥成效。学生既要成为一个善于学习和思考的人,也要成为一个善于将知识转化为智慧的日常行动者。

慧行将目标指向学生,从理论和实际的结合中理解并掌握知识,培养学生运用知识解决实际问题的能力。知行合一所反映和待解决的矛盾,主要是保证所学知识与社会实践不脱节,学生掌握的知识能够运用到实践中。

慧行意味着要正确处理书本知识和现实生活的关系,并保证理论知识的主导作用,同时在理论知识的指导下,使学生从事各种实际活动,把教学和生活、间接经验和直接经验、观点和材料结合起来。结合教材的系统学习,恰当地联系生活实际,使学生了解所学理论知识的实际意义,帮助学生将知识运用于现实生活,如练习、实验、运用、参加生产劳动、参与社会活动,学会读、写、算及其他一些学习和劳动的基本技能,学会独立地、创造性地运用知识。

学校的教学目的是使学生获得理论和实践相结合的比较全面的知识,促进学生德、智、体全面发展。同时,学生掌握知识的过程,实质上是一种认识过程,是在实践的基础上,遵循着从生动的直观感受到抽象的思维,从抽象的思维到实践的路线进行。而且,在教学中,学生的认识是一种特殊的认识过程。学生在教师的指导下,将掌握的书本知识逐步运用到生活实践中,在实践中要举一反三地灵活运用。

## 二、关爱型学生的特点

小学阶段是人进行教育发展的黄金时期,因而小学生具有极高的情感可塑性,在感受关爱的环境下,很容易产生深刻的情感体验。作为被关爱者,通过接受、确认和反馈教师的关爱,用自己学到的知识和能力,来实施自己的关爱行动,由被关爱者转变为施爱者。关爱型学生具备以下四种特点。

---

[1] 孙鹤娟. 学校文化管理 [M]. 北京:教育科学出版社,2004.

### （一）自尊敬人

自尊敬人是指一个人具有自我价值感、自信心和自主性,同时尊重他人的思想、信仰、价值观和权利。这种人通常有健康、积极的自我形象,能够接受自己的缺点和不足,并通过不断的学习、思考和改进来提高自身的能力和素质。尊重自我的同时也能做到尊重他人,平等地与人沟通,保持平衡、尊重、公正、真诚,建立良好的人际关系和促进社会的和谐发展。

自尊敬人非常重要,对内可以帮助学生建立自我认知,能够接受自己的缺点和不足,这种健康的自我意识有助于构建强大的内心,抵抗挫折和应对各种压力,从而使自己得到提升。对外能够建立良好的人际关系,对他人充满尊重和理解,学生能够通过倾听、理解和共鸣等方式,与他人建立并维持亲密关系。

关爱型学生的自尊敬人体现在以下几个方面。

#### 1. 认识自己的价值

学生认识自己的价值,包括自己的优点和不足。认真地审视自己的思维方式和习惯,并做出积极的改变和调整,尝试克服自己的缺点和不足。

#### 2. 建立积极的自我形象

学生建立积极的自我形象,包括外在方面和内在方面。外在方面包括穿着整洁、注意个人卫生以及保持健康的形体;内在方面包括维护良好的心理健康、养成积极向上的思维方式等。

#### 3. 尊重与悦纳他人

学生应做到尊重他人的感受、权利和隐私,并且体谅和关心他人的感受和需求。可以通过关注他人的情况,倾听他人的愿望和需求,鼓励和支持他人展现其自身的关爱和体贴。

### （二）自强成人

自强成人是指一个人在成长和发展过程中,通过自身的追求和不断努力,逐渐实现自我价值和目标,成为具有自立、自主、自信和独立思考能力的成熟个体。自强成人可以帮助个人实现自我价值和目标,从而在工作和生活中取得更好的成绩。

自强成人能帮助学生挖掘自己的潜能,充分发挥自我优势,让学生有足够的能力应对各种复杂的情况和问题,同时帮助学生顺利度过青春期的转变,增强其对生活和学习的适应能力,避免出现社交恐惧等问题。

关爱型学生的自强成人体现在以下几个方面。

**1. 自我认知和自我调控**

学生了解自己的性格、价值观和优势,以及掌握自我管理和调节的能力,能够理性地应对各种情绪,不看轻自己,不埋怨他人。

**2. 自我激励和追求卓越**

学生懂得如何激励自己、克服困难、顽强拼搏、不断追求卓越。他们会设定自己的目标并通过不懈努力来实现,不断提高自己的知识水平,不断发掘自己的潜能和内在价值,更好地迎接生活中的挑战。

**3. 独立思考和解决问题**

学生能够独立思考问题,从多个角度分析问题,找到最佳解决方案。培养良好的自学能力和理性思维,善于分析和总结经验,发现问题并解决问题。

## (三) 友善待人

友善待人指的是以友好、亲切的态度对待他人,尊重他人的感受、需要和权利,从而建立积极、和谐的人际关系,营造温馨、愉悦的生活和工作环境。英国教育家彼得·麦克费尔认为,与他人相处和谐,爱人或被他人爱,才是人们最根本的需求,让学生学会体谅和关心他人,通过自己的关心而让他人获得幸福自己也会幸福。

友善待人是一种良好的人际交往方式,有助于在团队、社群等社交中建立良好关系,彰显互相尊重、关怀和理解。同时也能提升自己的影响力和感染力,传递良好的价值观和积极的生活态度。

关爱型学生的友善待人体现在以下几个方面。

**1. 和睦共处**

学生懂得相互信任,和睦共处。当他人意见与自己不同时,不会固执己见、强词夺理,而是能做到以理服人。当同学之间发生矛盾、冲突时,能多些宽容和理解,能做到坦诚相待,换位思考,主动化解,不把小矛盾放在心上,不责怪、不埋怨他人。

**2. 体贴关怀**

学生在生活中能关注他人的需要。在对待老师、同学、家长时,学生应该多关注他们,并通过表扬、赞赏、关爱,让他们感觉到温暖。多关心和问候他人,正确处理人际关系,让他们更容易接受自己,取得他人的信任。

**3. 善意沟通**

学生掌握良好的沟通技巧,建立有效的对话渠道。学会倾听他人的想法,并尊重他人不同的观点和看法,提升自我表达能力,不伤害他人感情。在与他人的交流中,保持谦虚有礼、不自夸、不傲慢。注意自己的话语,措辞含蓄、委婉,尽可能地让对方感到舒适,保持良好的沟通氛围。

4. 诚信守约

学生遵循诚实、守信、周到的原则。承诺他人的事情能做到言而有信,自觉兑现约定,让他人感受到自己的诚意、信任和责任心,自身的责任感和义务感也能得到提升。

### (四) 乐于助人

乐于助人指的是自愿帮助他人、关心他人、乐于为他人解决问题和减轻其困难的一种积极的行为和心态。关爱的动机有多种,不同的人会给出不同的答案,但绝大多数人的出发点都是善意的,有的人是为了实现个人存在的价值,给自己的内心世界带来满足;有的人是为了给他人带来帮助,让他人感受到快乐;还有的人是为了给社会送去温暖,让整个社会充满爱。针对关爱的动机,一百个人可能会有一百种不同的回答。普遍受到颂扬且为人们所接受的价值观,其核心应该是"为了别人,而不是为了自己"。

乐于助人是一种良好的美德和积极向上的品质,是一种向好向善的行为和心态。在帮助他人的同时,自身也会学到很多知识,同时会建立起深厚的友谊,形成良好的人际关系,有利于建立和谐社会。

关爱型学生的乐于助人体现在以下几个方面。

1. 关怀呵护

学生在与他人交流沟通时,会认真聆听他人所表达的想法和问题,建立良好的沟通方式。尝试在与他人交流中理解他人的感受和需要,对他人进行鼓励,帮助他人树立自信,克服困难和挫折。

2. 提供帮助

学生能够主动帮助他人。了解他人的困难和需要,提供适当的帮助,无私付出,不求回报。在他人遇到学习和生活中的困难时,利用自己积累的专业知识和经验帮助他人、鼓励他人,积极传递正能量,让他人感受到其自身真正被关心和支持。

3. 积极行动

学生会积极地响应他人的需求,第一时间给予帮助与支持。必要时可联合身边的同学、老师或者亲友,根据实际情况及时改善帮助方案,为他人提供更全面、更细致的帮助。以快速、有效的方式解决他人的困难和问题,尽量减少他人的损失和不便。

#### 4. 坚定信念

学生坚信善有善报,以行动证明"施比受更有福"的道理,即使遇到一些困难,也不会放弃,坚持做好自己应该做的事情。在面对诱惑、困难和挑战时,不会轻易妥协,而是坚守原则。

### 三、关爱型学生的类型

为进一步推动素质教育的进程,能更全面、更合理地考核、评定学生,促进学生在德、智、体、美、劳各个方面的全面发展,使学生有良好的发展氛围,可以将关爱型学生分为美德型、智慧型、生命型、艺术型、劳动型以激励学生成为有道德的、智慧的、健康的、美丽的、勤劳的人。

#### (一) 美德型学生

美德型学生是指具有正确的价值观、行为准则和道德观的学生。美德型学生能在实现自身前进目标的同时,也能为他人付出爱心、善根深植、豁达乐观,在学习和生活中能以自己阳光积极的个性成为老师的好帮手和同学心目中的好榜样。面对挫折不卑不亢,勇于接受批评,不断完善自身,具有很强的正义感、责任感和自我超越感。

人无德不立,国无德不兴。道德不仅是个人成长的重要组成部分,还是国家长期稳定的关键所在,因此立德树人是教育的根本任务。在全面育人模式下,学校应该通过各类德育活动,引导学生树立高尚品格,从情、知、行、意四个方面提升学生的德育素养,做好未成年人德育教育工作。在日常教学中,教师需要充分挖掘教材内容,对学生进行潜移默化的德育熏陶和渗透,播下和谐发展的希望火种,培育更多的美德型学生。

#### (二) 智慧型学生

智慧型学生是指拥有较强学习能力,能建立条理清晰、全面的知识体系,有一定的自身分析能力,能深入调查问题,有社会实践力和创造力的学生,并且能用专业知识解决各类问题。真知识是扎根在经验中的,智慧型学生需要有能力从他人的智慧经验中扩充发展自己的智慧,有能力在教师的指导和帮助下形成自己的思考模式和学习方式,进而掌握客观规律和学习技巧。

智育是学校教育的重要组成部分之一,它主要通过教学这条途径来实施。智育功能具有必然性、知行统一性,智慧型学生的培养更多是需要帮助学生关注生活的智慧,而不是知识的智慧。因此,教师在智育教育过程中不仅要传授知识和发展技能,也要注重培养学生的自主性和创造性,不能只是一味地填鸭式教育。教师的角色也需要从知识的传递者向智慧的传递者转变,在日常教学中,教师不仅要输出信息,而且要交换信息,更要接受学生输出的信息,使课堂成为信息交换的平台,让学生发挥主观能动性,启迪学生的智慧。

### (三) 生命型学生

生命型学生是阳光活力的代言人,这个类型的学生必须有健康的身体,身体是学习、实践、创新的基础,是生活的基础。同时,生命型学生必须拥有出色的身体锻炼能力、运动技能、运用体育环境的条件能力。生命型学生不仅需要传递运动带来的充满活力的概念,也需要用精神激励同伴的成长。他们必须具有不怕失败的拼搏精神,敢于做出面对失败的尝试,在各项学习和日常活动中不断磨砺个人意志,成为有生命力的榜样。

学校各项活动与德育、智育和美育相辅相成。不仅有助于增强学生体质、促进学生身体的正常发育、改善和提高神经和中枢神经系统的工作能力,也有利于提高人体对自然环境的适应能力。学校需要开设不同的体育运动特色班,(如篮球队、轮滑社、田径队、啦啦操等),帮助学生提高运动素养,教授必要的体育知识技能。学校也可以通过运动会和各项比赛展示学生参与各项活动的成果,体现学生良好的精神面貌和坚韧不拔的品质。

### (四) 艺术型学生

艺术型学生是指在生活中有自己的审美意趣,在音乐、美术、书法、棋类等方面有特长,拥有发现美、欣赏美、创造美的能力,能够将生活和美学结合在一起,享受生活,拥有与时俱进的真正审美能力的学生。

美育是素质教育的重要内容之一,也是学校教育的重要组成部分之一,在全面发展的教育中具有重要地位。学校需要培养学生积极向上的审美观,发展学生鉴赏美和创造美的能力。作为全面培养学生的重要环节,学校可以从塑造美的心灵着手,在校园环境的布置和班级文化特色的设计中将学生培养成一个更加立体的人。美育在日常教学中可以以各种审美活动(如我校开设有素描国画水彩班,每学期举办绘画展和校艺术小人才比赛等)为途径,促进学生美学知识的学习,培养学生欣赏美、创造美的能力,使学生有崇高的心灵和健康高尚的美学情感。

### (五) 劳动型学生

劳动型学生具备勤劳的精神,能在劳动中展现一个人克服困难的勇气和坚定的信念,能充分发挥人的主观能动性,可以机智的处理问题。他们在学习和生活中勤奋努力,完善自我,努力实现个人价值,面对困难不畏艰辛,有吃苦奋斗、团结合作的劳动意识,以谦卑的心态去坚持,在实践中成长。

学校培养劳动型学生必须要帮助学生树立正确的劳动观,形成劳动习惯。在教育生活中可以在班会劳动实践课上使学生初步掌握一定的劳动技术知识和技能,养成良好的劳动习惯并具有遵守劳动纪律、爱护劳动工具和劳动成果的优良品德。当今人工智能已进入人类生活,劳动型学生的培养需要教育者着眼于用智慧创造劳动,教育学生崇尚劳动、尊重劳动,懂得劳动最光荣、劳动最伟大的道理,长大后能辛勤劳动、诚实劳动、创造性劳动。

## 第二节 关爱型学生的评价系统

学校评价关爱型学生遵循学生身心发展规律和教育教学规律,坚持科学的教育质量观,立足于培养学生的核心素养,建立了科学多元化的关爱型教育评价体系,形成了具有本校特色的关爱型学生评价原则、关爱型学生评价指标,在良好的育人环境中完成对关爱型学生的评价,促进学生的全面发展和健康发展。

### 一、关爱型学生的评价原则

关爱型学生的评价应该遵循以下四个原则。

#### (一) 发展性原则

发展性原则是以学生发展为目的,面向全体学生、面向未来的一种新型学生评价制度;也是综合素质评价中最重要的原则,不仅要关心学生的现实表现,还要重视学生的未来发展,重视每个学生在自己现有水平上的发展。发展性评价就是以促进全体学生发展,关注学生全面发展,倡导学生以主动发展为根本目的的评价理念和评价体系。要坚持用发展的眼光看待学生,不仅注重学生现有的水平,还要注重学生潜在的可能性发展,激发学生主体自我发展的意识,坚信关爱教育可以让不同基础的学生发挥其潜能,取得更大的收获。发展性评价应基于一定的培养目标,在实施中制定明确、具体的阶段性发展目标。其根本目的是促进学生的进步和发展,而不是检查和评比。

发展性原则意在激励、引导学生全面发展,丰富学生的知识,培养学生良好的生活态度、高尚的情操和正确的价值取向,为学生的终身发展打下基础。这就要求教师用发展的眼光看待学生,注重学生的日常行为表现,将形成性评价与终结性评价有机结合,有效发挥评价的激励、发展功能,突出评价对学生全面发展的促进作用,使评价过程成为学生不断认识自我、发展自我和完善自我的过程。

在教育教学中,对学生的评价无处不在。发展性评价追求的不是给学生一个精确的结论,更不是给学生一个等级或分数与他人比较或排队,而是通过对学生过去状态和现在状态的了解,分析学生存在的优势与不足,并在此基础上提出具体的改进建议,促进学生在原有水平上的提高,逐步达到基础教育培养目标的要求。发展性评价是注重过程的,学生的发展有一个过程,促进学生的发展同样要经历一个过程;在学生发展过程中强调对学生发展全过程的不断关注,而不是在学生发展过程终结时对学生发展结果进行评价。发展性评价既重视学生的现在,更着眼于学生的未来,还强调收集并保存学生发展过程中能表明学生发展状况的所有关键资料。正是因为这些资料的呈现和分析,才更利于帮助教育者形成对学生发展变化的正确全面的认识,并在此基础上针对学生的优势和不足,给予学生激励、具体、有针对性的改进建议。

在评价过程中,结合我校关爱型学生所表现出的同理心、同情心和尊重等特点,紧扣立德树人的根本任务,突出评价目的的育人性,用发展的观点,以发展为根本的指导思想去评价学生。关爱型学生的发展性原则要坚持三个评价方向,即全体发展、全面发展和主动发展。

(1)促进全体发展。

教育过程是全体学生学习、教师育人双线交互协同、螺旋上升的过程。这个过程的发生与发展需要评价来推动。这也是《深化新时代教育评价改革总体方案》中提出的德、智、体、美、劳全要素横向评价的具体实施。当学生经历了一个学习阶段之后,教师的评价不仅是对学生过去学习的总结与判断,也会对学生未来的学习作出方向性、路径性、策略性引领,评价对每个学生的教育过程具有承上启下的推动作用。全体发展宗旨是将学生立体评价贯穿于每个学生学习的全过程,把评价作为教育的内在动力,驱动教育立德树人目标的实现。

(2)关注全面发展。

发展性评价更关注学生发展的全面性。知识与技能,过程与方法,情感、态度与价值观等方面都是进行发展性评价的内容,并且受到同等的重视。在探索建立关爱型学生评价原则的过程中,将全面发展评价贯穿于每个学生个体的全过程、全时空、全要素,正是要突出评价目的的育人性,服务于立德树人根本任务。实施关爱型学生的发展性评价,就要开展每个学生个体在各阶段的学习情况全过程的纵向评价,必须建立一体化的学生发展目标体系。这必然要求把每个学生个体在小、中、大学教育都贯通起来,把基础教育、职业教育、高等教育联通起来,把人的发展最深层的能力素养融会贯通,制定系统培养方案,推动课程内容、教学方式、学习方法等相互衔接、有序递推,既注重教育的整体性,又注重教育的差异性,更注重教育的关联性。作为教育者,应当站在发展的角度看待学生的成长,给学生更多的包容、等待和耐心,使学生绽放天赋,获得健康的成长和发展。

(3)倡导主动发展。

主动性是将人作为主体的根本属性,也是学生发展的动力,要充分发挥学生的自我教育、自我调整的功能,使评价客观、全面,既得到同学、教师、家长和社会的认可,又能促进学生不断完善自我。主动性重在强调能有效管理自己的学习和生活,认识和发现自我价值,发掘自身潜力,有效应对复杂多变的环境,发展成有明确人生方向、有生活品质的人。学生的主动性越充足,其发展就越有劲儿,能力才能不断提高。有了主动性,学生发展所需的条件才能不断地被创造出来,学生的潜能才能不停地发挥出来。在评价过程中,把握住激发学生主动性的原则,培养他们良好的学习和生活习惯,帮助他们锻炼和掌握自己解决问题的方法,提升他们应对困难的能力。兴趣是主动性的源泉,依据兴趣激发学生的主动性,让学生活力四射,对学生的全面发展起着至关重要的作用。

## (二) 激励性原则

激励性原则不是单纯的表扬,而是用恰到好处的激励,在学生心中不断地点燃求知的火花,激发他们对未来的美好憧憬,使学生品尝成功的喜悦,让学生感受到自信的力量。激励是学生进步和成功的推进器和催化剂,第斯多惠曾说:"教育的艺术不在于传授的本领,而在于激励、唤醒、鼓舞。"[1]激励性评价就是以学生的发展为目的,根据学生的具体情况,采取各种方式激发学生内在的需求和动力,使学生的态度、情感、人格处于积极、活跃、协调状态,提高获得成功的希望,从而调动学生积极性的评价体系。通过教师的语言、情感和恰当的教育教学方式,不失时机地给各个层次的学生以充分的肯定、激励和赞扬,使学生在心理上肯定自己,内化学生的人格,激发学生学习的动机和动力。激励可以促进学生智力因素和非智力因素的可持续发展,使学生思维不断拓宽,学生积极参与实践,通过有声和无声的激励评价,促进学生由学习成功转向社会成功。

---

[1] 刘鸣. 教学理念的创新与实践 2[M]. 广州:中山大学出版社,2008.

(1)激励性评价要实事求是。

随着教育评价观念的更新,我校教师注重学生评价语言的多样化,在日常教育教学中,对学生的评价语言、评价行为进行了改善,评价语言更人性化、情义化。但是,在对学生夸奖的同时,一定要注意实事求是,不要盲目地夸大学生的优点、忽略了缺点,避免学生在一片"恭维"中滋生不良的思想倾向。教育的艺术重在因地制宜、因材施教,对学生的激励性评价也应该是客观的、合情合理的,对学生既有肯定地表扬性评价,也有真诚地批评性评价,让学生适当接受一些挫折的考验,从而得到真正的进步。

(2)激励性评价要诚以待人。

评价的方法有两种——表扬和批评,使用时以表扬为主,批评为辅。表扬时,教师要运用好有声语言和体态语言,努力去发现学生的优点,把这些优点说出来就是表扬,就是评价,这种评价一定要以事实为依据,要发自内心、公平公正。教师的眼神、笑容、点头、手势都会产生肯定评价的效果。对教师而言,任何与学生的交流机会,都应看成是对学生教育的引导。要发自内心的关心学生,站在学生的立场上思考问题,真诚地表扬学生微小的优点和进步,耐心的引导。心理研究表明,积极情感的产生虽然与生理上的激活状态有关,但必须通过人的认识升华的折射才能产生。批评时也要讲究方式方法,批评是对不良行为的否定性的评价方式。在必须进行批评教育时,要牢记以下基本原则:①及时处理,循循善诱;②明确真相,就事论事;③启发引导,自省自悟;④态度真诚,允许申辩;⑤言语温和,指明方向。依据以上原则来提高教育效果和效率。

(3)激励性评价要有的放矢。

苏霍姆林斯基说过:"学校的精神生活的意义在于,要在每一个学生身上都唤起他个人的人格独特性。"[1]每个人都有实现自身价值,获得较高评价的追求。因此,教师首先要提高自身的思想修养和知识修养,培养良好的心理素质。在教育过程中,一方面,教师要善于观察,发现不同学生的优点,针对性进行表扬,揭示学生个性发展的潜力,让不同层次的学生都能体会到成功的喜悦。另一方面,要引导学生发现自己与更高水平的同学之间的差距,以激发学生的内驱力,促使他们向着更高的目标前进。

### (三) 差异性原则

差异性原则是使个人获得更好的发展为宗旨,既要面向全体学生,又要关注有差异的个体,促使每个学生个体的发展具有个性化、差异化。学生之间潜能和素质

---

[1](苏)苏霍姆林斯基.给教师的建议[M].武汉:长江文艺出版社,2014.

的差异,是一个不容置疑的客观事实。这需要教育者在基于以上前提和基础上,设计适合的评价原则和标准。世界上没有完全相同的两片树叶,同样也没有完全相同的两个人,每个学生都是具有各自特性的独立个体。差异性评价就是要正视个体差异、尊重个体差异、利用个体差异,关注学生独特的学习体验和不同的学习需求,鼓励学生选择适合自己行为的学习方式来从事学习和活动的评价体系。在小学阶段,学生的思想和潜能正处于待开发阶段,这个时期的学生充满朝气,充满探究欲和想象力,由于智力因素和非智力因素的差异,导致他们思维方式的不同,接受水平不一,学习方式和学习习惯也存在很大差异。教育者既要承认差异、不回避差异,同时也要把差异当作一种教学资源来珍惜和开发。

在关爱教育理念指导下,每位教师依据学生身心素质、年龄特点和已有的学习经验,最大限度地为学生创设自主学习的良好情境。通过形式多样的评价,激发学生的学习兴趣和动力,让有差异的学生在学习上也得到不同的发展,并为学生的后续学习奠定良好的基础。

(1)正视差异,满足个体需求。

差异是教育的基础,也是学生发展的前提。每个学生都是独一无二的个体,他们有个性、有爱好。由于每个学生的生活环境不同,原有的知识储备不等,各方面发展都不可能停留在同一层面上。正视差异就意味着要承认某些方面有差异的学生,并不断地认识、了解和关心他们。教师必须接纳有差异的学生,在教育评价中科学地引导、激励他们,及时给予他们帮助。教师对有差异的学生要包容和宽容,要善于挖掘学生的潜质,让有差异的学生也能享受属于自己的权利。差异性学生评价应注重学生的差异性和多样性,在评价中要根据学生的不同思想、文化、身心发展,制定不同的发展目标、完成内容和所达标准,因材施评。

(2)尊重差异,允许自主选择。

学生学习能力的差异,是客观存在的,教师不仅要正视这种差异,更要尊重这种差异。每个人的智慧类型不同,其认知方式与思维策略也不同,这就造成学生认知水平和学习能力的差异。教师在评价中要树立正确的学生观,允许学生用自己的方式学习,用自己的方式探究和解决问题。尊重学生的主体差异,学生要在学习过程中学会放弃、学会选择。这样,不同学生的认知水平和学习能力都可以在原有的基础上获得相应的发展。在评价中主要是看基础、看发展、看进步,而不是片面追求评价标准的统一性。

（3）利用差异,强调纵向评价。

学生之间的差异是客观的,也是永恒的。教育的作用不是消除差异,而是承认差异、尊重差异,更要利用差异,使每个学生在原有基础上得到最大限度的发展。评价的目的是找到学生的潜在优势,因人而异、因时而异、因境而异,作出针对性、艺术性的评价,激励学生的发展。这样才有利于学生认同和接受评价,有利于学生个性的发展和潜能的激发。差异性评价更强调学生自身的纵向评价,可以考查学生个体退步、进步及幅度,有助于学生个体的发展状况,有利于学生完成既定目标后的自我审视,调整心态和行为,向高层次目标迈进,获得更优的发展。

### （四） 个性化原则

个性化原则是以学生的天性为本,为每个学生提供合适的教育,让其天性得到释放,为其成长提供阳光,让其"天生丽质"得到完全、自由的绽放。《基础教育课程改革纲要(试行)》要求"建立促进学生全面发展的评价体系"[1]。不仅应关注个体基本知识与技能的培养,更应关注个体的进步和多方面的发展潜能,以促进其全面发展、终身发展。人与人之间的真正差异并非外在因素（如年龄、身高、体重等）,而在于其内在因素（如品质、能力、素养等）。个性化评价就是培养学生兴趣爱好,帮助学生实现自我价值,引导学生进行自我教育,让每个心灵都得到精心的呵护,使每个学生的内心不断升腾出自信的磅礴力量,为学生创造出正能量的生态环境。

美国心理学家霍华德·加德纳的多元智能理论（也称多元智力理论）,早已给人的多元发展构建了强大的理论基础,它使人的差异由外显到内因,都真正呈现在教育者面前。如果教育过程中能够完全按照学生的个性发展来进行评价,那就是真正实现了对学生科学和客观的评价。针对学生个性设计"大家不同,大家都好"的评价标准,让每个学生不会因成绩不好而得不到应有的认可和嘉奖。

（1）尊重个性,培养学生的兴趣爱好。

任何教育都是在有独特性的个体上进行的,开展个性化教育就是要尊重学生的需要、兴趣、才能,使学生在学习各门功课的过程中,找到自己最喜爱的课程,并深入到这门课程的学习中,以此带动对其他课程的学习,使学生感受到学习探究的乐趣。虽然每个学生的性格、态度、适应能力等方面有差异,但是,都会彰显出自身的优秀品质。不同的学生在道德品质、学习能力、情感态度、行为习惯、身心健康、审美情趣等基本素质方面都会呈现出具有个性化的优势,按照不同学生呈现出的不同品质

---

[1] 孙莉萍.教学论[M].沈阳:辽宁大学出版社,2012.

进行针对性评价,不仅能体现学生的个性、品质的差异,而且能够让每个学生都得到积极评价,更能激励学生主动和积极地学习。进行个性化评价,需要学校为学生提供更多展示自己独特才智的机会,开展多种活动,要让学生能跑则跑、能跳则跳、能说则说、能画则画……让每个学生都各展其长、各得其所、和谐发展。使学生找到自己最喜爱的活动、最擅长的技能,以此带动参与其他活动的积极性,这是开展个性化教育的有效方法之一。

(2)创造机会,帮助学生实现自我价值。

发展学生个性的一个有效的途径就是为学生创设成功的机会,使学生从成功的喜悦中发现自我、肯定自我、悦纳自我,为下一步的成功增强信心。教师可以在教育活动中利用各种机会,让学生发现自己一点一滴的进步,教师及时地在评价中给予充分肯定,以强化学生实现自我价值的动机。允许学生有不同的意见,允许学生反批评,允许学生在一定范围内行使自己的民主权,真正体现学生的主体地位和自主精神。学校还可以积极有效地开展各种学习活动,引导学生走向学科,激发学生对学科的兴趣,感受学习后的愉悦,使学生对学习由"要我学"变成"我要学",从而让学生发现自我价值,满足主体意识,实现自我价值,进而培养学生探究、创新的精神。

(3)激发内需,引导学生自我教育。

自我教育是个体把自身作为教育对象而进行的教育。自我教育通常是个体按照社会的要求和自身发展的需要来要求自己、教育自己、完善自己,使自己成为符合一定社会要求的人。学生个性的完善发展是他人教育和自我教育的共同结果。一般而言,随着年龄的增长,自我教育的作用逐渐增大,这与人的心理发展由他律向自律转变的规律是一致的。但在任何一个阶段,他人教育的结果总是通过自我教育来体现的。

关爱教育个性化评价原则中,如何激发学生的内在需求进行自我教育呢?激发动机是自我教育的动力。如果把社会需要的正确道德准则和行为规范转化为学生主动地接受教育的精神需求,学生就能主动、自觉、努力、积极地接受教育和进行自我教育。自我认识是自我教育的基础,一个人只有对自己有一个客观、正确的认识,才可能进行自我教育。实践活动是学生自我教育的基本途径,为了更好地开展学生的自我教育,除了在教育理念上进行转变外,还可以通过学生自我管理等形式进行自我强化来完成。

关爱型学生评价原则切实把德、智、体、美、劳全要素作为评价内容,具有鲜明的导向性,就是要扭转唯分数、唯升学等不科学的教育评价导向,确立以德为先、能力为重、全面发展的科学育人导向,为党育人、为国育才。

## 二、关爱型学生的评价指标

《基础教育课程改革纲要(试行)》和《关于积极推进中小学评价与考试制度改革的通知》是作为学生综合素质评价的直接政策依据,是国家教育部颁布的规范性文件,规定中小学评价与考试制度改革要做到全面贯彻党的教育方针。《基础教育课程改革纲要(试行)》规定了国家对我国学生应具备的基本素质,同时规定评价标准应该用清晰、简明的目标术语来表达,反映出国家对国民素质的基本要求。在《关于推进中小学教育质量综合评价改革的意见》中说明要把学生的学业发展水平、品德发展水平、身心发展水平、兴趣特长养成、学业负担状况等方面作为评价学校教育质量的主要内容,着力构建中小学教育质量综合评价指标体系,并明确各地可以根据此意见组织对区域内的小学教育质量进行评价。

结合我校关爱教育下关爱型学生的内涵、特点、类型的综合分析,借鉴已有研究的指标划分,我校初步构建关爱型学生的评价指标体系由五项一级指标构成:美德发展水平、学习发展水平、运动发展水平、艺术发展水平、劳动发展水平,从多方面综合评价学生的发展状况,鼓励学生发扬优点、克服缺点,不断自我完善,培养学生的高尚道德品质,培养其形成终身学习的能力,拥有良好的心理素质和健康的审美情趣。

### (一) 美德发展水平评价指标

进行关爱型学生美德发展水平的评价,主要目的是考查学生的道德行为和认知等方面的发展情况,主要可以通过公民素养、理想信念、集体意识等相关方面对学生进行评价,以促进他们形成正确的世界观、人生观、价值观。因此,评价关爱型学生美德发展水平主要从行为习惯、公民素养、人格品质、理想信念四个方面展开。

行为习惯是行为和习惯的总称,而习惯是自动化的行为方式,习惯是在一定时间内逐渐养成的,与人后天条件反射系统的建立有密切关系,习惯不仅仅是自动化的动作或行为,也包括思维、情感方面的内容,并且能够满足人的某种需求,由此习惯可能起到积极和消极的双重作用。行为习惯指标包括了三个考查要点:文明礼貌、勤俭节约、爱护环境。

公民素养是当代公民在生活中必须具备的生活技巧、素质或能力,良好的公民素养在日常生活中有着十分重要的意义。公民素养指标包括五个考查要点:珍爱生命、遵纪守法、诚实守信、团结友善、乐于助人。

人格品质是反映人格客观存在的条件或方式的一个综合性概念,是包括人的价值取向、心理需求、个性气质、角色认知、日常行为方式在内的系统体系。人格品质指标包括四个考查要点:自尊自爱、自律自强、尊重他人、乐观向上。

理想信念是指人们向往、追求和奋斗的根本目标,是人们对世界观、人生观、价值观的一种选择和持有,是人们的政治立场和奋斗目标的集中反映,更是人们进行各种行为的支撑和动力。理想信念指标包括五个考查要点:爱国情感、民族认同、社会责任、集体意识、人生理想。

### (二) 学习发展水平评价指标

进行关爱型学生学习发展水平的评价,主要目的是测评学生对教学所要求知识的掌握情况,主要是对学生的思想方法、学习能力、实践技术、创新创造意识以及潜能发展等关键性指标进行评价,确保学生做好终身学习和发展的准备。因此,评价关爱型学生学习发展水平主要从知识技能、思想方法、实践能力、创新意识四个方面展开。

小学生应该掌握的知识技能主要指小学生应该具备的基础性的知识和技能。知识技能指标包括两个考查要点:基础知识、基本技能。

思想方法是人们在一定世界观指导下观察、研究事物和现象所遵循的规则。思想方法指标包括两个考查要点:归纳总结、实际运用。

实践能力是人们在发展过程中升华形成的基本活动技能。实践能力指标包括四个考查要点:关注现实、参加实践、志愿服务、解决问题。

创新意识是指人们根据社会和个体生活发展的需要,引导创造前所未有的事物或观念的动机,并在创造活动中表现出的意向、愿望和设想。创新意识指标包括四个考查要点:独立思考、批判质疑、钻研探究、疑难破解。

### (三) 运动发展水平评价指标

进行关爱型学生运动发展水平的评价,主要目的是考查学生的身体形态机能、健康生活方式等方面的情况,进行测评的依据主要是通过身体机能、健康生活方式等关键性指标来进行的,以促进小学生形成健康、良好的体魄。因此,评价关爱型学生运动发展水平主要从学生的身体健康状态、健康生活方式这两个方面展开。

身体健康状态是指对人体的健康情况进行的一个综合性的评价,主要包括身体形态和身体机能。身体形态是指身体及各组成部分的外形及状态。身体机能通俗地讲是指身体各器官的运转能力,一般可通过某些指标反映出来。身体健康状态包括三个考查要点:身体形态与机能、运动能力、视力状况。

健康生活方式是指有益于健康的习惯化的行为方式。健康生活方式包括三个考查要点:知识技能、生活习惯、文体活动。

### (四) 艺术发展水平评价指标

进行关爱型学生艺术发展水平的评价,主要目的是考查学生的审美情趣和关于美的感受。教师通过评价,让学生树立发现美、创造美、欣赏美、表现美的意识并提升能力,以促进学生审美情趣的形成。因此,评价关爱型学生艺术发展水平主要从学生的艺术素养、艺术实践、审美情趣及艺术修养三个方面展开。

(1) 艺术素养是指人对艺术的感受、体验、评价和创造的能力。艺术素养包括两个考查要点:基础艺术知识、基本艺术技能。

(2) 艺术实践是进行艺术教育的关键,具有其他任何教学形式所不能替代的功能和作用,是提高学生艺术素质,增强艺术实践能力的一个重要环节。艺术实践包括两个考查要点:校外学习、艺术特长。

(3) 审美情趣及艺术修养,审美情趣是人们根据自己的审美观,对自然、社会生活中的各种现象和事物,以及艺术作品的审美价值,作出直接的、感性的审美评价和态度。艺术修养是指一个人的艺术知识和技能的掌握状况和水平,任何人的艺术修养都不是先天的,都是需要在艺术创作或艺术欣赏的实践中逐步锻炼和培养的。审美情趣及艺术修养包括两个考查要点:审美情趣、艺术修养。

### (五) 劳动发展水平评价指标

进行关爱型学生劳动发展水平的评价,主要目的是考查学生对劳动知识的掌握、劳动技能的提高和劳动创新的意识等方面的基本情况。通过评价,教师要促进学生劳动观念、劳动态度、自我服务劳动、家务劳动、公益劳动等方面的提升,最终形成学生基本的劳动技能。因此,评价关爱型学生劳动发展水平主要从学生的劳动价值观、劳动技能、劳动意识、劳动情感四个方面展开。

(1) 劳动价值观是人们对劳动价值问题的一个根本性的看法或一个根本性的态度。劳动价值观包括两个考查要点:承认劳动价值、尊重劳动个体。

(2) 劳动技能是指在生产过程中岗位对劳动者素质方面的要求,主要反映岗位对劳动者技能要求的程度。劳动技能包括两个考查要点:熟悉和使用简单劳动工具、了解劳动常识。

（3）劳动意识是劳动观点、观念及心理的合称，包括对劳动性质、作用的看法。劳动意识的本质是劳动作为人的存在方式，是处于一定社会地位的人们以群体的形式并通过一定的社会协作方式，以自身的自然力和智力引起、调整和控制人与自然之间的相互变换的过程。劳动意识包括两个考查要点：勤于关注劳动、自主参与劳动。

（4）劳动情感是主体对劳动的一种情绪态度，是对劳动有着强烈情感和深厚胸怀的内在心境。劳动情感包括两个考查要点：劳动共情力、劳动道德感。

综上所述，学生综合评价内容如下表所述。

**学生综合评价内容**

| 一级指标 | 二级指标 | 考查要点 | 考查内容 |
| --- | --- | --- | --- |
| 美德发展水平 | 行为习惯 | 文明礼仪 | 学生礼貌待人，会使用文明用语；在各种场合注意相关礼仪 |
| | | 勤俭节约 | 学生在校统一着校服，不比吃穿；节约水电，不浪费粮食，不乱花钱；爱惜学习、生活用品，爱护公物 |
| | | 爱护环境 | 学生具有初步的环境保护意识，爱护花草树木和动物；不随地吐痰，不乱扔垃圾和废电池；拒绝使用一次性用品；不到处涂抹刻画 |
| | 公民素养 | 珍爱生命 | 学生珍惜生命，不做有危险的游戏；注意生命安全，防火、防溺水、防触电、防盗、防中毒；养成良好的卫生习惯，坚持锻炼；多看健康有益的书刊、节目等 |
| | | 遵纪守法 | 学生认真学习《小学生守则》和《小学生日常行为规范》；尊敬国旗、国徽，维护祖国尊严；严格遵守学校和班级规章；遵守交通规则，服从交通管理 |
| | | 诚实守信 | 学生做错事时，勇于承认自己的错误并及时改正；作业不抄袭，考试不作弊；做到言必信，行必果；不拿他人的物品，借东西要及时归还 |
| | | 团结友善 | 学生之间要和睦相处，互相尊重；虚心学习他人的长处和优点；以诚相待，人前人后言行一致，不在背后议论他人 |

续表

| 一级指标 | 二级指标 | 考查要点 | 考查内容 |
|---|---|---|---|
| 美德发展水平 | 公民素养 | 乐于助人 | 学生能主动、热心帮助有困难的同学，主动关心生病、心理不适的同学；乘车时主动给老、弱、病、残、孕等特殊群体让座；能主动关心家人，做力所能及的事 |
| | 人格品质 | 自尊自爱 | 学生自尊自爱，注意个人仪表，懂得尊重他人才能赢得他人尊重；能客观、正确地评价自己，对自己充满自信 |
| | | 自律自强 | 学生严格要求自己，学会自我克制；有明确的目标，认真做好规划；能够独立完成任务 |
| | | 尊重他人 | 学生尊敬老师，见面行礼，主动问好；不随意打断别人说话；未经允许，不随意进入他人房间；尊重同学意愿，不强迫他人 |
| | | 乐观向上 | 学生对待学习和生活有积极向上的态度；遇到困难不灰心、不失望，努力克服；与同学产生矛盾时不烦躁、不苦恼，能积极解决 |
| | 理想信念 | 爱国情感 | 学生热爱祖国，会唱国歌，认识国旗和国徽，升降国旗时肃立、脱帽、行注目礼或队礼；能积极学习和运用祖国的语言文字；热爱家乡，了解家乡的风土人情和家乡文化；热爱学校，了解校史和校园文化 |
| | | 民族认同 | 学生知道自己是中华民族的一分子，树立民族自豪感和自信心；了解民族优秀文化、民族历史，尊重各民族的风俗习惯 |
| | | 社会责任 | 学生在生活上自理，学习上自立，对自己负责；孝敬父母，认真学习，积极生活，尽量不让父母操心；认真做好值日；自觉遵守各项规章制度 |
| | | 集体意识 | 学生积极参加集体活动，为集体争光；能团结协作，共同完成任务 |

续表

| 一级指标 | 二级指标 | 考查要点 | 考查内容 |
| --- | --- | --- | --- |
| 美德发展水平 | 理想信念 | 人生理想 | 学生树立为中华民族的伟大复兴而努力学习的理想；有人生奋斗目标，并愿意为之努力奋斗 |
| 学习发展水平 | 知识技能 | 基础知识 | 学生掌握课程方案和各学科课程标准所要求掌握的基础知识 |
| | | 基本技能 | 学生掌握课程方案和各学科课程标准所要求掌握的基本技能 |
| | 思想方法 | 归纳总结 | 学生能够对自己的学习过程与结果进行分析、总结与反思，促进自身学习；初步理解同一学科和不同学科之间知识的关联性 |
| | | 实际运用 | 学生能在教师引导下，将掌握的知识、技能与生活实际相联系，做到活学活用 |
| | 实践能力 | 关注现实 | 学生能留心、留意身边事物，善于观察，勤于动手，用心思考，并提出自己的想法 |
| | | 参加实践 | 学生积极主动参加综合实践活动，在活动过程中获得积极的体验，能够指导学生今后的学习和生活 |
| | | 志愿服务 | 学生对志愿服务有一定的了解，树立服务他人的意识；积极参加力所能及的社会志愿服务活动 |
| | | 解决问题 | 学生能发现一些学习、生活中存在的问题，并且尝试提出解决问题的一些办法 |
| | 创新意识 | 独立思考 | 学生能对日常生活和社会实践中出现的事物或现象提出独立的见解，不受他人干扰，不随波逐流 |
| | | 批判质疑 | 学生能对日常生活和社会实践中出现的事物或现象求真至善，了解事情的真相；能够大胆提出自己的不同看法 |

续表

| 一级指标 | 二级指标 | 考查要点 | 考查内容 |
| --- | --- | --- | --- |
| 学习发展水平 | 创新意识 | 钻研探究 | 学生勤学好问，能与同伴合作探究、共同提高；做事专注，能够深入思考问题；愿意主动分享自己的研究所得；有敏锐的洞察力 |
| | | 疑难破解 | 学生能够不断尝试破解学习和生活中的难题 |
| 运动发展水平 | 身体健康状态 | 身体形态与机能 | 学生身高、体重、肺活量达到《国家学生体质健康标准》要求 |
| | | 运动能力 | 学生积极主动上好体育课，掌握适合自身条件的锻炼方法和运动技能，养成积极运动的习惯；相关体能测试成绩达到《国家学生体质健康标准》要求 |
| | | 视力状况 | 学生知晓并掌握预防近视的基本知识和要求，能控制使用电子产品的时间，科学用眼，注意书写姿势；坚持做眼保健操，有效控制视力不良率；能多参加户外运动，有效预防近视 |
| | 健康生活方式 | 知识技能 | 学生初步了解健康生活方式的内容及意义，掌握正确的个人卫生知识；理解合理膳食的意义，能判断并主动拒绝"垃圾食品"；知晓适量运动的意义；懂得戒烟、戒酒的必要性，自觉远离"二手烟"；了解与掌握安全应急、避险的知识与基本技能 |
| | | 生活习惯 | 学生能制定个人作息时间表并良好执行；养成良好的生活起居习惯，无不良嗜好；养成良好的饮食卫生习惯，远离有害食品；养成积极参加体育活动和自觉锻炼的习惯 |
| | | 文体活动 | 学生热爱文体活动，积极参加文体活动；每天确保体育锻炼一小时 |
| 艺术发展水平 | 艺术素养 | 基础艺术知识 | 学生理解和掌握音乐、美术等艺术课程标准要求的基础知识的情况 |

续表

| 一级指标 | 二级指标 | 考查要点 | 考查内容 |
|---|---|---|---|
| 艺术发展水平 | 艺术素养 | 基本艺术技能 | 学生理解和掌握音乐、美术等艺术课程标准要求的基本技能的情况 |
| | 艺术实践 | 校外学习 | 学生自主参加校外艺术学习、参与艺术实践 |
| | | 艺术特长 | 学生在学校现场测评中展现某一艺术项目的特长（包括声乐、器乐、舞蹈、戏剧、戏曲、绘画、书法等） |
| | 审美情趣及艺术修养 | 审美情趣 | 学生有一定感知美、欣赏美、发现美的倾向和能力；在日常生活中注意美的表现，做到行为美、语言美和仪表美；懂得欣赏和倾听 |
| | | 艺术修养 | 学生能尝试理解音乐、美术等不同学科所蕴含的美的要素；对自然美和艺术美具有初步的鉴赏能力，对社会思想行为的美与丑有基本的分辨能力 |
| 劳动发展水平 | 劳动价值观 | 承认劳动价值 | 学生承认劳动价值，即认为劳动是有价值的事情 |
| | | 尊重劳动个体 | 学生尊重劳动个体，即尊重任何层次的劳动工作者，平等看待社会各个阶层的人；能够认识到生活中的衣食住行离不开劳动人民的创造，劳动不易 |
| | 劳动技能 | 熟悉和使用简单劳动工具 | 学生熟悉简单劳动工具的用途和特点；懂得如何使用工具来提升劳动效率；主动、积极地使用相对应的劳动工具进行劳动 |
| | | 了解劳动常识 | 学生了解劳动常识，通过对劳动小常识的积累，促进对劳动内涵的理解，体会劳动对人类生存的意义 |
| | 劳动意识 | 勤于关注劳动 | 学生能够将事物与劳动相关联，意识到劳动能够解决问题，改变事情发展的动向 |

续表

| 一级指标 | 二级指标 | 考查要点 | 考查内容 |
| --- | --- | --- | --- |
| 劳动发展水平 | 劳动意识 | 自主参与劳动 | 学生自觉、认真地参加学校劳动；积极主动参与家庭劳动，为家庭成员分担劳动量 |
| | 劳动情感 | 劳动共情力 | 学生能够感受劳动者的辛勤劳作和劳动的价值所在，能与劳动者产生共情 |
| | | 劳动道德感 | 学生持有正确单纯的劳动动机，为了培养自身劳动素养而劳动；尊重劳动本身、劳动同伴以及劳动集体 |

### 三、关爱型学生的评价实施

关爱型学生评价是一项很复杂的系统工作，要使评价工作科学、有序和评价结果可靠、有效，必须遵循一定的实施步骤。我校关爱型学生的评价实施主要从制定关爱型学生评价方案、开展关爱型学生评选工作、宣传关爱型学生先进典型三个方面进行。

#### （一）制定关爱型学生评价方案

**1. 总体要求**

关爱型学生的评价实施以习近平新时代中国特色社会主义思想为指导，以培养德智体美劳全面发展的社会主义建设者和接班人为使命，坚持正确办学方向，树立科学成才观，建立面向全体学生、体现素养导向、强化过程体验、促进主动学习的小学生综合评价制度，形成实施素质教育的长效机制，促进学校切实转变育人方式，促进学生健康、全面发展。

**2. 基本原则**

（1）育人为本。

全面贯彻党的教育方针，尊重教育规律和学生身心发展规律，落实立德树人根本任务，关心每个学生，引导学生明确人生发展方向，使学生有理想、有本领、有担当，成长为德智体美劳全面发展的社会主义建设者和接班人。

（2）基于标准。

以课程标准为依据，围绕正确价值观、必备品格和学科关键能力，从认知、情感、社会性等方面建立健全评价标准，形成课程、教学、评价相一致的评价体系。

（3）多维多样。

多维度描述小学生成长过程和学习成效，评价内容丰富，评价方式适切、多样，评价主体多元，使评价成为促进学习、促进学生健康全面发展的重要手段之一。

3. 评价内容

小学生综合评价内容包括美德发展水平、学习发展水平、运动发展水平、艺术发展水平、劳动发展水平五个维度。每一个评价内容都有相应的二级指标、考查要点和考查内容。该评价体系是利用互联网平台软件和互联网的大数据，将学生在课堂学习生活、班级生活、校本活动、社会实践等方面的活动，整合学生自评与互评、任课教师评价、班主任评价，通过互联网提供的安全、快速、便捷的数据和网络计算服务，成为评价数据并呈现多元化显示学生核心素养的发展水平。

关爱型学生评价内容如下表所示。

**关爱型学生评价内容**

| 评价内容 | 考查要点 |
| --- | --- |
| 美德发展 | 行为习惯、公民素养、人格品质、理想信念 |
| 学习发展 | 知识技能、思想方法、实践能力、创新意识 |
| 运动发展 | 身体健康状态、健康生活方式 |
| 艺术发展 | 艺术素养、艺术实践、审美情趣及艺术修养 |
| 劳动发展 | 劳动价值观、劳动技能、劳动意识、劳动情感 |

4. 评价方法

新课程标准倡导保护学生的自尊心、自信心，在日常教学过程中要关注学生的个体差异，尊重学生，爱护学生，注重学生的动态发展过程。在评价过程中要积极发掘学生的内在潜力，不仅关注学习成绩，更应重视对其综合素质的评价。我校运用"互联网+"平台，创建了"慧成长"学生综合素质评价平台。我校运用该平台在学生进行综合素质评价的实践过程中，总结了以下几种多元化评价方法。

（1）即时性评价——数据库记录法。

在使用"慧成长"学生综合素质评价平台时，我校教师在日常教学中主要使用该平台的奖章和罚章对学生的行为表现进行及时评价,构建学生的日常形成性评价。教师可在该评价平台的教师端通过折线图、柱状图和雷达图查看学生某段时间的综合表现,每学期末还可通过学生成绩单发布终结性评价评语。班主任老师在进行评语时,注重抓住学生的优点和长处,多用鼓励性的语言,激发学生的潜能,注重评价学生德、智、体、美、劳方面的综合素质,帮助学生克服困难、保持积极健康的心态,使学生茁壮成长。

例如,肖伊(化名)是一个胆小、性格内向、不自信的孩子,上课时哪怕知道如何回答问题,也不敢举手发言。自从班级使用了"互联网+"平台,每节课快结束时,各科教师都会对本节课学生的表现进行一个总结,发言积极的学生,都会得到老师的奖章,而肖伊因为不自信,错失了很多机会,当看到同学们在屏幕前对奖章的情况议论纷纷时,她非常失落。班主任老师利用课间时间找她谈心,开导她、鼓励她,并在上课的时候点她回答问题,回答对了,给予表扬,回答错了,也肯定她的积极发言,在课堂小结时,再次表扬她。班主任老师利用"互联网+"平台给她发奖章,给她发鼓励评语"你大胆举手、大声回答问题的样子真好看,希望你能一直这么自信"……她兴奋得一下课就赶紧去查看积分、评语。慢慢地,肖伊的奖章积分不断增加,人也变得越来越自信了。学期末,班主任老师给她进行了终结性评价,肯定了她一学期的变化,给了她莫大的鼓励。

(2)即时性评价——奖章激励法。

学校鼓励教师在日常教学活动中多观察学生的注意状态、参与状态、交往状态、思维状态、情绪状态、生成状态等方面,并随机作出适当的评价。除了班级教师参与评价,学校管理者也参与对学生的评价,在校内看到学生的文明行为或者有好人好事会及时进行奖章鼓励。我校德育部门还会积极组织主题活动,促进学生的核心素养发展。比如,我校建立了"孝道、修德、公正、责任、感恩、诚信、友善、爱国、宽容、励志"的十大教育主题,这些主题是学校德育教育工作的载体,实行每月一主题、每月一实践、每月一评价、每月一总结,取得良好效果。与之相匹配的是,我校在德育主题活动期间,教师也会积极配合主题活动,重视学生核心素养的发展。

(3)生成性评价——电子档案袋法。

美国著名学者斯塔弗尔比姆曾说过:"评价最重要的意图不是为了证明,而是为了改进。"[1]传统的教学评价对学习者的消极评价多于积极评价。例如,对待学生总是否定、指责、灌输、强求、重分数,很少对其进行肯定、表扬、启发、帮助。传统的教

---

[1] 林岩. 班主任工作的策略与艺术 [M]. 北京:教育科学出版社,2011.

学评价只是为了完成评价任务而评价,完全忽略了评价对学生的促进作用。电子档案袋评价以评价促发展为基本理念,使学生不仅可以积极地参与评价标准制定的过程,还能够用自己制定的标准指导自己主动去学习,学习效果显著提高。

我校除了日常利用奖章和罚章来对学生进行及时、实时评价外,还会为每一个学生创建一个属于他们自己的电子档案袋。电子档案袋评价,是一种用代表性事实来反映学生情况的评价方法。在信息技术教学中采用电子档案袋评价,能真实地记录学生在信息技术学习过程中的成长足迹,督促学生经常自我评价,反思学习方法,培养学生学习的自主性和自信心,促进综合素质的发展。

电子档案袋评价打破了教师片面评价的局面,评价的主体是教师、学生和家长,可以从不同的角度对学生进行评价。通过电子档案袋,可以看到学生的成长轨迹,便于教师来分析学生的成长情况。

电子档案袋是一种面向过程的评价方式,它贯穿整个学习过程,记录了学生的整个成长历程,实现了学习、课程和成果一体化评价,不再脱离课程和学习对学生展开评价。[1]

我校鼓励教师结合其所带班级的具体情况为学生创设不同的电子档案袋。例如,有的学生在学习方面优势比较大,教师引导学生选择建立以"我的学习进步了"为主题的电子档案袋;有的学生兴趣广泛,教师引导学生选择建立以"我的兴趣爱好"为主题的档案袋。通过创设不同的电子档案袋,让不同类型的学生都体验到成功的喜悦、成长的快乐,且容易反思,争取更大进步。

**5. 评价结果呈现**

(1) 等级呈现。

采用分项等级、客观记录或评语的方式进行评价,等级表达可以多样化,体现激励诊断功能。学业水平的等级可分为四个,其他指标的等级可分为三个。教师评语注重对学生学习过程的观察、记录和分析,客观体现学生个体的典型表现和发展变化,突出激励和指导。学校分年级或分学段制定等级操作标准,避免简单地用笔试成绩等方式划分等级。

(2) 等级比例。

分项等级评价的等级比例应根据学生达到课标要求的差异和学习激励的需要来确定。如果需要进行学科总评,等级比例由学校根据本校实际情况确定优秀比例,

---

[1] 胡水星. 教师大数据应用学习[M]. 杭州:浙江教育出版社,2016.

实行总量控制。一、二年级优秀比例不低于95%,三、四年级优秀比例不低于90%,五、六年级优秀比例不低于85%。

（3）综合报告。

各班级可以进行创造性设计与运用,建立学生电子档案袋,全面呈现学生发展状况和努力方向,引导家长树立科学的质量观。

### （二）开展关爱型学生评选工作

#### 1. 评选目标

为促进学校学生多元化、个性化发展,树立学校学生优秀典型示例,彰显榜样力量,培养高素质人才,依据吴家山第四小学关爱型学生评价指标和内容,开展吴家山第四小学关爱型学生评选工作。

#### 2. 评选流程和方法

（1）民主推荐。

各班根据关爱型学生评比指标和内容,结合班级实际情况,每学期期末,由学生自荐,班主任、科任教师、家长委员会民主推荐产生候选人。全体学生均可参加,按班级学生人数的10%左右确定候选人;候选人事迹在800字左右,能突出候选人特色。

（2）班内公示。

班主任将民主推荐的关爱型学生基本情况及优秀事迹在班内进行公示,并号召全班学生向身边的榜样学习。

（3）呈报审批。

班主任将师生公认的关爱型学生候选材料上报德育处,由德育处组织校级推评小组,对申报材料分学段进行审核认定,并将入围名单放置于吴家山第四小学公众号进行公示。

（4）认定表彰。

经学校复核、公示结束后,对获奖学生予以通报,并颁发证书,将选评出来的优秀学生事迹编制成册进行宣传。获得年度关爱型称号的学生,其当年的综合素质评价直接评定为最高级,每一类推评中得分靠前的学生直接推荐当年度区级优秀中小学生典型。将组织推评工作较好的班级纳入年度有效德育五星评价。

#### 3. 评比比例和要求

（1）加强领导,务求工作平稳有序推进。

各班要切实加强该项常规评选工作的组织领导。

（2）坚持标准，确保评选质量和信度。

各班要坚持实事求是的工作原则，严格对照评选标准，切实做到程序公平、过程公正、结果公开。推评前，德育处教师须向师生公布推荐名额、推评条件、推评程序和推评工作纪律。推评过程中，要严格执行公示制度，广泛征求师生意见，确保评选工作信度。凡弄虚作假、营私舞弊者，一经查实立即取消资格，所分配名额作废，并在全校通报批评；情节严重者，要追责相关责任人。

（3）把握进度，认真做好推荐申报工作。

各班级要认真组织优秀班集体名册的填报工作，并于规定时间内将推荐表名册电子版发至指定邮箱。推荐名额要严格按照比例分配进行上报，不得多报。逾期不报或上报不符合要求的，则视为自动弃权。

### （三）宣传关爱型学生先进典型

榜样的力量是无穷的。学习和宣传先进典型是我校的优良传统，是开展德育工作的重要途径与方法。先进典型是实践关爱型学生的模范，具有很强的感染性、导向性和激励性。学校深入挖掘先进典型的事迹，积极发挥各类宣传媒体的作用，全面、主动、及时、持续地做好宣传。

#### 1. 拓宽宣传广度

第一，拓宽宣传对象广度。对于宣传对象这一主体，要结合我校关爱型学生的评价指标，加大对美德、学习、运动、艺术、劳动领域先进典型示例的宣传，弘扬和践行社会主义核心价值观，传播正能量。例如，在社会实践、志愿服务、文艺演出、舞蹈书法、学习能力各项比赛等方面取得优异成绩的先进典型。

第二，拓宽线上宣传广度。随着网络信息技术的蓬勃发展，新媒体的及时性、海量性、共享性等特征促进了传统传播方式的巨大变革，深刻地影响了学生的学习与交往方式，为关爱型学生先进典型的宣传创造新途径。学校可以运用人人通、QQ群、微信群、微信公众号、微博、抖音等网络宣传媒介，扩大宣传范围，加快传播和更新的速度。学校将学生先进典型事迹发布在学校官网上，增强先进典型学生的自信心、荣誉感和成就感，同时也会激发同学们努力向榜样学习的动力。学校官网发布先进典型事迹后，还要想尽一切办法将新闻链接及时转发给学生，提升学校榜样在学生群体中的关注度。

第三，拓宽线下宣传广度。学校可以通过学校公示栏、班级展示栏、班级简报、宣传册（如海星物语）、先进典型宣讲会等方式进行宣传。教学楼、图书馆、实验室、运动场、校园主干道、办公楼等区域是学生最常去的地点,在这些建筑物人流量大、醒目的位置张贴学生先进典型宣传海报和光荣榜,从线下渠道有力提升先进典型的影响力。另外,还可以在学校主干道上悬挂传统横幅或者安装LED滚动电子屏来宣传学生先进典型。除此之外,还有先进典型事迹报告会、交流讲座、表彰大会、校园报纸、校园文创作品等渠道可以对学生先进典型事迹的宣传。

2. 挖掘宣传深度

第一,线下经验分享。学校可以组建学生先进典型宣讲团,有主题、有计划地举行先进典型线下宣讲、分享、交流活动。例如,学校可以在寒暑假期间发布新学期学生先进典型宣讲活动计划安排表,在线征集学生对宣讲活动的意见和建议,以及想了解的先进典型的先进事迹等。学生通过与先进典型学生面对面交流、深入互动的方式,深度挖掘先进典型学生背后的深层内涵,让学生可以从先进典型学生身上学习更多优点。

第二,线上直播互动。后疫情时代,线上学习成为线下学习的有力补充方式。学校可以邀请学生先进典型到启智厅直播间做客,通过云上直播的方式,与全校学生进行互动。学生可以在直播间发送弹幕,了解他们关心的问题。线上直播互动的显著优势是可以覆盖全校所有学生,并且互动效果好,不受场地、空间、时间、天气等客观因素限制。所以,学校可以采取线上直播的方式加大对先进典型的宣传深度。

第三,先进典型事迹展示。将深度挖掘的学生先进典型事迹通过微信公众号、学校官网、人人通、宣传栏等多种渠道进行充分展示。学校可以构建宣传格局,加强各个宣传平台之间的互联互通,将学生先进典型事迹同步转发到所有宣传平台,确保学生先进典型的光辉照耀校园的每个角落。

3. 加强宣传力度

第一,宣传形成品牌。宣传的潜在性决定了学校的宣传工作要持续不断地开展,要加快线下、线上学生先进典型事迹的更新周期,确保宣传工作持续进行。定期班级简报、定期宣传栏、定期公众号等推送,形成固定品牌效应。如每学期的"百强"小海星、学习型家庭、吴家山第四小学公众号专栏"少先队""红领巾讲解员""未来小作家""小海星读书分享汇""假期活动展示""临空雏鹰群像速写"等。新媒体时代,信息更新速度加快,需要不断激励学生,让学生在不知不觉中接触学生先进典型事迹,在潜移默化中学习先进典型事迹。

先进典型宣传栏1个月左右就要更新一次,充分展示不同类型学生的先进典型。教学楼、图书馆、宿舍、食堂、实验楼、学生活动中心等场所要同步进行宣传;微信公众号、学校官网等线上宣传渠道一个星期左右就要更新一次先进典型事迹。

学校网络评论员队伍要对相关先进事迹的网络作品做好正面积极的评论。学生宣传委员要积极转发相关先进典型事迹到学生QQ群、微信群、家长群。班主任、科任老师等要对先进典型事迹及时进行点评、点赞、转发,做到全方位加强对学生先进典型的宣传力度,凝聚强大的宣传力量。

第二,强化同辈宣传。学校可以展示典型学生的人人通、QQ空间,让其他学生能够看到真实的学生典型示例,通过互动交流,达到平等对话、成长共助和朋辈影响。学生还可以看到这些典型学生和自己是一样的,既有优点,又有该年龄的青春与稚嫩;既有成功的欢笑,又有失败的迷茫、无助与抗争。总之,在先进典型宣传的过程中切忌过度包装。

综上所述,加强宣传关爱型学生先进典型不仅可以激励学生效法榜样,还可向他人提供现成的活动方式,并使之成为许多人的行为规范。[1]洛克认为,榜样比任何事物都更能温和而深刻地渗入人们的内心。[2]关爱型学生先进典型不是脱离学生群体的"另类",也不是高不可攀的。广大学生能够感受到身边先进典型的真实性和亲切性,更容易引起心理上的共鸣,先进典型的影响力也更容易发挥出来。

## 第三节 关爱型学生的优秀案例

### 一、关爱型学生的群体画像

关爱型学生群体分为以下五大类。

(1)爱美德学生群体通常是孝敬父母,尊敬师长,善待同学,关心集体;助人为乐,积极参加志愿和公益活动;诚实待人,信守诺言,拾金不昧,尊重他人;具有良好的日常行为习惯和道德品质的学生。

(2)爱学习学生群体是会学乐思,有为"中国梦"而努力学习的志向,具备较强的学习能力和团队合作意识;热爱读书,每天坚持阅读半小时,知识广博,积极参加各级各类读书活动;热衷科学探究和创造发明,或创造出具有科学性、独特性、实用性、借鉴性和推广价值的学生。

(3)爱生命学生群体有良好的运动习惯,不攀比消费,不浪费资源,身心健康、

---

[1] 李水海.世界伦理道德辞典[M].西安:陕西人民出版社,1990.
[2](英)约翰·洛克.教育漫话[M].北京:人民教育出版社,2005.

和谐发展,焕发生命活力。

（4）爱艺术学生群体有健康的审美观和良好的艺术修养,展现向真、向善、向美的校园文化。

（5）爱劳动学生群体能自己的事情自己做,家庭的事情帮着做,学校的事情积极做,有正确的劳动价值观和良好的劳动品质。

## 二、关爱型学生的典型个案

### （一） 爱美德学生的典型个案

（1）杨××,男,吴家山第四小学五年级(7)班学生,语文科代表。

【个人事迹】

放学回家,第一时间完成老师布置的作业。他热爱学习,从不迟到早退。上课时,他认真听老师讲课,积极举手发言,一丝不苟做笔记;放学后,他回到家做的第一件事就是认真写作业,自主复习,很少出去玩,就像一只勤劳的小蜜蜂。

功夫不负有心人,他的学习成绩连续多年一直保持在班级前列,深受老师和同学的赞赏,是同学们的学习榜样。

**诚实守信,犯错后主动承认并勇于承担责任**。他是诚实守信的好孩子。某个周末,他在小区的篮球场打篮球,一不小心砸碎了一辆汽车的反光镜。身边的同伴说:"趁车主不在,我们赶快跑吧!"但他没有跑,抱着篮球到物业办公室寻求帮助,物业的工作人员帮他联系到车主。回到家,他把事情的起因经过告诉了父母。

门铃响起,来了一位穿着朴素的叔叔,杨××赶紧走到叔叔面前认错:"叔叔,对不起,我不是故意的。"说完,他把早已准备好的零钱,整整齐齐地交到叔叔的手里。叔叔说:"好孩子,这钱我不能收,是叔叔不好,不该把车停在球场旁,影响你们打球。"

**拾金不昧,他是充满爱心的阳光少年**。他是个拾金不昧的好孩子。暑假的某一天,天气炎热,他向妈妈要了两元钱去超市买雪糕。当他接过雪糕正要离去时,看见地上掉了十元钱,他赶紧捡起来,走到爷爷面前说:"爷爷,您掉了十元钱吧?"爷爷看了看钱袋数了一下,说:"是的,是我掉的。"爷爷接过钱说:"多谢你,小朋友。"

**他是个有爱心的好孩子**。在家里,他尽可能做一些力所能及的家务,自己的事自己做;在学校,他积极参加各种社团活动和爱心公益活动。看到路边有垃圾,会主动捡起来扔到垃圾桶里,他还经常收集家里的旧衣物捐给爱心家园。

**【个人荣誉】**

2021—2022学年"传承红色基因 书写经典诗词"吴家山第四小学硬笔书法比赛,荣获一等奖。

2020年第二届荆楚小书法家大赛,荣获一等奖。

2020年东西湖区中小学优秀艺术小人才比赛,荣获硬笔书法二等奖。

2020年东西湖区档案馆、区教育局举办爱国主义教育系列活动"少年说"寄语书信类大赛,荣获优秀奖。

2018—2019学年被评为校级"红色百强小海星"少年。

(2)梁××,男,吴家山第四小学六年级(3)班学生,宣传委员,学校少先队大队长。他积极响应少先队的号召,努力践行队章的要求,积极参加少先队的各项活动。从"红领巾志愿者"到学校少先队代表大会(简称校少代会)发言,再到获得区级"临空雏鹰"的称号,他样样不落,起着模范带头作用。

**【个人事迹】**

**公益服务记心间。**疫情期间,他跟着妈妈到单位值班。他看到妈妈单位往日干净的地面全是树叶,便主动找来扫把开始清理,不一会儿手上起了几个大水泡,妈妈让他休息一下,可他却咬牙坚持。每年学雷锋日,他都到社区做义工;积极参与校外活动,2022年暑假到社区宣传防溺水知识。

**传统美德记心田。**他在生活中处处以身作则,给同学树立榜样。学校五年级的一位同学得了骨癌,他回到家把自己的存钱罐砸了,捐赠了存钱罐里所有的钱,并且号召妈妈一起捐款。疫情期间,邻居孩子没有作业本,他主动把自己的作业本送给他们。他说,每当帮助完他人之后,看到他人露出开心的笑容时,他心里就像吃了蜜一样,将所有的烦恼都抛在脑后。

**文化艺术小达人。**他不仅学习成绩优秀,还积极参加各类集体活动,在活动中培养友爱精神,陶冶身心,健康成长。

作为一名新时代的少年,他知道无论做什么事情,只要有恒心、有毅力,就一定会成功。他一直坚信"少年强则国强",要做就做最好的自己!

**【个人荣誉】**

2022年区级艺术小人才声乐比赛,荣获小高组一等奖。

2022年获武汉市普通中小学"优秀学生"称号。

2022年获武汉市"红领巾奖章"三星章个人。

2021年获湖北省"红领巾奖章"四星章个人。

2021年获第二十二届"武汉市优秀少先队员"光荣称号。

2021年获武汉市"红领巾奖章"三星章个人。

2021年《我爱科学》在武汉市第八届中小学生科普征文活动中,荣获优秀奖。

2021年"少年中国说"寄语活动,荣获书信类一等奖。

2021年区级合唱比赛,荣获一等奖。

2021年荣获区级第五届"临空雏鹰"之助人之星称号。

2020年区级艺术小人才声乐比赛,荣获小中组一等奖。

2020年区级合唱比赛,荣获一等奖。

2020年参加区"新时代好少年－美好生活－劳动创造"主题活动,荣获读书演讲二等奖。

2020年获第36届"楚才写作大会"主题征文三等奖。

2020年获第四届《小小外交家》武汉市三等奖。

### (二) 爱智慧学生典型个案

(1)吴××,女,吴家山第四小学五年级(3)班学生,少先队员,学习委员。

**【个人事迹】**

"林花着雨燕支湿,水荇牵风翠带长。"伴随着鸟儿的欢声歌唱与拂面而过的温柔春风,她怀着愉悦的心情在这美不胜收的季节中参加"目标大使"的评选。她来自武汉市东西湖区吴家山第四小学,目前在五(3)中队担任学习委员一职,是一个积极向上的女孩。

**立志向,有梦想。**种子的希望是幼芽,蓝图的希望是塔架,是红日就要喷薄而出,是雏鹰就要展翅翱翔!当她每每想到屠呦呦、钱学森、袁隆平等榜样作出的杰出贡献时,她内心为国争光的欲望便愈发热切,因为他们都是她一生值得学习的榜样。不仅如此,她也自觉加强自身知识的学习,积极参与体育锻炼,传承红色基因,延续共产党人的精神,勇于担当民族复兴大任。勇敢坚毅,不屈不挠,以实现中华民族伟大复兴为己任,培养自己的志气与骨气,不负时代,不负韶华,锤炼坚强意志,修养高尚品行,端正学习态度,培养良好习惯,用青春成就青春,用拼搏创造锦绣前程。

**定目标,促达成。**作为新时代的武汉"目标大使"之一,"长风破浪会有时,直挂云帆济沧海"是她的座右铭。她有良好的时间规划意识,为使目标达到自己的预期,在做事之前制定计划,分清事情的轻重缓急,按部就班、循序渐进地完成计划。这也培养了她缜密的思维方法、良好的思维习惯。不仅如此,在学习上她也严格要求自己,及时为自己阶段性的学习成果进行评估与分析。在此之后,订立相应的成绩目标。例如,当她第一次取得班级第一时,她能够总结成功经验,寻找自己还可以改进的方向，从而在年级中角逐更高的位置。她把学习看作是循序渐进的过程，相信有了良好的学习习惯与追求目标，在今后的日子里她能够勇斩荆棘，突破自我，取得更好的成绩！

她热衷于阅读书籍，就读书而言，便是她做事有规划性的良好体现。她总是先将课内书本之精华吸收之后，再去涉猎各类课外书籍。不仅如此，每周她都会为自己量身定制读书目标，在书籍的海洋中畅游是她学习生活中的一大乐趣。正如宋朝诗人苏轼所言："粗缯大布裹生涯，腹有诗书气自华。"书，陶冶了她的性情；书，丰富了她的知识；书，开阔了她的视野；书，给予了她人生的启迪。她坚信，以书相伴，人生就会有大不同。在阅读书籍中，她学会通过分析、想象、概括、推理等有规律的思维活动总结规律，最终起到事半功倍的效果。每每当既定的读书目标完成时，成就感便油然而生。

书就像一把金钥匙，为她打开知识宝库的大门；书就像一轮炽热的太阳，为她照亮美好的前程。

**有恒心，不放弃**。人生是一条曲折弯曲的道路，大家需要有跨急流攀险峰的胆魄和全力以赴达理想彼岸的决心。若是遇到荆棘和坎坷就轻易退却，遭受泥泞和伤痛就放弃，那么这些人将永远无法到达存在诗和远方的彼岸。

她常用"为中华之崛起而读书"这句话来鞭策自己。听过梁启超"少年强，则国强；少年富，则国富；少年屹立于世界，则国屹立于世界！"的雄伟壮词后，她心中的奋斗之魂便燃烧得更加炽热。面对困难，她总会开动脑筋，着力解决。在遇到繁杂的任务时，她会寻找问题所存在的共性，并结合其特点有的放矢地逐个击破，使得效率大大提高，从而解决生活中的诸多难题。

作为当代少年，必须责无旁贷高举中国特色社会主义伟大旗帜，高擎五四精神火炬，用青春的臂膀勇敢地肩负起民族复兴的重任，为此她时常磨砺自身，学习他人可贵事迹，培养自己遇到困难永不言弃的精神。做到面对挫折困苦不怨苦累，勇挑重担。

**勤努力，结硕果**。在努力学习提升自己之余，她也领悟了更多人生哲理，同时发扬热爱祖国、尊长爱幼、谦虚礼让等中华民族的传统美德，争做"目标大使"，发扬自身好习惯，做大家的好榜样，努力在今后的日子里为祖国增光添彩。

**【个人荣誉】**

2020—2021学年度武汉市普通中小学优秀学生。

2021年获武汉市"红领巾奖章"三星章个人。

2021年获武汉市第十三届学校艺术节优秀文艺节目合唱二等奖。

2021年获东西湖区红领巾奖章个人二星章。

2021年荣获区级第五届"临空雏鹰"之乐学之星称号。

2020年东西湖区档案馆、区教育局举办的"少年说"爱国主义教育系列活动荣获书信类二等奖。

2020年获东西湖区校园合唱一等奖。

2020年获第36届"楚才写作大会"暨"学习强国"三等奖。

（2）魏××,女,吴家山第四小学五年级(6)班学生,少先队员,学校少先队大队长。

【个人事迹】

魏××是东西湖区吴家山第四小学五年级（6）班的一名少先队员。她性格开朗、勤奋好学、心地善良、乐于助人,是老师的好帮手,同学的好朋友。她兴趣爱好广泛（如阅读、播音主持、游泳等）,最喜欢阅读。

**以书为友,每天坚持阅读一小时**。牙牙学语时,爸爸妈妈就把她领进了书的世界。从那时起,她便爱上了阅读。

从简单的画片书、经典的中外绘本（如《小年兽来吃团圆饭》《松鼠的南瓜马车》《博物馆里的奇妙中国》等）,到学习认字后有趣生动的哲理故事《中国古代寓言故事》《成语故事》《中国古代神话故事》等）,每每阅读这些书籍都让她深深地感受到古代劳动人民的智慧。

长大后,她开始阅读外国文学作品（如《汤姆·索亚历险记》《爱的教育》《格列佛游记》《海底两万里》《时代广场的蟋蟀》《塔克的郊外》等）。她徜徉于书海里,被每一本书中的精彩环节所吸引,被每一位主人公的独特品质所感染。她畅游在书的海洋里,以书为友、读书明理,坚持每天阅读一小时。

**崭露头角,她是学校广播台"金牌"主持**。如果说阅读是享受文字的乐趣,那么主持就是感受音调的美妙。新生入队仪式、星期一升国旗仪式,她都是活动的"金牌"主持。

"在主持的过程中,我发现从书籍里积累的知识竟然与主持产生了共鸣,书里的丰富情节让我在主持活动时更加得心应手。"她说,在实践中感悟,在感悟中成长,充分领略阅读的魅力。

在老师和父母的指导下,她参加了2020年第36届"楚才写作大会"并荣获三等奖,这给了她很大的鼓励,激励她不断学习知识。同年,她参加了WMO世界奥林匹克数学竞赛（中国区）湖北赛区选拔赛,荣获三年级组三等奖。2021年,她在东西湖区区级艺术小人才（综艺）——朗诵组的比赛中,荣获二等奖。

**无私奉献，她尽力为班级赢得多项荣誉。** 她积极参加班级、学校组织的各种课内外活动，也获得了很多班级、校级的各类奖项。

她因为优异的表现，当选学校宣传部副部长，她严于律己、尊敬师长、团结同学，为同学做服务工作，为班级赢得集体荣誉做出最大的努力！

生活中，她享受和朋友在一起的时光，跟朋友一起游泳、弹琴、唱歌，同学之间产生了矛盾，她总是积极主动调解。平时，她主动帮助父母做力所能及的家务，是做家务的小能手。

"在老师和父母的关爱下，我度过了五彩缤纷的童年。"她说，"不积跬步无以至千里，不积小流无以成江海。未来，我会继续用心去体验，用笔去书写，用情去感悟，书写属于自己的美好明天。"

【个人荣誉】

2023年参加第36届"楚才作文大会"暨"学习强国"学习平台"爱国情·强国志·报国行"主题征文活动（湖北地区），荣获三等奖。

2022年参加东西湖区区级艺术小人才（综艺）评选，荣获二等奖。

2022年获吴家山第四小学"红色百强小海星"乐学之星。

2021年参加吴家山第四小学硬笔书法比赛，荣获四年级组三等奖。

2021年参加吴家山第四小学四年级组数学口算比赛，荣获一等奖。

2021年获吴家山第四小学"学习型家庭"。

2020年参加第24届WMO世界奥林匹克数学竞赛（中国区）湖北赛区选拔赛，荣获三年级组三等奖。

### （三）爱生命学生典型个案

（1）张××，男，吴家山第四小学六年级(2)班学生，少先队员，体育委员。

【个人事迹】

**喜欢安静地阅读，自觉刻苦地训练。** 他是一位性格开朗、热爱运动的阳光男孩。在课堂上专心听讲，积极回答老师提出的问题，认真完成老师布置的作业。

他热爱阅读，每天都会抽出时间来阅读，阅读的书籍包括《钢铁是怎样炼成的》《水浒传》《十万个为什么》《鲁滨孙漂流记》《小王子》等中外名著。莎士比亚说过："生活里没有书籍，就好像没有阳光；智慧里没有书籍，就好像鸟儿没有翅膀。"书就像一把钥匙，打开智慧的宝箱。阅读让他懂得了许多道理，开阔了视野，陶冶了性情。

他积极参加校内外运动（如游泳、乒乓球、轮滑等），在各类运动中他最喜欢的是武术，在武术方面颇有建树。

健康是"1",健康以外的所有东西是"1"后面的"0"。如果"1"没有了,那么所有的"0"也就没有了意义。他明白"我运动我健康"的益处,知道锻炼是保持健康的关键。

**带领同学一起锻炼,运动场上奋勇争先。**作为班级的体育委员,他积极锻炼、刻苦练习。在学校运动会上,他积极参加多个项目的竞争,为班级赢得荣誉。他平时积极参加学校组织的社团活动,如参加武术班的训练时,对武术动作反复揣摩、练习,直到掌握为止;在武术比赛的赛场上,他全力以赴、奋勇争先。

体育训练需要坚强的毅力,使得他在体育课和课外活动中与同学一起积极锻炼。

他说,虽然体育锻炼占用了一些学习的时间,但自己会合理地安排学习和训练的时间,成为一名优秀、快乐、健康的好学生。

【个人荣誉】

2020年在东西湖区"新时代好少年－美好生活－劳动创造"主题教育读书活动朗诵比赛中,荣获一等奖。

2020年在东西湖区中小学生速度轮滑锦标赛中,完成所有项目比赛。

2019年在"迎国庆迎军运"东西湖区全民健身运动会第九届武术大会暨第十八届老年人运动会武术比赛中,荣获初级三路二等奖。

2018年在"与军运同行临空港首届全民健身运动会武术大会"中,荣获初级三路长拳、传统棍术第四名。

2018年在湖北省第二届武术馆校比赛中,获得男子B组初级三路长拳二等奖。

2018年在武汉市第三届中小学生"六一杯"武术比赛中,荣获男子小学组三路长拳一等奖。

2017年在东西湖区第七届武术大会暨第十六届老年人运动会武术比赛中,荣获初级拳(男子)第一名。

2017年在武汉市第二届中小学生"六一杯"武术比赛中,荣获五步拳一等奖。

(2)徐××,女,吴家山第四小学四年级(7)班学生,少先队员,语文科代表。

【个人事迹】

生命在于运动,她从小就对运动产生了一种特殊的感情。她从4岁开始,就在轮滑俱乐部进行轮滑的训练,从4岁到10岁,一直坚持练习,未曾放弃,如今的她早已是校速滑队的主力队员了。

**万事开头难,体能训练打好运动基础。**运动不仅仅只是跑跑跳跳,如果没有平日里高强度的训练,哪里会有赛场上一较高下的实力,她其实底子不算很好,个子不高,身体协调性也较差,但就是有一股子不怕苦、不服输的拼劲,别人在休息的时候她在训练,别人在训练的时候,她更是付出的比其他人多得多,日复一日、年复一年,她在轮滑队苦练了三年体能,真正把身体素质提高到了一个小小运动员的标准。

**勤能补拙,"笨鸟"也要展翅蓝天。** 其实她刚开始学轮滑的时候,教练讲的一些动作要领,她都是脑袋记住了,练习时手脚却不听使唤,属于那种"笨鸟"范畴,但是她坚信勤能补拙,"笨鸟"也要在天空中翱翔,为了赶上那些"天才",她只能通过自己百倍的训练和千倍的努力,去换取和对手"公平"竞技的实力,在休息时一遍又一遍地练习着动作要领,在课间揣摩教练的口诀,就连吃饭睡觉的时候也在琢磨,梦里还在训练着脚部动作。

**严格要求,不断突破自己的极限才是运动的真谛。** 运动员的极限并不是在运动场上取得第一名,而是在不断地超越自己、突破自己,她就是这种执着地把自己作为对手的人,每年夏天的轮滑集训,她都积极参加,告别了围着自己转的家人,背上行李,住进集体宿舍,顶着40 ℃的高温去突破自己,脚上磨破了皮从未在教练和家人面前说个"不"字,贴上创可贴继续在训练场上飞驰,可能只有这样,才会忘记腿上的疼痛,也才能在比赛场上有追赶自己影子的资格吧。

【个人荣誉】

2022年参加武汉临空港经开区(东西湖区)"喜迎二十大·童绘临空港"第32届少儿书画大赛,荣获少儿绘画组三等奖。

2022年荣获吴家山第四小学"红领巾奖章"一星章。

2021—2022年下学期吴家山第四小学百强小海星"运动之星"。

2022年第一届"启旋杯"少儿A组第一名。

2021年度吴家山四小小海星速滑队"潜力之星"。

2020年东西湖区中小学生速度轮滑锦标赛少儿女子丙组500米决赛第一名。

(四) 爱艺术学生典型个案

(1)雷××,女,吴家山第四小学五年级(4)班学生,少先队员,先后担任学习委员、语文科代表、文艺委员等职务。

【个人事迹】

**博学于文,约之以礼。** 在学校,雷××时刻以《小学生守则》约束自己的言行,尊师守纪,团结同学,热爱劳动。

作为班干部,她是老师的好帮手,也是同学们的知心好朋友。每次布置劳动任务时,她都带领同学们认真完成,脏活、累活自己带头干、抢着干,毫无怨言。

她孝敬长辈，帮助父母做些力所能及的家务，并制定了按日期、区域分配的计划表，家里偶尔多开一盏灯、浪费一点水，她都会及时提醒。

她尊敬邻里，文明礼貌，深得街坊邻居的喜爱。她常常把自己的课外书和衣物整理出来，送给有需要的小朋友。

她不光是乖巧懂事的好孩子，还是一个有爱心的"小大人"，从书本上学到关于环保的知识后，她会经常给身边的人科普——地球是人类的母亲，大家要爱护她。遇到有人乱扔垃圾，她总是主动捡起来扔进垃圾箱，尽自己最大能力保护身边的环境。

**勤奋好学**，**全面发展**。书山有路勤为径，学海无涯苦作舟。对待学习，她勤学善思，自强自立，崇尚科学。

课前，她有目的地进行预习。课堂上，带着问题听讲，敢于提问，善于质疑；课后，能够及时地复习巩固，温故知新。她通过不懈的努力，取得了优异成绩，为同学树立了榜样。

她喜欢阅读，经常把自己读到的名人故事、历史故事、文学作品、童话故事、唐诗宋词等分享给身边的同学。

她活泼开朗，能歌善舞，全面发展，多次在国家级啦啦操比赛、绘画比赛中获得好名次，为学校赢得荣誉。她积极参加校内外活动，在学校文艺汇演、运动会等活动中，充分发挥自己的特长，是一个德、智、体、美、劳全面发展的学生。

**弘扬传统文化**，**传承红色基因**。父母的言传身教，使她从小就喜欢读红色书刊、听革命故事，她深知红领巾是革命前辈用鲜血染成的，代表着中华民族的英雄气概，代表着中华人民坚强不屈的精神。

她经常利用闲暇时间将自己听到的革命故事讲给同学听，让大家了解陈独秀、李大钊、董必武等革命前辈的革命事迹，通过自己的行动，让红色基因不仅在自己的身上开花，更像蒲公英那样散播出去，传承开来。

作为一名年仅11岁的孩子，她学习、生活和成长的道路还很长。她说，会坚定信念，听党话，跟党走，严格要求自己，做一个谦逊、诚恳、坚强的好少年，展现新时代好少年的风采。

【个人荣誉】

2022年获武汉市少先队知识竞赛三等奖。

2021年爱国主义教育系列活动"少年说"绘画类一等奖。

2021年全国啦啦操竞赛（俱乐部混合组）花球规定动作第二名。

2021年全国啦啦操竞赛（俱乐部乙组）花球规定动作第一名。

2021年全国啦啦操竞赛（公开儿童乙组）花球规定动作第一名。

2020年被评为武汉市"优秀学生"，东西湖区"临空雏鹰"，校级"百强小海星"及"学习标兵"等荣誉称号。

2020年荆楚小书法家大赛优秀奖。

2020年武汉市青少年体育竞赛有氧徒手健美操第二名。

（2）李××，女，吴家山第四小学五年级(5)班学生，少先队员。

【个人事迹】

**乐观开朗，勤学善思**。少年易老学难成，一寸光阴不可轻，知识是一切行动的垫脚石。李××学习刻苦认真，坚持课前预习，课上认真听讲、踊跃发言，课后及时复习，养成良好的学习习惯，被评为校级"小海星学习标兵"。

她时刻充满激情和上进心，力求掌握每一个知识点，常常在与同学们研讨学习方面的问题时争辩得面红耳赤，有时甚至为解决一道难题，反复琢磨到凌晨才睡，在学习中迎难而上，不断提升自我、挑战自我、突破自我。

学习之余，她喜欢广泛阅读书籍，无论是天文地理、历史文学、经典名著还是童话故事，她都会认真地阅读。良好的读书习惯，使她对身边事物有更加理性和深刻的认知，开阔了眼界，也提高了她的写作水平，作文多次作为优秀作品纳入班级作品集。

她坚持用知识来充实自己，有着乐观向上的生活态度和坚韧不拔的意志。

**孝老爱亲，心怀感恩**。她在奶奶的陪伴中长大，奶奶照顾她的生活起居，给她讲故事，教她学习。

奶奶的膝盖因半月板受损后做了手术，只能躺在床上静养。她勇敢地承担起家里的"小管家"，一遍又一遍地完善时间计划表，合理安排自己的学习和生活，不让爸爸妈妈操心，还帮忙照顾术后休养的奶奶。

每天上学前，她给奶奶准备好早餐和水，放到奶奶伸手能够拿到的地方；下午放学回来第一件事就是帮奶奶捏捏腿，力所能及的帮爸爸妈妈分担家务（如收拾衣物、整理房间、清理垃圾等）。

她用真心待人，以挚情爱人，懂得感恩，懂得报答，传承孝老爱亲的美德，让孝老爱亲的明灯永久延续。

**热爱舞蹈，刻苦练习**。舞蹈是一种表达艺术、一种技能，每个跳舞的人，学舞蹈的原因都各不相同，或许是自己的兴趣爱好，或许是家长的期许……

一次次摔倒，一次次爬起，疼痛刺激着每一寸神经，但脑海里坚定的信念从未消退。为了录制2020年11月区艺术小人才比赛的参赛舞曲《映山红》，她放弃了所有课间休息的时间，积极排练。顶起半身、跪起，一个个看似简单的动作，需要反复练习无数次，在寒冬腊月汗水可以湿透衣襟，脖子后面顶起了与她年纪不相符的"富贵包"，胳膊膝盖青一块紫一块。

这些疼痛困苦从未使她退缩，也不曾抱怨。努力拼搏不放弃，最终她荣获2020年东西湖区艺术小人才比赛一等奖。

"学舞蹈，学会的不仅是跳舞，更是学会了坚持、自信……"她说，练舞时的忍耐、坚韧，是面对人生困境时必不可少的精神；跳舞时的笑容，是面对生活应有的乐观、阳光；舞者的自信、淡定，更是面对挑战时最鼓舞人心的力量。

**乐于助人，敢于担当。** 学生时代的同学情义是最单纯的。寒窗苦读数十载，以诚相待，怀有一颗坦荡的心去面对身边的同学，就会发现每张笑容都是那么的真诚。

她的同桌是个调皮的男生，课间这个调皮的男生毫无征兆地瘫倒在地上，周围的同学被吓得不知所措，她冷静并勇敢地站出来，有条不紊地组织两名男生扶起他，及时安排同学去通知老师并将那个男生送到校医处进行救治。

让身边的同学变成知己，用善举感动彼此，那么，一份快乐会变成两份快乐，两份快乐就会变成很多份快乐。

她积极的协助老师管理好班级，与同学们和平相处，一起学习，互相帮助，努力让班级这个"家"变得更加团结、更加美丽温馨。

【个人荣誉】

舞蹈《童心向党》《"小海星"舞蹈团技巧展示》入围湖北省"金蕾杯"舞蹈大赛决赛。

2022年荣获区级艺术小人才比赛舞蹈组第一名。

2021年荣获市级艺术小人才比赛舞蹈组三等奖。

2021年荣获区级"新时代好少年－美好生活－劳动创造"主题教育读书活动朗诵比赛三等奖。

2020年荣获区级"少年说"寄语书信类优秀奖。

2020年荣获区级"临空雏鹰"之孝亲之星称号。

### （五）爱劳动学生典型个案

（1）白××,女,吴家山第四小学六年级(1)班学生,少先队员,班长。

【个人事迹】

**营造整洁的学习环境,脏活累活抢着干。** 白××热爱劳动、勤俭朴素。在学校,她积极参加劳动,带领同学打扫教室。做值日时,她总是抢最重最累的活儿干;做大扫除时,擦地砖是一件费体力的劳动,擦一会儿就累得不行,但她从不嫌累,趴在地上一点一点、一块一块的用力擦,将地砖擦得锃亮。

放学了,同学们纷纷离开教室,她主动留下来帮老师做最后的收尾工作,用扫帚扫地,用墩布墩地,把桌椅搬回原位。看着她脸上浸出的汗水,老师问她累不累,她笑笑说不累!

在宽敞整洁的教室里安心上课、学习,同学们知道,这里有班长白××的辛勤付出。

**在家主动干家务,减轻父母负担。** 在家里,她主动帮父母做家务。晚上吃饭时,她帮父母摆好碗筷,给父母盛饭。饭后帮助父母擦桌子,倒垃圾。每到周末,她在家里进行大扫除,使家里的环境干净整洁。

到了假期,她每天坚持帮助父母做家务。每次到姥姥家,她都主动干活（如饭后帮忙清理桌子等）。

外出时,她尽自己所能帮父母拿东西,,尽可能拿较重的东西,尽量为父母减轻负担,让父母不过度劳累。

她勤俭节约,不攀比,不摆阔,不与他人进行物质方面的竞争。生活上,她从不大手大脚,不乱花钱,帮父母减轻经济负担。

【个人荣誉】

2022 年荣获校级"优秀升旗手"称号。

2022 年校级硬笔书法比赛,荣获一等奖。

2021 年东西湖区红领巾奖章个人二星章。

2021 年东西湖区爱国主义教育系列活动"少年说"寄语活动中,荣获绘画类二等奖。

2021 年荣获校级"学习之星""学习型家庭"称号。

（2）赵××,女,吴家山第四小学六年级(2)班学生,少先队员,中队长。

【个人事迹】

**独立自主地学习,积极参加社会实践。** 在学习上,她自主、独立,有良好的学习习惯,数学成绩尤为突出。

她每到假期都会积极参加社会实践活动,给社区老人做花灯,不仅学会了制作技巧,还学会了关爱老人、理解老人。在生活中,她尊敬长辈,见人问好,讲文明,有礼貌。与长辈交流时,谦虚、恭敬、认真;与长辈相处时,和谐、文明、礼貌。

**做家务活,她是行家里手**。她热爱集体,诚实正直,尊敬师长,关爱同学,并具有良好的劳动习惯,积极参加学校组织的各项劳动活动。

在家里,她起床后的第一件事就是叠被子;晚上吃饭时,她帮家人们摆好碗筷、盛好饭;饭后,她把碗筷端进厨房,用抹布擦桌子,收拾完毕后下楼倒垃圾。

每逢周末,她和母亲在家一同做家务,扫地、拖地、擦窗户、收拾书柜、熨衣服……这些家务活,她样样精通。

除了帮父母做家务,楼道的卫生她也承包了。她认真擦楼梯扶手、扫楼梯,从不漏掉一个角落,邻居们看见被打扫得一尘不染的楼道,直夸赵××能干。

外出购物时,她手上从不空闲,经常帮忙拎东西,只为让父母轻松些。父母说,赵××是名副其实的贴心小棉袄。

**当班干部,她抢着干脏活**。在学校,她负责卫生清洁、监督同学。轮到她值日的那一天,她一边以身作则一丝不苟地做卫生,一边指挥着同学怎样把教室打扫得更干净。上课铃声响起,同学们走进教室,都忍不住夸赞:"这肯定是赵××做的卫生,干净!舒服!"

每个星期五的清洁家园活动,她作为班干部总是脏活累活带头干、抢着干。每次劳动后,她都会把班级的劳动工具摆放得整整齐齐。

五年多来,她勤勤恳恳,任劳任怨,为同学服务,为班级作贡献,为集体争光,是老师的好助手。

**疫情居家,她到养老院打扫卫生**。在2020年疫情时期,她们一家被隔离在老家。她是一刻都闲不住,将很久没洗的纱窗拆下来洗干净,又把床垫搬出去晒太阳;打扫门口和院子里的落叶、杂物,帮外公外婆在菜园和田间种菜、施肥。她甚至跟着外婆学厨艺,给家人们做饭,舅妈调侃道:"再学几天,你就能出师做厨师喽!"赵××笑了笑,内心无比开心与自豪。

她和村里几个同龄孩子拿着扫帚、拖把、刷子和桶到村里的养老院打扫卫生。大家分工协作,女生拖地扫地、擦拭柜子;男生清理院子里的垃圾,帮助女生提桶打水。

在一阵忙碌之后,原本杂乱的屋子焕然一新。在回家的路上,村民们都向她和小伙伴们竖起大拇指。

【个人荣誉】

2021年东西湖区红领巾奖章个人二星章。

2021年在区档案馆、区教育局举办的爱国主义教育系列活动——"少年说"寄语活动中荣获书信类二等奖。

2020年"武汉建工杯"第四届《小小外交家》线上交流活动中荣获武汉市优秀奖。

2020年参加WMO世界奥林匹克竞赛武汉赛区荣获三等奖。

2019—2020学年度被评为东西湖区"临空雏鹰"之孝亲之星称号。

2017—2018学年度被评为东西湖区"临空雏鹰"之学习之星称号。

（本章编写人员：白细红　陈永霞　李迪　刘唯　范晶　潘意萍　邓诗怡）

# 第四章 关爱教育导向下师生发展环境建设

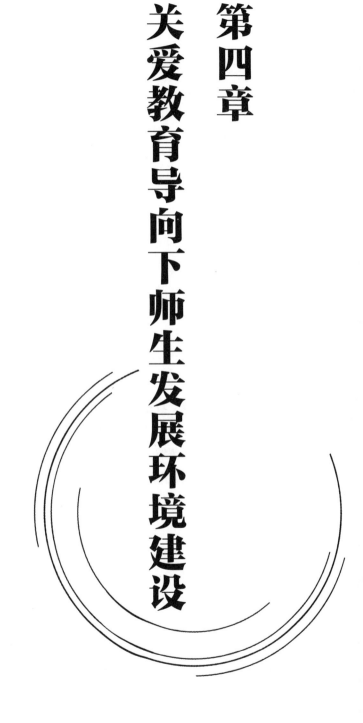

# 第一节　教师专业发展学校建设

教师专业发展学校（Professional Development School,PDS），又称专业发展学校，是霍尔姆斯小组于1986年在《明日之教师》的报告中首次提出的。[1]PDS是由大学与中小学合作共建，以中小学为基地，旨在提升教师教育水平和促进教师专业发展的一种学校、教师培养方式和教师教育的模式。

将教师专业发展学校引入到我国时产生了不同的概念。本章所讲的教师专业发展学校，是在现行中小学建制内进行的功能性建设，是为了发展、丰富和完善现行中小学的功能，强调中小学教师发展而进行的内部建构。教师专业发展学校建设将教师专业发展牢固建立在以校为本的基础上，从而实现个人发展要求和学校教学需要二者紧密结合，能有效促进中小学教师专业的发展。其次，中小学教师继续教育制度不断深化改革，对建立教师专业发展学校、构建现代高效的教师终身学习体系，具有十分重要的意义。

## 一、指导思想

### （一）坚持"立德树人"根本导向

在新时代背景下，教师成为决定教学质量的关键因素，其中，良好的师德师风是建设高素质师资队伍的关键，建设具有良好师德师风的教师队伍关系到教师事业的未来发展。目前而言，我国教师正处于教学改革的深水区，面临着传统教育向现代教育转变的关键阶段，师德师风塑造尤为重要。如何加强学校教师队伍的师德师风建设，始终保持教师队伍的良好形象，已经成为教师专业发展和学校建设的重要问题。

"学高为师，德高为范"。教书育人，教书者必先学为人师，育人者必先行为示范。师德是为师之本，更是立国之基。教师的道德是教师的灵魂，同时也是教师人格特征的直接体现。意大利诗人但丁曾说过："一个知识不健全的人可以用道德去弥补，而一个道德不健全的人却难于用知识去弥补。"教育是塑造人类灵魂的伟大事业，是心灵与心灵的沟通，灵魂与灵魂的交融。一个人可以没有博古通今的知识，也可以没有能歌善舞的才能，但决不能没有道德。知识可以去积累，才能可以去学习，但唯有道德

---

[1] 孟琳.上海市教师专业发展学校的现状研究——以上海市两所小学为例[D].上海：上海师范大学,2019.

一旦失去,后果将不堪设想。由于教师职业的特殊性,在教学活动中,教师扮演着多重角色,教师需要在教学过程中积极传播正确的人生观、价值观和世界观,引导学生塑造崇高的道德品质。作为一名人民教师,应努力塑造自身的师德师风,将师德师风建设纳入改革创新行列之中,不断提升教学能力,发挥教师的示范带头作用,积极对学生进行品德教育,只有这样才能教育出德才兼备的好学生。

学校为加强教师的师德师风建设建立了相关的检查和考评制度。在日常的管理中和期末总评中建立相应的检查和考评体系,做到随时随地约束教师的师德师风,实现教师队伍的师德师风建设目标。另外,学校还可以定期举办"最佳教师"评选活动,获奖教师能够获得一定的物质奖励,以奖励的方式促进教师队伍的师德师风建设;反之,还可以制定一些惩罚制度,对于损害师德师风建设的教师给予一定的惩罚,以此来促进教师提升自身的师德师风。为了加强师德师风建设,为学生提供优质的教育资源,学校进行了一系列创新性探索,形成了初步的师德师风建设体系,主要包括以"规"约师德、以"评"导师德、以"感"悟师德、以"督"促师德、以"查"评师德五个方面,具体内容如下。

(1) 以"规"约师德。

吴家山第四小学党委将师德建设作为学校一项重要政治任务和基础性工作,建立健全师德规范及管理机制,每位教师都是师德建设的主体,师德是为人师表的基本要求。每学期开学,学校都会组织全体教师学习教师职业道德规范并签订《吴家山第四小学师德承诺书》,帮助教师树立师德理念、养成师德习惯,倡导全校教师以德立身、廉洁从教、为人师表、言传身教、身体力行。在实际工作中,我校将师德建设与教师处理事件、解决具体的困难和问题结合起来,把理论学习和现实鼓励统一起来,增强师德教育的感染力和渗透力;在绩效考核中,我校将师德考核结果作为刚性指标,与教师的评先评优、职称评聘、晋职晋升、择优上岗、奖惩实施等日常管理相结合,严格落实师德考核"一票否决",真正体现"奖优罚劣"。

(2) 以"评"导师德。

为全面提高教师的师德素质,学校定期组织教师学习《中小学教师职业道德规范》《中华人民共和国教师法》《中华人民共和国义务教育法》《关于进一步加强和改进未成年人思想道德建设的若干意见》等法律法规,以此来提高教师的法律意识、思想觉悟和道德情操,使之知法、懂法、守法。学校坚持把德育工作作为评价教师工作的一项重要内容,确保德育工作有足够的领导力量,精干的德育队伍,保证德育经费的充足和活动时间的充裕[1],促使德育的首要地位从根本落到实处。学校成立师德考核领导小组,定期组织教师自评、学生评议、家长问卷、领导考评,以促进教师师德的提高。

(3) 以"感"悟师德。

宣传四有好老师、做新时代大先生。加强习近平关于"四有好老师"的思想建设,促进教师队伍思想建设,争做新时代的"大先生"。引导教师坚定理想信念、培育道德情操、拥有扎实学识、心怀仁爱之心。"大先生"是对品格高贵、德高望重、理想远大、格局宏大、视野开阔、学识渊博、仁爱有德的教师的尊称,他们具有坚定的政治立场、高尚的道德情操、深厚的学识修养和精湛的育人之道。培育新时代"大先生"是传承高尚师德师风的应有之义,落实立德树人根本任务的必由之路,建设教育强国的迫切需要。培育新时代"大先生",不仅需要建立健全教师培养发展机制,而且需要从理想信念、道德修养、专业学识与职业能力等方面提高教师自我发展能力,还需要营造尊师重教的氛围,塑造能够与时代同频共振的精神。

(4) 以"督"促师德。

根据《中小学师德评估标准》增强全体教师恪守《中小学教师职业道德规范》的自觉性,学校制定严格的师德投诉制度,将监督和管理端口前移,加强对教师的日常管理和监督,畅通师德失范问题的举报通道[2],落实各项师德工作要求,自觉接受家长、学生及社会各界的批评监督,及时发现、并处理师德违纪案件,认真对待每一条举报线索,严加核实、严肃处理,纠正不良倾向和问题,营造风清气正的教书育人的良好环境。这既是对教师的严格要求,更是对学生的保护,强化对师德师风纪律和准则的敬畏意识,树立底线意识,才能涵养高尚师德,重塑教师队伍的纯净。

(5) 以"查"评师德。

一是自我检查,此阶段的主要任务是通过学习在提高认识的基础上揭示问题,找准主要矛盾。我校师德师风建设领导小组为教师搭建了各类平台,促进教师之间、师生之间、家校之间的相互联系,使教师深入了解师德教育的重要性,并对照教师的过去表现,发现自身在工作上的问题和不足之处。通过学校召开的师德师风研讨会,开始自查、自我批评,态度诚恳,认真分析问题的原因,加以纠正,以便今后工作的开展。二是对照检查,通过全体教师对照检查发现的主要问题,我校采取针对性的措施,

---

[1] 丁向阳. 浅谈如何加强师德建设[C]// 北京中教创新软件发展研究院. 国家教师科研基金十一五阶段性成果集(湖南卷).[出版者不详],2010:19-20.
[2] 刘晶瑶. 筑牢师德防线,监督需要前移[N]. 新华每日电讯,2019-12-09(004). DOI:10.28870/n.cnki.nxhmr.2019.000446.

建立健全有关条款，使学校的师德师风建设逐渐走上正常化、制度化的轨道。根据我校教师在师德师风方面的突出问题、热点问题提出整改意见，力争改善我校存在的比较突出的问题，使师德师风整体状况得到明显的好转。通过改善工作上、生活上的缺陷，调动教师的积极性和主动性。

### （二）贯彻市、区教育局文件精神

为全面落实立德树人根本任务，建设高素质专业化创新型教师队伍，进一步强化学校促进教师专业发展的功能，促进教师可持续发展和学校内涵发展，根据《市教育局关于创建中小学教师专业发展学校的指导意见》（武教师【2019】3号）和《东西湖区创建教师专业发展学校工作方案》，东西湖区教育局开展了2021年东西湖区教师专业发展学校创建工作，以促进教师专业发展为核心，以解决学校教育教学实践中的问题为重点，以校本研修为主要载体，创新教师专业发展方式，提升教师教育境界、学科素养和实践智慧，促进学生、教师与学校和谐发展。

《东西湖区创建教师专业发展学校工作方案》中要求，制定教师专业发展学校评估标准。分级设计具体指标，明确建设要素，分类建设教师专业发展学校。按照区级合格学校、区级示范学校、市级示范学校两级三类创建。区级教师专业发展合格学校、区级示范学校由区教育局考核认定。市级示范学校在区级示范学校中遴选推荐，由市教育局考核认定。建立教师专业发展运行机制，强化校长作为培养教师专业发展第一责任人的意识，推动学校积极为教师专业发展创设良好条件，营造促进教师不断学习与进取的文化氛围，形成集教研、科研、培训、教育教学实践于一体的教师专业发展运行机制，不断完善教师专业发展的激励机制；加强教师专业发展协同机制。整合教师培训优质资源，畅通优质资源共享渠道。学校之间结合学区制、共同体建设，通过联片教研、结对帮扶等形式，将本学区或本校有特色的研修项目、课改成果、校本课程主动分享给其他学区或学校，积极推动成果和经验的互学互鉴。

我校积极响应教育局号召，从科学规划明方向、建章立制有抓手、校本研修提能力、专业素养促提升、辐射引领展实效、运行机制有保障这六大方面来贯彻市、区教育局文件精神。

（1）科学规划明方向。

学校将"坚持教师队伍优先发展，提升教师综合素质，培养一支专业化的教师队伍"整体目标纳入学校五年发展规划，制定了青尚训练营、青年教师培养计划，依托教师个人专业发展三年规划、师徒结对、校本研修、外出培训等措施落实培养目标与教师专业发展计划，让不同层面的教师得到适合个人发展的方法；学校高度重视教师专业发展建设,校长作为教师培养工作的第一责任人,带领学校行政人员制定教师专业发展的目标,教务处负责拟定相关方案与计划,通过岗前培训、基本功训练、校本培训等方式提高教师专业技能;教研室负责校本教研,培养教师课堂教学能力;工会通过教师社团活动引领教师成长、提升教师职业幸福感;校办负责教师项目制与各项宣传,调动教师的工作积极性;后勤部负责提供后勤保障;学校各部门分工明确、职责明晰、组织高效,全方位促进教师的专业成长。

(2)建章立制有抓手。

学校坚持以人为本的管理思想,广泛征集教师、学生、家长意见,聘请专家"把脉",制定《吴家山第四小学学校章程》《吴家山第四小学教学常规管理制度》《吴家山第四小学教师校本研修制度》《吴家山第四小学科研管理制度》等规章制度,让教师在工作中有章可依、有律可循,保障学科教研活动常态化以及有效德育的全面实施;学校综合学习培训、实践研究、专业成果、师徒结对、专业素养等方面的考虑制定了《吴家山第四小学青年教师成长手册》,每学期的教师专业发展考核分为优秀、良好、合格三个等级,并按2%的比例评选"专业发展先进个人",纳入学校评优评先工作,并与高级别教师评优评先和职称晋级挂钩。

(3)校本研修提能力。

学校严格按照国家课程标准与实际情况统筹安排三级课程,有计划地开展教师校本研修活动,做到定时、定人、定主题。教研的主题在结合各学科专业知识的同时,能围绕关爱课堂"五爱五环"的流程及实施策略来开展研修活动。学校依托专家指导,每周开展一次专家工作室活动,聘请特级教师常驻指导,努力提升教师课堂教学能力;在说课、讲课、研课、磨课的过程中专家们专业生动的讲解、示范、引领,使老教师们的课堂教学日臻成熟,青年教师们的教学能力逐步走向正轨。学校借助课题研究,以课题为引领,提升教师科研能力;引导教师将日常教学中出现的小问题形成小课题,引导教师积极参加各级课题申报,增强教师的学术研究能力。学校启动青尚训练营,培训课程与青年教师培养实现紧密结合,使教师在"学、研、练"中快速提高各方面的能力,落实青年教师"三课"(推门课、约时课、考核课)促成长,实施教研读课程标准、读学科管理细则、读学校教学模式,引领青年教师掌握更多的教学技巧。

(4)专业素养促提升。

学校从组织领导、宣传教育、监督检查、投诉受理和师德考核五个方面引领全体教师筑师魂,定期组织教师自评、学生评议、家长问卷、领导考评,促进了师德素质的提高。在骨干教师中成立"小海星"工作坊,开展线上(如微信群)和线下交流,工作坊成员通过学习湖北大学教育学院赠送的《新学校十讲》《夏山学校》等书籍，不断改变教学观念，打造市级有影响力的教师；学校紧扣质量之源，从课堂入手，以课堂评价为导向，以优质课评比为抓手，改变目前学生学习兴趣不够浓、学习参与度不够广、学习主动性不够强的现状，促进教师转变教学观念，加强教学研究，努力提升课堂教学质量。打造"五爱五环"课堂教学模式，"五爱"即爱倾听、爱思考、爱提问、爱合作、爱探究，是指学生在课堂学习中的发展目标和学习步骤；"五环"即情境导入、问题导学、活动导趣、展示导法、拓展导思，"五环教导"是实现"五爱学习"的教学过程、阶段和步骤，最终目的是为了学生的发展、期待学生具有"五爱"的学习能力和核心素养。教师结合学校"五爱五环"教学模式，开展信息技术与学科教学的深度融合探究。在信息化时代的潮流中，学校先后邀请专家到校对教师开展电子白板、一体机、教育云助手和教育云资源应用、电子书包等硬件、软件的培训，提高教师信息技术应用能力。

（5）辐射引领展实效。

学校多次承担区级教研活动，通过活动和赛课的方式向省市提供优质资源。学校还接待了百名校长团的来访学习和"武汉市黄鹤英才宋红兵名师工作室"到校指导交流，到枝江市丹阳小学、十堰市溢水小学和荆州实验小学送教，注重教育教学成果地辐射。学校高度重视青年教师的成长，为了使青年教师尽快胜任教学岗位，迅速提高教学水平，快速掌握现代化教学理论和教学方法，特别对35岁（含35岁）以下青年教师进行培训。学校成立了专门的班集体，选举了班级委员，将青年教师培训取名为"青尚训练营"，每周五开展培训活动，活动主要以团建活动、专家讲座、自主研修、读书沙龙等形式开展，进一步优化青年教师队伍的群体结构，提高教师队伍综合素质，培养德才兼备的教师队伍，全面提高学校教育教学质量，不断提升学校办学品位，增强学校可持续发展。

（6）运行机制有保障。

学校按高标准建设创客空间（木工坊、3D打印区、编程活动区、无人机飞行区、机器人活动区、车模活动区）、录播室、心理成长指导中心、科学实验室、科学仪器室、体育器材室、音乐教室、美术教室、书法室、劳技室、微机室、保健室、戏曲活动室、舞蹈排练厅、多媒体报告厅、多媒体会议室、图书阅览室（藏书720028册，生均30.7册）等专用教室，各专用教室均配置相关设备，按相关规章制度由专人负责管理，生机比为6.99∶1、师机比为0.93∶1；生均仪器设备价值达3500元以上，为全校师生的教育教学活动提供了坚实的物质保障；学校对教师专业发展投入大量资金，且能做到专款专用（如每年聘请专家指导、购买书籍、订阅报刊、安排教师参与各类教师培训），支出经费均超过年度公用经费的5%。

### （三）落实"关爱教育"办学理念

办学理念是学校的灵魂，是学校发展的纲领，是学校全体人员的行动指南。正确而又先进的办学理念指明了学校全体人员的前进方向，全校师生员工可以达到思想认识一致、行动一致，可使学校的各项任务顺利完成。吴家山第四小学践行陶行知先生"爱满天下"的教育思想，让"关爱教育"成为学校发展的永恒动力。秉持"润泽生命，启迪智慧"的关爱教育办学理念，让生命焕发智慧的光芒，让智慧点燃生命的火花。

落实学校"关爱教育"的办学理念，需要全校师生员工的共同努力，必须让办学理念在学校方方面面的工作中得以渗透、体现、贯彻和落实，最终让办学理念规范办学行为，指导学校工作。学校可将"关爱教育"的办学理念通过以下方法进行贯彻和落实。

**1. 开展"关爱教育"办学理念推进行动，把办学理念变成全校师生员工的共识和自觉行动**

将"关爱教育"纳入学校的教育教学之中，要发挥思政课教师的骨干作用。在学习中，学校领导班子成员，特别是主要领导必须要带头学、带头讲、带头贯彻落实，积极引导师员工将办学理念落实到教育教学、管理和学习之中，通过学习、实践、反思、再实践的过程，加深对办学理念的理解，进一步体验和论证办学理念的正确性、指导性和实效性。

**2. 对照"关爱教育"办学理念，梳理和审视思想观念和工作，不断加以转变和改进**

为贯彻落实办学理念，学校领导和每一位教职员工都要认真地梳理和审视学校和个人的思想观念和工作，看是否符合学校"关爱教育"办学理念的要求，要认真对照检查、冷静思考，对符合的、做得正确的要坚持，对不符合的、做得不正确的要改正。

**3. 落实"关爱教育"办学理念，建立教师与学生思想沟通的桥梁，引导学生健康成长**

关爱教育是教师用爱倾听每一个学生特别是问题学生心底的声音，从问题学生的内心真实需求出发，挖掘学生心灵深处的真实想法，促使问题学生产生情感共鸣[1]。关爱教育可以帮助教师和问题学生架起一座思想沟通的桥梁，教师以问题学生朋友的角度，倾听问题学生的故事，了解让他们变成问题学生的内因、外因，不能对他们一味地批评、简单地说教，要善于发现他们身上的闪光点，用欣赏的眼光看待他们，让关爱给问题学生带来一缕缕阳光，从而引导他们健康成长。

### 4. 加强我校"关爱教育"办学理念的宣传，提高社会认可度

为了让办学理念深入人心、人人皆知，必须要加大宣传力度。办学理念的宣传不只限于在校内进行，更要重视在社会层面的宣传，以提高社会大众对学校的知晓度和认可度。可以通过"请进来，走出去"做好宣传工作，"请进来"是指请社会有关人士进学校召开座谈会，学校向他们介绍本校办学理念的内涵、意义、作用和做法，请他们对学校办学理念提出意见和建议；"走出去"是指利用学校官方网站、报纸、广播、电视等工具和手段向社会宣传，让社会大众了解、认同学校的办学理念，从而取得社会对学校的关心和支持。

立德树人离不开"关爱教育"，润泽生命离不开"关爱教育"，启迪智慧离不开"关爱教育"。吴家山第四小学正是通过开展办学理念宣传教育、对照办学理念认真梳理和审视思想观念和工作、校长带头学习和践行办学理念、加强学校办学理念的宣传、提高社会认可度等途径来贯彻落实"关爱教育"办学理念，创新学校管理机制和培育优秀的育人文化，打造有理想、有爱心、有学识、有才华的教师，培养有爱、乐学、善思、慧行的学生，建设"临空港义务教育品牌创建"新高地，办"生态化、智能化、现代化"的优质示范学校。

## 二、主要内容

### （一）学校机构建设

#### 1. 领导机构

学校建立了中小学教师专业发展学校领导机构，坚决落实专业发展学校负责制。校长是专业发展学校的第一责任人，主管副校长负责具体工作。

#### 2. 组织管理机构

学校成立了以校长为教师专业发展学校的总负责人，副校长为教师专业发展学校的总执行人，各处室领导为成员的领导小组（设教研组、年级组）。建立了三级管理网络，实现教师专业发展自我管理。

---

[1] 谭圣梅. 浅谈关爱教育在小学德育工作中的重要价值[C]// 广东教育学会. 广东教育学会2021年度学术讨论会暨第十七届广东省中小学校长论坛论文选. [出版者不详], 2021:1460-1463.

学校加强对教师业务能力培训工作的领导、协调和管理。校领导要到教研组或年级组参加教研、指导教研,督促和带动教师的专业发展。领导重视、专人负责为做好教师专业发展学校建设工作奠定了基础。

学校领导对教师专业发展学校建设积极谋划,并引导教师进行自我反思定位,找出专业发展学校建设过程中的不足。学校明确了发展方向,确定了发展目标、制定操作性强的三年发展规划、年度计划并对具体工作进行布置。

通过正确领导、科学规划、精确管理,为教师专业发展提供目标方向和管理保障,教师专业发展学校建设进入良性运行轨道。

学校机构如下图所示。

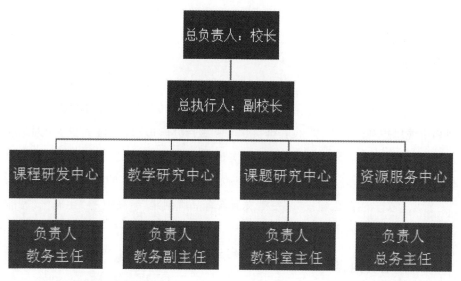

### (二) 学校制度建设

学校制定相应制度,以制度作保证,强化过程管理,确保教师专业化发展学校建设的正常进行。

#### 1. 加强师德师风建设

教师的师德师风,是教师从事教育教学工作时应遵循的职业道德规范和必备的道德品质,是学校校风的灵魂。为大力推进教师职业道德建设,不断提高我校教师的师德师风水平和专业能力素养,根据《中华人民共和国教育法》《中华人民共和国教师法》和《新时代公民道德建设实施纲要》法律等规定,开展与教师职业道德建设相关的主题活动。学校开展各项活动均要遵循以下原则。

(1) 师德师风建设工作是一项常规性工作,是学校精神文明建设工作的重要组成部分,其内容随着社会发展将不断地丰富和深化。

（2）师德师风工作重在建设,要坚持在发展中解决师德师风建设的问题,从有利于学校可持续发展、有利于师资队伍健康发展、有利于提高教育教学质量的角度来制定师德师风建设的措施。建设工作要做到有机构、有计划、有措施、有考核。

（3）学校师德师风建设领导小组每年要制定全校师德师风建设工作计划,并督办计划的完成,要将师德师风建设工作列入常规工作。

（4）学校每年要树立师德师风榜样标杆,予以表彰和宣传,以起到示范、感召、辐射的作用。

（5）每位教师都要自觉培养师德师风意识,确立师德师风观念,按照师德师风规范严格自警自律,积极参加学习和培训。

学校在教师参加主题活动时提出如下要求。

（1）师德师风相关主题活动由学校书记具体负责,组织协调整个学习活动,学校做好其他后勤保障工作。

（2）集中学习地点一般选择在校内,集中学习时需进行考勤（如签到）,教师要做好学习内容的记录;分散自学时,教师要做好学习文本的重要内容的摘记。

（3）教师在参加主题活动后需要撰写个人学习心得体会。

（4）明确学校师德学习活动的主题,教师要以专注的状态参加活动,完成学习任务;在学习过程中注意氛围熏陶、向榜样学习,结合自身实际情况产生感想与领悟,让内心不断地强大。

（5）学校将不定期对全体教师进行抽查,抽查的主要形式为检查教师学习内容的记录、座谈情况等。

（6）将师德师风建设工作与解决教师实际问题结合起来。从教师的工作和生活出发,理解、体贴教师,把解决思想问题与解决实际问题结合起来。在实际工作中增强师德师风建设工作的感召力和影响力。

**2. 制定教师培训方案**

教师是学校可持续发展的基础,教师专业化成长是一个终身学习发展的动态过程。为进一步提高教师队伍整体水平,促进全体教师专业化发展,根据《中共中央 国务院关于全面深化新时代教师队伍建设改革的意见》（中发〔2018〕4号）、《中共湖北省委 湖北省人民政府关于全面深化新时代教师队伍建设改革的实施意见》（鄂发〔2018〕23号）、武汉市义务教育学校委托管理协议等文件的精神,学校制定了教师成长方案。

附

# 吴家山第四小学教师培训方案

一、指导思想

依托湖北大学委托管理专家团队,以吴家山第四小学关爱教育育人思想为指导,全面贯彻关爱型教师培养方针,遵循教师专业发展规律,落实教师专业发展学校建设根本任务,坚持提升我校教师专业素养,提高教师队伍综合素质,培养、造就德才兼备的教师队伍,为我校全面提高教育教学质量,不断提升学校办学品位,使学校增强可持续发展力打下了坚实基础。

二、培养目标

面向全体教师推行全员、全程参与,过程反馈,结果考核的培训策略,使全体教师的教育思想、教学技能、科研水平都有质的发展,并达到以下培养目标。

(1)教师师德师风更加规范,职业理想更加强烈,促进教师专业化成长。

(2)学科知识系统化,教学流程规范化,教育科研、教育创新的意识得到加强,能力得到提升。

(3)掌握选定课题并开展研究的方式方法,能结合学校教育教学实际开展有针对性的行动研究,教师队伍整体转向科研型队伍。部分学科有高质量的教育教学成果和教研成果。

(4)学校教师队伍呈梯队发展势态,涌现了一批有鲜明教学风格的名师,能够引领学校学科教学的创新,使学校在东西湖区、武汉市乃至湖北省有一定影响力和知名度。

三、培养对象及要求

(一)培养对象

培养对象为全体教师。

(二)培养要求

(1)学校结合教师队伍专业化发展实际需要,确定学年需接受培训的教师名单。

(2)培养对象根据学校安排,系统学习教师职业道德规范、教育法律法规、现代教育理论、教育教学基本方法和技术等。

(3)培养对象自觉服从学校安排,明确培养目标,端正学习态度,认真完成学校制定的培养计划。

（4）指导期满,培养对象认真撰写总结报告并进行交流。

四、培养模式

依据培养目标,结合实际教师队伍建设,采用"一中心、三驱动、四环节"的教师培养模式,具体内容如下。

（一）一中心:教师专业发展中心

1. 中心的平台建设

学校成立教师专业发展创新平台,即"教师专业发展中心",专家组成员由学校行政人员以及湖北大学委托管理专家团队组成。中心设办公室及常驻工作人员,常驻工作人员共3名主要负责培训工作的开展。

2. 中心运行制度保障

为支持教师专业发展中心的良好运行,学校制定了五项制度予以保障。

（1）学期规划制度。

每学期,专家组成员协助全体教师于开学后两周内确定本学期教师培训工作重点和实施方案（包括工作计划和项目进度时间表）,由中心专家组进行可行性评估后反馈给各团队。

（2）全体教师培训保障制度。

形成"遴选条件严格、学习要求严格、严格分享交流、经费充分保障"的全体教师培训和外出学习保障制度。完善教师教育教学成果奖励制度、外出学习考核制度、外出学习考评制度、经费预算支出审核制度。

（3）巡回指导制度。

在中心专家组的统一规划下,邀请校外专家到校对全体教师培养情况进行巡视指导,具体时间由学校管理层确定。

（4）教师交流制度。

鼓励全体教师外出培训、交流,支持全体教师参加教师竞课、学术观摩交流,定期组织教师外出听课等活动,为教师搭建学习、分享、实践、反思的平台。

（5）资料归档制度。

教师专业发展中心要做好档案收集工作,分门别类保存项目实施的文字、照片和影像资料等,按照学校统一要求,部分资料定期上交,统一归档。定期形成学术成果,筛选部分学术成果在学术期刊与报刊上发表。

（二）三驱动:专家指导、校际合作与教研共同体

1. 专家指导

依托湖北大学委托管理专家指导队伍,提高指导水平,保障教师各项能力培训、研修和教学实践指导服务工作有序进行。同时,借助湖北大学委托管理项目,对学校全体教师专业发展、师资队伍建设进行顶层设计和专项指导,探索教师专业发展新途径。

2. 校际合作

定期与其他学校开展教育咨询、信息交流、调研培训等校际合作活动,加强学校之间的交流与合作,旨在共享教育资源、传播教育文化。学校派教师团队去其他学校考察、听课、观摩等,了解其他学校先进的教育理念和教师专业发展势态,为全体教师专业发展开拓新的思路和视野。

3. 教研共同体

组建校区内教研共同体,增强教师之间的合作意识和团队意识,增强学科之间、跨学科之间的教师交流。教研活动主要围绕专业知识素养、专业能力素养和教育科研素养,以跨学科交流促进教师的教育教学视野的发散。

（三）四环节:通识培训、课堂教学、读书分享与专业写作

1. 通识培训

通过湖北大学委托管理专家团队系列讲座使教师转变教育观念,在思想政治和职业道德、专业知识和学识水平、教育教学能力和教科研能力等方面的综合素质有较大的提高,努力成为"现代型、科研型"的教师。

2. 课堂教学

课堂教学是学校课程实施的主渠道。课堂发生改变,学校教育才会改变;课堂优质高效,学生会变得更优秀;课堂教学创新,学生会进一步提升创新意识和创新能力;课堂进步,促进教师专业成长得更快。通过对现有课堂教学模式的诊断与改进,提高教师教学水平和教学质量。

3. 读书分享

阅读是教师专业成长的必由之路。教师师德素质和专业素养的提升都离不开阅读。湖北大学委托管理专家团队将通过推荐优秀教育书籍,实施共读教育名著、

举办读书论坛和读书沙龙的方式,提高教师的教育专著的阅读兴趣与水平。

**4. 专业写作**

湖北大学委托管理专家团队将指导吴家山第四小学完成省、市、区各级各类课题申报、立项、中期评估及结题评审工作;协助学校在公开期刊上发表论文,出版"关爱教育"系列丛书,培养一批高水平的集教科研于一体的骨干教师。

**(四)教师专业发展学校课程建设**

该课程的开发是基于关爱教育理论,旨在促进教师专业发展,提高教师的教育教学水平和综合素质。学校"五爱"课程是本课程的主题,包括爱岗、爱学、爱美、爱研、爱教五个方面,旨在培养教师的职业道德、学习能力、审美素养、科研能力和教学能力,全面提升教师的综合素质。

**1. 课程理念**

1)坚持"立德树人"根本导向

在新时代背景下,教师成为决定教学质量的关键,其中,良好的师德师风是建设高素质师资队伍的关键。加强学校教师队伍的师德师风建设,保持教师队伍的良好形象,已经成为教师专业发展学校建设的重中之重。在教学活动中,教师需要积极传播正确的人生观、价值观和世界观,引导学生塑造崇高的道德品质。"五爱五型"关爱教师专业发展课程体系以"五爱"为核心,塑造关爱教师,促进教师师德师风的建设,不断提升教学的行为,发挥教师的带头示范作用。

2)贯彻市、区教育局文件精神

根据《市教育局关于创建中小学教师专业发展学校的指导意见》(武教师〔2019〕3号)和《东西湖区创建教师专业发展学校工作方案》,我校积极响应教育局号召,进行教师专业发展学校建设工作。"五爱五型"关爱教师专业发展课程体系是我校教师专业发展学校建设的重要一环,通过"五爱"课程从基本素养、专业技能、教育科研和个性发展四个方面提升教师综合素养。

3)落实"关爱教育"办学理念

我校践行陶行知先生"爱满天下"的教育思想,秉持"润泽生命,启迪智慧"的关爱教育办学理念,通过"五爱五型"关爱教师专业发展课程体系,塑造"有理想、有爱心、有学识、有才华"的关爱教师,建造"临空港义务教育品牌创建"新高地,打造教师专业发展学校建设特色品牌。

## 2. 课程设计思路

### 1）一个主题

"五爱五型"关爱教师专业发展课程体系围绕"关爱教育"主题设计。关爱是一种良好的品德,也是一种高远的境界它是我校教师的旗帜,是我校教师的追求,它体现在我校每一位教师的身上。关爱意味着对他人的关怀、尊重、信任、鼓励和包容。关怀是一种由温情、热情和适度的激情组成的温暖情怀;尊重意味着在人格平等的基础上相互对待;信任是一种善意的表达,一种对他人积极的肯定和期许;鼓励是一种让人精神振作、积极向上的前进动力;包容是一种宽广大度的胸怀。

### 2）五个方面

"五爱五型"关爱教师专业发展课程体系从"爱岗、爱学、爱美、爱研、爱教"五个方面提升教师的综合素养,聚焦师德师风、理论学习、基本素养、教学能力和个性发展,每个方面均开设四门主题课程,全面促成关爱教师的专业发展,从而提升我校教师队伍的整体质量。

### 3）五个层次

教师专业发展学校建设将学校教师分为成长型教师、成熟型教师、骨干型教师、专家型教师和卓越型教师五种类型。"五爱五型"关爱教师专业发展课程体系根据不同类型的教师的具体情况,在培训过程中会各有侧重。

综上所述,本课程的设计思路是以关爱教育理论为指导,以"五爱"课程为主题,以教师专业发展为目标,以培养教师的职业道德、学习能力、审美素养、科研能力和教学能力为核心,采用多元化的教学方法(包括讲授、案例分析、小组讨论、实践操作等),注重理论与实践相结合,注重个性化发展,注重评价与反馈。

## 3. 课程目标

（1）培养教师的职业道德,提高教师的职业素养和职业道德水平。

（2）提高教师的学习能力,培养教师的自主学习和持续学习能力。

（3）培养教师的审美素养,提高教师的审美能力和文化素养。

（4）提高教师的科研能力,培养教师的科学研究和创新能力。

（5）提高教师的教学能力,培养教师的教学设计和教学实施能力。

## 4. 课程结构

吴家山第四小学基于教师专业发展学校建设工作,根据学校教师专业发展规划,设计出"五爱五型"关爱教师专业发展课程体系,具体由爱岗课程、爱学课程、爱教课程、爱研课程和爱美课程五大课程模块构成。

"五爱五型"关爱教师专业发展课程体系如下所示。

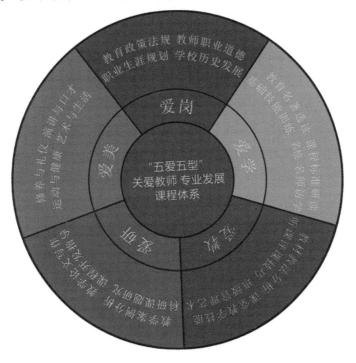

1) 爱岗课程

爱岗课程注重教师师德师风的培养以及对国家法律法规、教育相关政策文件的学习,加课教师对教师岗位这一概念的认知。同时,加深教师对校园文化的理解以及做好自己的职业生涯规划。该模块具体包括教育政策法规课程、教师职业道德课程、职业生涯规划课程、学校历史发展课程等。

2) 爱学课程

爱学课程注重提升教师的基本素养,注重"三字一话"基本功的练习,倡导教师自主阅读教育名著,树立终身学习的教师专业成长观。该模块具体包括教育名著选读课程、课程标准研读课程、基础技能训练课程、名校名师访学课程等。

3) 爱教课程

爱教课程注重发展教师的教学能力,从备课、上课、课后反思等各个环节指导教师规范教学行为,提升教师的课堂驾驭能力以及班级管理能力。该模块具体包括教材教法分析课程、课堂教学技能课程、听课评课技巧课程、班级管理艺术课程等。

4）爱研课程

爱研课程注重培养教师的科研意识，重点指导教师在课题、案例、论文等方面的写作，营造良好的科研氛围。该模块包括教学案例分析课程、教学论文写作课程、科研课题研究课程、课程开发指导课程等。

5）爱美课程

爱美课程注重培养教师审美情趣，促进教师个性发展。通过举办主题活动或组建社团的形式发展教师的兴趣爱好，引导教师热爱生活。该模块具体包括修养与礼仪课程、演讲与口才课程、运动与健康课程、艺术与生活课程等。

5. 课程组织与实施

1）组织机构

（1）成立课程开发领导小组。

组长：蔡芳（校长）。

副组长：陈捷（副校长）。

组员：余志琼、袁芳、刘凡、丁文华、刘娅梅、李敏、丁文华、张仔荣、邓诗怡。

（2）领导小组主要职责。

审议校本课程开发过程中的重大决策，制定有关开发与管理校本课程的条例和制度，检查与监督校本课程开发方案的执行情况，为校本课程开发提供组织保障和领导保障。

组长：担任校本课程主要决策负责人，负责校本课程的总体策划和宏观调控，对校本课程的实施进行全面研究。

副组长：负责组织、落实、协调、检查校本课程进行中的事务性工作，主管校本课程的具体信息、资料收集与校本课程档案管理工作。

成员：具体负责校本课程编写及总结工作。

2）课程实施

本课程的实施采用多元化的教学方法，包括讲授、案例分析、小组讨论、实践操作等，具体实施方式如下所述。

（1）讲授：通过专家讲座、学科讲解等方式，向教师传授相关理论知识和实践经验。

（2）案例分析：通过案例分析的方式，让教师了解实际问题，掌握解决问题的方法和技巧。

（3）小组讨论：通过小组讨论的方式，让教师交流经验、分享心得，促进教师相互学习。

（4）实践操作：通过实践操作的方式，让教师将理论知识应用到实际工作中，提高实践能力和解决问题的能力。

本课程的实施方式包括集中培训和自主研修两种方式，教师可以根据自身情况和学习主题选择相应的学习方式。

6.课程评价

1）课程评价理念

本课程的评价分为两个方面，一是教师自我评价，二是专家评价。教师自我评价主要是通过学习笔记、学习报告、学习总结等方式，对自己的学习情况进行评价和反思。专家评价主要是通过课程作业、课程考试、课程论文等方式，对教师的学习成果进行评价和反馈。

2）"五爱五型"关爱教师专业发展评价体系

该体系评价内容包括教师基本素养、专业技能、教育科研和个性发展四个方面。评价结果将作为教师专业发展的参考和依据，帮助教师发现自身的不足，提高实践能力和解决问题的能力。

关爱型教师专业发展体系评价指标如下表所示。

关爱型教师专业发展体系评价指标

|  |  | 成长型教师 | 成熟型教师 | 骨干型教师 | 专家型教师 | 卓越型教师 |
| --- | --- | --- | --- | --- | --- | --- |
| 基本素养 | 理论学习 | 每月4篇 | 每月3篇 | 每月2篇 | 每月2篇 | 每月2篇 |
|  | 三笔字 | 每月4张 | 每月4张 | — | — | — |
| 专业技能 | 竞赛 | 积极参加各级各类竞赛 | 积极参加各级各类竞赛 | 积极参加各级各类竞赛 | 积极参加各级各类竞赛 | 积极参加各级各类竞赛 |
|  | 公开课 | 了解上课基本流程 | 上1节校级公开课 | 上1节区级公开课 | 上1节区级公开课（或指导） | 上1节区级以上公开课（或指导） |

续表

| | | 成长型教师 | 成熟型教师 | 骨干型教师 | 专家型教师 | 卓越型教师 |
|---|---|---|---|---|---|---|
| 专业技能 | 听课评课 | 每月听课至少8次 | 每月听课至少5次 | 每月听评课至少4次 | 每月听评课至少4次 | 每月听评课至少4次 |
| | 教学培训/研讨 | 每次研讨积极参加 | 每月至少4次 | 每月至少4次 | 每月至少4次 | 每月至少4次 |
| | 教学常规 | 按时完成 | 按时完成 | 按时完成 | 按时完成 | 按时完成 |
| | 家校沟通 | 每学期至少与家长沟通6次 | 每学期至少与家长沟通4次 | 每学期至少与家长沟通4次 | 每学期至少与家长沟通2次 | 每学期至少与家长沟通2次 |
| | 荣誉表彰 | — | 个人获区级表彰 | 个人获区级表彰 | 个人获市/区级表彰 | 个人获市级及以上表彰 |
| | 经验推广 | — | — | 带领青年教师、学科团队 | 带领青年教师、学科团队 | 带领或参与名师工作室 |
| 教育科研 | 申报课题 | 了解申报要求 | 申报通过个人区级课题 | 申报通过个人市/区级个人课题 | 申报通过个人市级课题、参与校级课题组 | 参与/申报省/市级课题 |
| | 参评论文/案例 | 了解论文/案例写作要求 | 参加区级及以上论文/案例比赛 | 在市/区级论文/案例比赛中获奖 | 在市/区级论文/案例比赛中获奖 | 在市级及以上论文/案例比赛中获奖 |

续表

| | | 成长型教师 | 成熟型教师 | 骨干型教师 | 专家型教师 | 卓越型教师 |
|---|---|---|---|---|---|---|
| 教育科研 | 校本课程 | — | 积极参与 | 积极参与 | 积极参与 | 积极参与 |
| | 书籍编写 | — | 积极参与 | 积极参与 | 积极参与 | 积极参与 |
| 个性发展 | 教学风格 | 学习"五爱五环"教学模式 | 运用"五爱五环"教学模式,发展个人教学风格 | 运用"五爱五环"教学模式,形成个人教学风格 | 运用"五爱五环"教学模式,突出个人教学风格 | 有个人突出教学特色 |
| | 文明礼仪 | 学习教师基本礼仪 | 保持教师文明礼仪 | 保持教师文明礼仪 | 保持教师文明礼仪 | 保持教师文明礼仪 |
| | 兴趣社团 | 积极参与 | 积极参与 | 积极参与 | 积极参与 | 积极参与 |
| | 特色活动 | 积极参与 | 积极参与 | 积极参与 | 积极参与 | 积极参与 |

五、课程保障措施

1.组织建设保障

(1)成立以校长为组长、副校长为副组长的学校课程领导小组,负责校本课程的总体策划和宏观调控。

(2)组建校本课程研发中心,负责组织、落实、协调、检查、评估校本课程开发的各项事务性工作。

(3)成立教师专业发展培训基地,开展课程研发校本培训,不断提升教师协同开发校本课程的意识和技能。

(4)建立课程研发集体审议制度。教师提交的校本课程开发方案,必须通过备课组、教研组、学校学术委员会三个层次的集体审议,审议通过后才能在课程研发中心备案,并开展立项建设。

2. 资源供给保障

（1）加大经费投入，确保课程研发活动经费充足，实行专人管理。

（2）加强读本建设，确保课程研发有配套读本资源。

（3）加强教师社团建设，拓展多方资源，为教师开展丰富的社团活动。

## （三）学校条件保障

### 1. 经费保障

学校重视教师专业发展，并做到投入资金的专款专用。学校每年为教师发展聘请专家、购买书籍、订阅报刊、安排教师参与各级各类教师培训，所有经费均超过年度公用经费的5%。

学校坚决落实研修经费。将学校年度公用经费的5%列为教师培训专项资金，用于开展校本培训及教师外出学习、培训所需的资料费、差旅费、每学期初教研组长或教师购买的教学用书及教学资料费用等。学校克服经费紧张的困难，把有限的资金用在刀刃上（我校投入资金12万余元用于添置教学设备、购买图书资料等），满足教师专业发展的需要。

### 2. 条件支持

学校建设了完备的校园网。各处室、年级组每个教职员工都配备了计算机，班级全部配备多媒体投影仪。学校购入大量音像图书资料，特别是教育理论及学科专业类书刊，设立了教科室，更新了办公设施，这些都极大地改善了教师工作学习环境，为教师专业发展提供了物质保障。

学校按高标准建设专用教室。包括创客空间（木工坊、3D打印区、编程活动区、无人机飞行区、机器人活动区、车模活动区）、录播室、心理成长指导中心、科学实验室、科学仪器室、体育器材室、音乐教室、美术教室、书法室、劳技室、微机室、保健室、戏曲活动室、舞蹈排练厅、多媒体报告厅、多媒体会议室、图书阅览室（藏书720028册，生均30.7册）等共计25间。校园各教室、楼层、楼梯转角处均设有图书角，学生随时可以进行阅读。各功能室相关设备配置齐全，规章制度齐全，并有专人负责管理。生机比为6.99∶1；师机比为0.93∶1；生均仪器设备价值达3500元以上，为全校师生的教育教学活动提供了坚实的物质保障。

### 3. 时间保障

学校根据不同的学科安排每周教研的时间，并根据教师集中教研的时间错时安排教师培训并保障每周五下午青年教师的培训。

学校对每个教研组都安排每周一次的校本主题教研活动时间，每周3—4学时，每学期15周，一学年共计180学时。学校按照上级要求同时结合本校实际安排教师外出参加各类培训。

## 三、实施路径

### （一）营造民主和谐的人文环境

马克思说过："环境是人改变的，但环境也改变人。因为人的意识是可以改变的。"吴家山第四小学从建校之初，一直坚持以人为本的教育理念，以人为本不仅体现在以学生的发展为基础，还体现在教师的专业发展上。目前，我校已构建了"关爱教育"育人文化体系，学校教学制度的建设和创新秉承以人为本的管理理念，贯彻人性化的管理原则，采用刚柔并济的管理手段。

#### 1. 情感管理，爱满校园

吴家山第四小学十分关注教师心理健康，把和谐与爱融入学校的管理活动中，始终坚持尊重教师群体的需求，尊重教师的人格和尊严，遵循不公开批评管理原则，建构积极向上的人际心理环境。我校大力开展幸福工会活动，积极开展读书分享会（《幸福女教师》《我言我趣》《趣味运动会》《社团活动》《曼陀罗绘画》《特别的爱给特别的你》）等教师心理健康调试、训练活动，让教师压力能有适当的释放途径，使教师可以悦纳自我、开放心态接纳他人、充满职业归属感，提升教师职业满意度。我校定期请市、区专家到校讲学，每学期至少组织一次全体教师的心理健康教育培训（如，2018年王一凡主任《相约十年，花开有声》、湖北大学教育学院心理系徐碧波博士《小学生心理和教育》、2019年特级教师耿喜玲《做学生生命中的贵人》、张汉强所长《儿童行为的塑造与矫正》），这些培训提高了教师的心理健康教育水平和技能技巧。

#### 2. 构建"人性化"管理体系

学校的制度建设是学校意志和教师意志的统一体现。学校在制度建设过程中，充分发挥教代会、支部大会的职能。教代会反映的是教师的呼声，代表着广大教师的意志，使学校制度建设具有坚实而广泛的民主基础；支部大会是学校发展方向的保证，支部大会的党内民主保证了制度的正确性，支部大会的集中则保证了党组织的原则性。

在2022年"双减"政策的落实中，人性化的坐班管理制度更是弹性十足。有课后延时服务任务的教师在学生放学后方可下班，而没有延时服务任务的教师可以在17

点准时下班。此外,教师每月有3次两小时请假的权利,由于学校教学工作的特殊性,这给临时有事的教师提供了方便,提升了教师职业的幸福感。

一方面,我校制定规章制度来规范教师教学的行为。在教学管理活动中,我校采用必要的刚性管理手段稳定教学秩序,加强教学质量控制。另一方面,我校在教学管理中采用柔性管理手段,人性化教学制度的建立是一种鼓励创新的机制,充分发挥教师的自身优势,让教师在教学中追求个性化的教学方式,使教学方式得到创新并获得专业化发展。

3. 人性与制度的和谐

在信息化时代,为更好、更快地推进教育信息化建设,我校投入大量信息化经费,购买多媒体设备,建立互动反馈、微课、教研平台,满足教师的日常教学需求。此外,我校建立了智慧教室,引进先进的教学系统设备,满足教师参加比赛、录课等个性化需求。

办公室是教师的主要办公场所之一,为了提升办公室的舒适度,学校对其进行升级改造。每年的春季学期开学,学校会组织"喜迎开门红"活动,让教师感受到学校如家一般的温暖。

### (二) 建立教师专业发展共同体

1. "师徒结对"助力新教师成长

刚入职的教师是教师队伍的新生力量,是未来教育事业发展的希望。新教师阶段是教师专业发展的关键阶段之一,这一阶段的发展直接关系到新教师未来的专业发展方向。为了让新教师尽快融入吴家山第四小学这个大家庭,实现从教学新手到教学熟手的转变,我校实行了师徒结对计划。每学年根据实际情况组织师徒结对活动,帮助新入职教师和青年教师更好地适应教学需求、迅速成长。原则上由各年级学科骨干教师担任师父,每年新入职教师和从教5年以下的教师作为徒弟。待发展的青年骨干教师应以学校学科首席骨干教师为师。在师徒结对期间,师父要做到"两带":①带师德——敬业爱岗,无私奉献,教书育人,为人师表;②带师能——教育教学与教育科研及落实新课程实验的基本技能。徒弟要做到"两学":①学为师——遵纪守法,诚实正直,学习教育教学理论,树立先进的教育理念;②学为学——熟练掌握教育教学和教育科研的基本功。

在师徒结对期间,师父和徒弟形成了学习的共同体,师父在师德、教学指导和教研指导三个方面指导徒弟。首先,师父在职业道德、治学态度、工作做法、协作精神和教书育人等方面给徒弟树立榜样,师父的一言一行犹如催化剂,帮助徒弟迅速适应工作环境,引导徒弟快速成长。其次,师父在教学方面有着宝贵的教学经验,可以将自身所积累的教育、教学、科研等方面的经验和体会适时传授给新入职的教师,指导新入职的教师完成各项任务。最后,师父要精心指导徒弟备好课,认真查阅徒弟的教案,同时给予悉心指导和签注指导意见;认真审查徒弟批改作业或试卷情况是否认真、是否达到要求,讲评是否有针对性,并提出改进意见。

学校对师父职责的要求还对量有明确规定。每月师父听徒弟的课不得少于2节,并且需要认真记录,课后及时评价,共同研究改进教学方法。师父每学期指导徒弟上1节组内或校级公开课或汇报课,指导新入职的教师上好每学期面向全校的汇报课。师父还要鼓励、指导、帮助徒弟参加各级各类竞赛活动,让徒弟得到锻炼和提升;督促新入职的教师学习教育专著、写不少于3000字的书面摘录或心得体会,指导新入职的教师撰写论文和教学案例。

徒弟在师徒结对中是主要学习者。俗话说:"师父领进门,修行在个人。"在师父的引领下,徒弟不仅要初步养成高尚的职业道德、热爱教育事业、热爱学校、关心学生、教书育人、为人师表,还要找师父汇报自己的思想、学习和工作情况,在师父的指导下开展教育、教学、科研等方面的工作,学会制订学期教学计划与备课,写规范的教学案例并收集课堂信息的反馈,及时撰写反思总结。批改作业是教师日常工作中的重要环节之一,是检测学生课堂学习效果的最直接方式。因此,徒弟要按照师父的指导,及时批改作业,做到全收全改,并及时反馈作业的批改情况。

在师徒结对期间,徒弟每学期需要在组内或校内执教公开课或汇报课2节,课后要写好教学反思;每学期听课不少于15节(其中听师父的课不少于5节),做好听课记录,写好心得体会;每学年需撰写论文、教学案例至少1篇(每篇不少于2000字)。除此之外,徒弟需要在师父的指导下加强专业理论的学习,做好读书笔记。

教务处对师徒结对实施常规管理。教务处建立师徒结对档案,记录师徒成长历程,并将此作为教师考评的参考依据。根据师徒结对实施方案和协议要求,分阶段(根据结对周期)、多渠道(自评、同行评、学生评、领导评;查资料,看成效等)对师徒结对工作进行捆绑式的管理、考核与评价。教务处对师徒实行动态管理,对不称职的师父予以调换,对不认真履职的徒弟给予批评教育、限期改正。每学期末,根据所有教师平时的听课、指导情况,对表现突出的教师进行表彰。

在师父的引领下,我校一批又一批新入职的教师快速适应了教师这个工作岗位,积极参加校级、区级比赛,并取得好成绩。多位教师的教学论文、教学案例也获得区级或市级的一等奖、二等奖。

其中,新教师金异在师父李智君老师的带领下迅速成长,在学校的教学工作中能够独当一面。金异说:"李老师就像妈妈,她是我职业生涯中的一盏明灯,一直指引着我前进的方向。还记得我上班的第一天,翻开数学课本,看到这些简单的知识,我该怎样把这些知识教给学生呢?李老师看到我眉头紧蹙,温柔地说:'不要怕,你把课调一下,我先上,你听我上课后跟着上就行。'李老师的这一席话让我吃了一颗定心丸,我每天跟着李老师听她上课,慢慢地我领悟到上课的精髓,也有足够的勇气站在讲台上,不再心慌。李老师经常跟我说'今日事今日毕''年轻人就要肯吃苦',在李老师的严格要求下,我做到了当日的作业当日批改,每天下班后,我都会抽出半个小时的时间反思当日的收获,记录课堂教学中处理不到位的情况以及初步的改进方法。就这样,通过日复一日的积累,我的教学水平有了提高,也积累了很多素材,这让我撰写的教学论文在市级、区级都获得了一等奖。"

### 2. "青尚训练营"激发青年教师潜力

目前青年教师是我校教师队伍的中坚力量,同时青年教师也是我校教师队伍的战略预备队。青年教师的发展关系着我校教师队伍的未来,关系着我校的未来教育教学质量和学校的整体发展。我校高度重视青年教师的成长,为了使青年教师迅速提高教育教学水平,尽快掌握现代化教学理论和教学方法,早日胜任教育教学岗位,按规定对35岁(含35岁)以下青年教师进行培训。我校成立了专门的班集体,选出班级委员,将青年教师培训取名为"青尚训练营",每周五开展青年教师培训活动,活动以团建、专家讲座、自主研修、读书沙龙等形式开展,进一步优化青年教师队伍的结构,提高教师队伍综合素质,培养、造就德才兼备的教师队伍。每个学期,教务处会制定"青尚训练营"培训计划,35岁及以下的青年教师根据培训计划安排准时参加培训并做好相关培训记录。

三年来,学校通过"青尚训练营"平台,开展了一系列青年教师培养活动(包括教师职业道德、专业素养、教学模式、德育课程、教育科研等),全方位促进青年教师的专业发展。

"青尚训练营"开展了一次主题为"当春乃发声"的读书沙龙活动,更是给青年教师注入了新的活力。此次读书沙龙活动分为人面桃花相映红、一"声"独秀总是春、众声齐诵春满园三个环节。第一环节,人面桃花相映红签到与做口部操。活动的组织者精心制作了签到板,老师首先在签到板上签名,接着六个小组的组长通过抽签确定朗读的篇目和顺序,最后教研室主任带领老师做口部操,为朗读发声做准备。第二环节,一"声"独秀总是春,由三位老师范读《三月桃花水》、领读《燕子》和朗读《书和喜鹊》。第三环节,众声齐诵春满园,各小组按照抽签顺序进行朗读展示(如《母鸡》《宝葫芦的秘密》《黄继光》《总也倒不了的老屋》《夜间飞行的秘密》《普罗米修斯》等课文名篇)。"老师的朗读传递的不仅仅是声音,而是要用这些声音、感情和表情来感染学生,让学生情不自禁地走进文本,感受语文的魅力。"校长对这次读书沙龙活动进行了点评,并对青年教师提出了殷切的希望。活动结束后,老师们纷纷留言,将自己的心得体会写在便签纸上,并贴在签到板上。

有的老师对自己的朗读进行了反思,如田思源老师说,"通过今天的读书沙龙活动,我意识到朗读时的语速还需要调整,还需要投入更多的情感,学无止境"。有的老师被朗读蕴含的力量深深地折服,其中李章勇老师说,"我校教师优美的声音蕴含着丰富的情感,给人心灵以强烈的震撼";杨星星老师说,"原来还有提颧肌、挺软腭这些发声的技巧,还可以这样朗读课文";程佳乾老师说,"朗读,让诗意照亮生活"。还有的老师提高了朗读的兴趣,张欣老师说,"通过此次读书沙龙活动,让我对读书的兴趣只增不减"……青年教师的培养是一项长期性的工作,学校致力于营造一个"宽松、积极、浓厚"的教育教学研究氛围,根据每位青年教师的专长与教学特点,为青年教师提供广阔的参与平台,让青年教师在教学实践中得到锻炼和成长。我校坚信对青年教师要进行积极正确的引导,科学有效的培训,同时给予适当的压力,切实加强青年教师的专业化成长,进一步深化和提高学校教育教学质量。

3. 开展扎实高效的校本研修

教不研则浅,研不教则枯。学校严格按照国家课程标准与实际情况统筹三级课程,有计划地开展校本研修活动,并结合学校关爱教育理念大力进行"五爱五环"课堂模式建设,在2018年制定了《吴家山第四小学校本培训五年规划(2018—2023)》(以下简称《规划》)。《规划》以科学发展观为指导,按照教师终身学习的思想,积极探索学校教师队伍建设的新方向,从扎实推进素质教育出发,多层次、多类型、多形式、有计划、有组织地开展校本培训工作,促进教师专业化发展,有效地发挥教师在基础教育课程改革中的积极作用,已成为当前面临的一项重要而紧迫的任务。结合学校"十三五"规划发展的要求和学校的实际情况,我校将坚持以人为本,坚持实事求是,树立人才资源是第一资源、人人都可以成才的新理念,更新观念、加强管理、挖潜扩能、相信教师、依靠教师,根据教师队伍群体的特点来提高教师的专业素质和教师的研究能力,使校本培训能够扎扎实实地开展,让校本培训工作走向规范化、科学化。

学校现有语文、数学、英语、科学、体育、美术、音乐和综合等18个备课组,其中语文和数学备课组各6个。学校每学期既有校级教研,也有年级教研。学校的校本研修做到了"三定"(定时、定人、定主题),每个备课组的教研活动记录真实完整,教研主题结合了各学科专业知识,并围绕关爱课堂"五爱"的流程及实施策略来开展研修活动。

音乐备课组在学校教学模式的研讨中,积极尝试、及时总结,逐步形成了独具特色的校本研修。

#### 4. 以活动为平台,促进教师专业发展

音乐组的每位教师都积极参加校级、区级、市级的各项活动,每次活动既是对自己的挑战,也是促进自己专业发展的契机。张莉老师2007年承担市级研讨课《我有一只小羊羔》,2009年承担区级研讨课《妈妈的歌》。袁芳老师在区级音乐教研活动中承担研讨课《山谷静悄悄》。张春嵘老师和张莉老师分别在市教研员下校指导工作时,积极承担《一对好朋友》和《我抱着月光,月光抱着我》上课任务。2018年11月,张莉老师代表小学音乐学科赴十堰市竹山县溢水镇溢水小学送教下乡,给学生送上了音乐课《老水牛角弯弯》。音乐组青年教师邓诗怡和黄雯娟积极参加校级优质课比赛。2020年3月,邓诗怡老师录制了东西湖区空中课堂之国粹——京剧。在疫情期间,音乐组老师在教务处的领导下,积极推送教学美篇。音乐组还有很多类似这样的活动,袁芳老师说,"教师业务水平的提高是在一次又一次的教研活动中逐步显现的,校级、区级、市级的各种活动为提高我们的业务水平提供了很好的平台,我们要借此提高学校音乐团队每位教师的业务水平"。

#### 5. 以老带新,凝聚教研合力

俗语说"众人拾柴火焰高",音乐组就是一个心往一处想、劲往一处使的团队。2020年9月,袁芳老师参加市级器乐优质课比赛,全组老师齐上阵,张莉老师、龙霞老师给袁芳老师在教学设计上进行指导,全程参与袁芳老师的磨课、听课。而青年教师邓诗怡、付鸿宇借助他们精湛的信息技术水平,为袁芳老师的课件制作和素材的收集给予帮助,使袁芳老师可以将更多的时间放在对难点的突破,以及教学形式的改进上。

#### 6. 以校本课程为载体,拓展教研新渠道

2019年10月,音乐组的青年教师邓诗怡和周雨萱开设了鸣鸠琴特色活动,这是鸣鸠琴进入学校教学的雏形。2020年12月,学校被授牌为"传统文化进校园——鸣鸠琴教学示范校",音乐组的每一位老师积极参与鸣鸠琴进课堂的教学实践活动。

目前我校音乐课已经完成了鸣鸠琴进课堂的全覆盖,并开设了鸣鸠琴社团提高班,共有228名学生参与鸣鸠琴社团的活动。音乐组老师通过向外学习与向内探索的方式,逐步摸索出与中华传统文化相结合的鸣鸠琴演奏方法和演奏技巧。即使在疫情期间,也一直坚持鸣鸠琴的线上授课。组内教师共制作了线上教学视频13节,学生每天线上打卡上交作业,师生通过视频连线点对点的解决学习中出现的问题。

在全组老师的共同努力下,袁芳老师执教的《小星星》获2020年武汉市鸣鸠琴器乐微课二等奖,鸣鸠琴弹唱《春晓》由区级推送评评武汉市2021年器乐比赛。邓诗怡老师以鸣鸠琴为主题的论文发表于国家级教育杂志,教学案例《中华优秀文化鸣鸠琴进校园》通过市级选拔参加省级选拔。同时,音乐组还积极开展课题研究,《培养小学中年级学生音乐节奏感》《吴家山第四小学音乐戏曲课的教学现状》《鸣鸠琴在小学音乐教学中的实践》《综合实践活动中学生实践创新素养培养》《"互联网+"环境下学生核心素养发展多元化评价》均获得市区优秀课题结题。

**(三) 打造学科建设的特色品牌**

一所学校的选择、崇尚和追求,外显为教育行为和校风,对内的是内涵式发展。内涵式发展意味着学校要切实遵循和践行以学生为本的教育理念,通过提供优质教育和特色教育促进学生的健康成长和个性化发展。优质教育可以促进学校全面发展,通过特色教育引导和塑造学生的鲜明个性。若要促进特色教育的形成与发展,应结合学校实际情况进行合理的定位发展。

本着以上教育理念,我校在"润泽生命,启迪智慧"的办学理念的指导下,提出"一校一品",致力于打造学校的特色教育品牌。学校领导班子和全体教职员工在打造学校的特色教育品牌这一共同愿景的激励下,围绕学生成长目标,富有创造性地推进各种特色品牌课程的开发,建设特色学校,打造学校品牌。

**1. 中华小四弦——鸣鸠琴**

学生通过开展鸣鸠琴学习体验活动,进行传统文化的学习和熏陶。2020年疫情期间,我校的鸣鸠琴教学一直坚持线上授课。当时线上的教学活动获得家长和学生的一致好评,学校微信公众号还推送了鸣鸠琴的专题报道。老师们为了让学生在家里能够自觉拿起小四弦来练习,还举办了中华小四弦乐手大赛,以录制视频的形式进行小四弦比赛,举办此次比赛,不仅能让学生展示自己的学习成果,还能让学生在家能够自觉练习小四弦。

目前我校音乐课已经完成了鸣鸠琴进课堂全覆盖,同时重点开设了鸣鸠琴社团提高班,228名学生参与鸣鸠琴社团的活动,师生一起探索鸣鸠琴的演奏方法、创新演奏技法,并与中华传统文化紧密结合。

### 2. 小海星轮滑队

我校小海星轮滑队成立于2016年,目前已有队员120多名,其中30名入选校级速滑队,20名入选轮滑冰球队。

学校利用轮滑教学,将轮滑与滑冰相衔接,积极探索"轮转冰"特色之路。学校目前正在开发冰雪轮滑校本课程,计划将轮滑课纳入体育课堂,并增加陆地冰球、旱地冰壶等陆地冰雪运动课程。

我校的轮滑教学工作在校领导的支持和全校教职工的努力下,取得了优异的成绩。2018年湖北省轮滑进校园示范学校;2020年教育部授予全国青少年校园冰雪运动特色学校;2021年武汉市教育局、武汉市体育局授予首批冰雪运动特色学校;2022年武汉市东西湖区冰雪轮滑运动协会。尽管如此,我校始终认为距离上级主管部门的要求还有一定的差距。我校坚信在区教育局、体育局的正确领导下,轮滑特色项目将在武汉市东西湖区吴家山第四小学得到更长远的发展,我校将成为武汉市轮滑后备人才培训基地,为东西湖区、武汉市培养更多的优秀人才。

### 3. 多肉种植

我校地处武汉市西郊,相对于武汉市中心城区而言,美术教学的现代化设施设备条件相对较差,但也有着中心城区所没有的优势。全校占地面积约64亩,校园里绿树成荫,植被种类繁多,拥有学生实践基地。2017年,我校被评为武汉市园林学校。鉴于此,老师们把广受大众喜爱的多肉植物带进了美术课堂。多肉植物多数为欣赏类小型植物,养护简单、生命力顽强,种植所需空间不受限制(窗台、走廊、阳台、天台、空地等)。因此,充分利用各类资源,让学生参与多肉植物的种植活动,使多肉种植、观赏、创作等活动成为小学生美术生活体验的一部分,引导学生在体验与观察的基础上进行美术创作,培养学生识别、欣赏、实践、创作美术的综合能力。

学生通过参与多肉种植,使他们认识多肉植物,增强直观感受;了解多肉植物生长习性,体验种植的乐趣;进行学科融合,观察记录多肉植物的生长情况,增强美术体验;学生以多肉植物为主题,以种植体验为感受,创作出形式多样的美术作品(如多肉植物创意种植、以多肉植物为主题的儿童画创作、多肉植物丝网花作品、多肉植物版画作品、多肉植物剪纸作品、多肉植物纸浆画作品、多肉植物超轻黏土作品)。

自多肉种植这一特色品牌课程开设以来,学校积极组织学生参与各级各类美术比赛活动,学生参与的积极性非常高,参与面更广泛,取得的成绩明显高于以往。在

2017—2019年武汉市艺术小人才比赛中,参与的50余人次中,多人荣获一、二、三等奖。在区级文化馆组织的美术作品比赛活动中,我校教师辅导学生参评作品300多件,其中多人分获一、二、三等奖,得奖率超过80%。2017年8名学生作品入选武汉市中小学特色项目作品展参展,2017年6件学生作品入选湖北省现代陶艺作品展。学生参加国内外作品交流展累计186人次,其中国际级别交流15人次、省级6人次、市级94人次,学生在省级市级各类比赛获奖29人次。这一特色品牌课程的创立,让学生的美术体验因多肉植物的种植、养护、观察、创作而得到丰富、翔实的数据,更能直接反映学生的成绩。

### (四) 组织丰富多彩的文化活动

教师的专业成长在很大程度上会受到所处环境的影响,因此学校可以通过组织丰富多彩的文化活动,使教师的思想、价值、信念、知识技能和行为表现不断提升,从而促进教师的专业成长。

#### 1. 读书沙龙

读书、育人是一名教师的生命轨迹、成长轨迹。只有把读书作为人的精神之旅,并经常反思自己的教学,使自己的思想与时俱进,才能优化教师的教育行为,实现教育理念,才能真正适应学生成长的需要,适应教育发展的需要。读书会在无形中提升教师的教学品质、强化教师的人格魅力,爱读书、读好书应当成为教师的职业素养和习惯。因此,学校可以积极开展读书活动,每学期开学时举行教师读书活动启动仪式。

学校可以规定教师每年必读书籍,教师也可以根据自身的需要,选学一些教育理论经典书籍,特别是要读名著、读名师的教育随笔。在与大师对话、和名家交流中,实现思想与思想的碰撞,在碰撞中产生感悟、得到成长。

教师在看书、读报时,要特别关注那些与教育、教学相关的文章,好的语句要进行摘抄,好的文章可以剪下来做成剪报进行收藏,并在空闲时经常翻阅,使自己得到激励和启迪。

高尔基说"书籍是人类进步的阶梯",但是一个教师的境界高低,并不在于他读了多少本书和教了多少年书,而在于他用心读了多少本书、用心教了多少年书。所以学校在每学年年末均举办读书分享会,既可以让老师们谈谈自己一年的读书心得,也可以展示和分享一年来所读的好书及优秀的读书笔记等。老师只有在不断地学习、不断地探索中,陶冶自己的情操,扩大自己的视野,才能在这个日新月异的社会中紧跟时代的步伐,才能有更多最新的知识来面对学生提出的各种问题。

### 2.青年教师听名师成长故事

我校青年教师所占比重逐年增长,为进一步加强教师队伍的建设,学校高度重视青年教师的培养和发展,从各个方面提供舞台,帮助青年教师实现自身价值。对青年教师进行培训是一项重要工作,它能促使青年教师更好地熟悉教育教学工作、履行岗位职责,不断提高自身思想政治素质和业务水平而进行的继续教育,是我校教师专业成长规划中的一项重要内容。学校常组织青年教师听名师成长故事,这也是一种很好的激励教师成长的方式。

"教育,就是尊重和接纳,是鼓励、启迪、引导学生做最好的自己。"范晶是我校语文骨干教师,担任班主任工作几十年,她善于从细节中捕捉教育契机,关注学生的心理发展历程,注重对学生进行心理疏导,使学生在自省中发挥自己的潜能,做最好的自己。范晶老师时刻关注学生的心理变化发展,坚持少指责、少批评、多倾听、多交流,给每个学生表现自己的机会,然后寻找契机,适时点拨鼓励。学生"活而不散,学而不呆",范晶老师对于学校组织参加武汉市优质课比赛、班主任活动课比赛的磨课研讨任务,从不推辞,知无不言,在学校起到了很好的引领示范作用。她所带历届班级学生都成绩优异、乐观上进,并多次获得武汉市及东西湖区先进班集体,在省、市、区各类比赛中表现出色,许多家长也常常自豪地说:"孩子能在范晶老师班上是件很幸运、很幸福的事!"

我校美术教师刘慧娟已教书育人有30余年,从吴家山第四小学建校开始,她一直担任美术教研组组长,带领美术组成员共同提高业务能力与专业技能。"面对工作,敬业实干;面对学生,耐心呵护;面对生活,积极热爱。"这是学校师生以及家长对刘慧娟老师个人魅力和积极工作的肯定评价。她擅长国画和书法,在东西湖区率先开设陶艺教学,将京剧"嫁接"到美术课堂,开设京剧特色班,是吴家山第四小学擅长跨界的"斜杠教师"。

每一位教学名师为青年教师呈现着教育教学和管理思想,诠释着这些教学名师学习、科研、实践、笔耕和实现自己专业成长的方式,使教师领略到名师热爱事业、热爱教育、热爱学校的人格魅力。特别是解读特级教师、名教师、骨干教师等的成长历程,对青年教师有着特别的意义。青年教师往往会因为有着相同的困惑和经历而感动,在感动中萌发出成长的欲望。

### 3. 教学比武

课堂教学是教学的基本组织形式,其效果主要取决于任课教师的教学思想、工作态度、学术水平、教学方法、教学手段和实践经验等。因此,学校定期组织教学比武大赛,可以快速而有效地促进教师教学能力的提高。

教学比武的主要形式是上公开课。公开课主要是指观摩课、赛课或评优课,一节公开课往往倾注了全体教师及相关专业人员的集体智慧。公开课是教师专业成长的催化剂,是成为名师不可缺少的磨炼。

教学比武的主体包括骨干教师和青年教师。①骨干教师上示范课。我校各学科骨干教师比比皆是,通过组织骨干教师为其他教师开展示范课及经验介绍等活动,充分发挥辐射作用,促进青年教师快速成长,使每位教师真正能够做到上好每节课,进一步提升课堂教学效果。②青年教师上汇报课。2020年,我校提出"吴四小,老师好"的教师素养提升战略,搭建教师队伍建设平台,打造一支师德修养好、人文专业素养高、专业能力强的优秀教师队伍。

2020年9月30日,首届"青尚杯"教师素养PK赛启动,朗诵大赛、粉笔字大赛、课堂教学竞赛等相继举行,先后有54名教师参赛,展示专业教学技能、挥洒青春风采。10月15日上午,我校首届"青尚杯"教师素养PK赛配乐朗诵比赛在学校启智厅隆重举行。朗诵比赛评委阵容有:武汉市曲艺家协会副主席、区文化馆馆长李四顺,区语言文字负责人黄丽珍,吴家山中学党委副书记关莉,湖北省朗诵艺术家协会理事刘莉等,评委们公正公平地为每一位参赛老师打分。除专家评分外,本次朗诵比赛还设置了大众投票环节,专家评分和大众投票的总和,计入参赛老师的最后得分。老师们选取的朗诵内容十分丰富且体裁多样,为听众呈现了一场别开生面的听觉盛宴。10月23日下午,我校首届"青尚杯"教师素养PK赛粉笔字比赛在学校启智厅隆重举行。在小小的黑板上,参赛老师通过一支支粉笔,将一首首七言绝句的意境呈现出来。黑板上的字,有的大方得体,有的刚劲有力,有的潇洒飘逸,有的秀气隽美……

为打造精彩课堂,尽展青教风采,11月4日至11月6日,19位老师开始了第三场课堂教学竞赛。参赛老师准备充分,现场赛课精彩纷呈:情境导入,由浅入深,激发兴趣;氛围营造,亦庄亦谐,引人入胜;课堂提问,设置合理,层层深入;作业布置,紧扣课堂,有趣有益。

12月,我校首届"青尚杯"教师素养PK赛颁奖典礼在学校启智厅隆重举行。获得大赛一、二、三等奖的青年教师实至名归,而未获奖的教师也得到了历练,看到了差距也找到了今后努力的方向。学校也对每一节公开课进行及时的评比总结,让老师看到自己的进步与成功也是非常有必要的,哪怕是一次小小的肯定,也将成为老师成长的永恒动力。

### 4.其他文娱活动

教师作为一个特定的社会身份和职业,客观上承担着为国家培养优秀接班人的重任,这种对社会所承担的责任和职业的要求又促使教师必须承受着比普通的社会成员更大的心理负担和精神负担。为了缓解教师工作压力,提高教师身体素质,让教师在工作之余好好地享受生活,学校定期开展文娱活动。

(1)粉笔字比赛。粉笔字是每位教师的基本功之一,作为一名教师,不仅表达要清晰、上课有条理,而且粉笔字也要工整、清秀、给人以美感。教师的字写得工整、清秀、大方、美观,学生受其熏陶进行模仿,学生对教师的喜欢和崇拜转换成对学科的喜爱,亲其师信其道,这样学生的学习才更有动力。教师写一手漂亮的粉笔字,能起到提高课堂教学效果的作用。可以说,工整、美观的板书是课堂教学中必不可少的教学环节,同时板书也是吸引学生注意力的一种手段,教师在课堂上工整、美观、清晰的文字,能吸引学生的注意力,把学生的精力集中到授课的内容上,提高课堂教学效果。课堂上美观的板书,给学生美的享受,它可以潜移默化地培养学生的艺术修养和欣赏能力,从而培养学生严肃认真、耐心细致的学习态度,使学生从教师的板书中陶冶自己的情操。

(2)体育活动(健身操、羽毛球、乒乓球等)。国家权威机构曾对教师进行了心理健康专项调查,调查结果表明:在繁重辛劳的工作中,教师能保持身体健康者为数不多,带病工作已经成为教师职业的特征。许多教师存在身体问题,不少教师存在心理问题。相关调查显示,目前在许多中小学教师中,腰酸背痛、静脉曲张等已是小病,声带结节者大有人在,女性教师更年期健康问题日益突出,男性教师亚健康趋低龄化。患有心脏病、糖尿病等常见疾病的教师数量明显增多,引起了社会的广泛关注。因此,教师平时需加强体育锻炼。但是由于种种原因,教师无法保证锻炼的时间,学校可以根据教师职业的特殊性,针对不同年龄的教师,适当安排不同的体育活动。教师可以根据自己课余时间的情况安排锻炼,确保教师每周锻炼身体的次数。体育运动不仅可以强身健体,而且可以增强团队意识,提高抗挫能力,作为教师应当身体力行,"每天锻炼一小时,健康工作五十年,幸福生活一辈子",给学生起示范带头作用,吸引学生走向操场、走向大自然。

## 四、实践成效

回首过往,可圈可点;展望未来,可盼可期。在这所环境优美的校园里总有一些令人感动的事件书写着不寻常之路。

**（一） 教师团队发展成效**

学校始终把培养一支高素质教师队伍作为办学重任，校领导以发展的眼光，把促进教师专业发展当作头等大事来抓，建立健全管理机制，使教师专业发展工作得以落实。

*1. 载歌载舞的特色学科基地——音乐组*

我校有一支课程研究力和执行力非常高的音乐学科团队，这个团队的7位女教职员工中有多位优秀青年教师和市区级音乐学科带头人，她们热爱音乐教育事业，忠于人民的教育事业、热爱学生、理解学生、尊重学生，始终将对音乐的热爱融入平时的一言一行中，多人次获得师德先进个人等荣誉称号。

在工作中她们团结一心、守望互助，扎扎实实开展教育教学工作，高产高效。连续三年在东西湖区音乐学科测评工作中名列前五；连续五年艺术小人才获奖率在55%以上；连续五年获东西湖区校园合唱节一等奖，多次获得武汉市合唱比赛一、二等奖。多位教师积极参与全国、省、市级课题研究，荣获省市级优质课、案例比赛一、二等奖，其中张老师被评为全国课题研究先进个人，袁老师获武汉市重点课题三等奖，青年教师邓老师入职一年研究的区级课题顺利结题。组内多位教师积极编写校本教材，袁老师编写了口风琴教材《童心琴韵》，龙老师编写的舞蹈教材获武汉市校本教材开发二等奖。2021全组共同开发编写了鸣鸠琴教材获得市区教研员的认可和区级同仁的好评。

2020年疫情期间，全组成员积极参与线上教学，每位教师负责推送自己担任教学年级的常规教学美篇外，还利用腾讯会议开展舞蹈、合唱、鸣鸠琴等特色社团教学，受到家长和同事的一致好评。此外，全组成员积极参与线上教研，制作的视频课《京剧文化》和《魔法似的弟子》获东西湖区音乐空中课堂推送，三篇文章获武汉市音乐教研员开辟"音教而乐"公众号推送。在疫情期间，组内多位教师成为志愿者，奔跑在最需要她们的地方。

2021年、2022年全组教师坚持以习近平新时代中国特色社会主义思想为指导，增强"四个意识"，坚定"四个自信"，做到"两个维护"，自觉弘扬社会主义核心价值观和"四有""四自"精神，充分体现当代女性集体的精神风貌，诚实守信，廉洁务实，积极参与社会公益和志愿服务，社会效益显著，有良好的社会信誉和影响力。岗位目标明确，全面完成年度各项任务，在各项评比、考核中成绩突出。在全组的共同努力下,2021年在东西湖区音乐抽测中取得第一名的好成绩。鸣鸠琴全国教学示范校正式挂牌,被评为东西湖区音乐学科首个中小学特色学科基地。

**2. 智慧敬业书写品质教育——六年级语数英组**

六年级语数英组共有18位教师,分别承担语数英教学,大家对待工作兢兢业业、勤勤恳恳,积极落实"双减"政策,以生为本,有目的、有计划地开展各项教育教学工作。他们群策群力、积极创新,以课堂为主阵地,全面提高本年级教学水平和教学质量。大家积极开展疫情防控工作,践行初心使命,做了大量卓有成效的工作,取得显著成绩。

六年级语数英组的教师们立足课堂,向40分钟要质量,不断提升教学品质。每学期开始,大家会共同制定周密的组内计划;在学期中,注重配合,不断地调整策略,以保证计划的落实;用心研读教材,研究出题方向,关注学生应达到的能力点;通过积极研讨,组织组内教师上好每一堂课,保证课堂的高效;认真开展有效的基于问题的教研活动,增强教师们深度思考、积极探索的能力。组内老教师充分引领青年教师,提供不竭的动力和有力的支撑,帮助青年教师茁壮成长。凭借教师们的精诚团结、无私奉献以及扎扎实实的教学功底,在2023年的毕业年级考试中,学生成绩取得显著的提升,一举夺得东西湖区语数英综合排名第一的好成绩,获得了全体同仁的一致好评。

除此之外,大家在教育教学工作繁忙、任务重的情况下,仍然积极开展疫情防控工作,为学生健康、安全保驾护航。全体六年级语数英组成员愿意一道挥洒汗水,为武汉临空教育画上了浓墨重彩的一笔。

## (二) 教师个体发展成效

我校始终狠抓青年教师队伍建设,为青年教师搭建成长舞台和发展空间,涌现了一批批市区级优秀青年教师。

我校部分教师获奖情况如下表所示。

| 姓名 | 时间 | 比赛类别 | 等级 | 发证机构 |
| --- | --- | --- | --- | --- |
| 蔡芳 | 2021.10 | 荣誉类 | 湖北省建功立业女标兵 | 湖北省总工会 |
| 蔡芳 | 2021.10 | 荣誉类 | 武汉市五一劳动奖 | 武汉市总工会 |

续表

| 姓名 | 时间 | 比赛类别 | 等级 | 发证机构 |
|------|------|---------|------|---------|
| 曾彩荣 | 2021.03 | 荣誉类 | 武汉市建功立业女标兵 | 武汉市总工会 |
| 涂茜 | 2021.01 | 荣誉类 | 湖北省二等奖 | 湖北省好老师讲好故事 |
| 丁丹 | 2021.05 | 荣誉类 | 水粉画作品入选河南省第二十六届新人新作展 | 河南省美术家协会 |
| 潘意萍 | 2021 | 荣誉类 | 武汉市优秀少先队集体 | 少先队武汉市工作委员会 |
| 李敏 | 2021.09 | 荣誉类 | 银牌 | 武汉市政府 |
| 王悦 | 2021.07 | 论文类 | 国家一等奖 | 第十四届全国学生运动会组织委员会 |
| 颜莉莉 | 2021.06 | 论文类 | 国家一等奖 | 中国科学院 |
| 周艳芳 | 2021.12 | 论文类 | 国家一等奖 | 中国陶行知研究会师范教育专业委员会　德育报社 |
| 张崇刚 | 2021.12 | 论文类 | 国家二等奖 | 中国陶行知研究会师范教育专业委员会　德育报社 |
| 邓诗怡 | 2021.12 | 论文类 | 国家二等奖 | 中国陶行知研究会师范教育专业委员会　德育报社 |
| 张仔荣 | 2021.12 | 论文类 | 国家二等奖 | 中国陶行知研究会师范教育专业委员会　德育报社 |
| 陈永霞 | 2021.01 | 论文类 | 国家二等奖 | 中国陶行知研究会师范教育专业委员会 |
| 汤帆 | 2020.12 | 论文类 | 武汉市一等奖 | 武汉市教科院 |

续表

| 姓名 | 时间 | 比赛类别 | 等级 | 发证机构 |
| --- | --- | --- | --- | --- |
| 祝文芳 | 2021.12 | 论文类 | 武汉市一等奖 | 武汉市教育学会 |
| 吴琼 | 2021.12 | 论文类 | 武汉市二等奖 | 武汉市教育学会 |
| 江志 | 2021.12 | 论文类 | 武汉市三等奖 | 武汉市教育科学研究院 |
| 吴雯 | 2021.06 | 论文类 | 武汉市三等奖 | 武汉市教育科学研究院 |
| 刘唯 | 2021.12 | 论文类 | 武汉市三等奖 | 武汉市教育科学研究院 |
| 张璐 | 2020.01 | 案例类 | 武汉市二等奖 | 武汉市教育科学研究院 |

### 1. 充满时尚超燃课堂的李老师

2013年,东西湖区骨干教师暨优秀教师事迹演讲大会上,李老师慷慨陈词:"我不要做一名高级教师或名师,因为高级、名师都有指标限制,而好老师却没有指标限制,所以我只要做一名优秀的好老师!"这是李老师在教师岗位工作四年之后的肺腑之言,也是身边的同事每次看见她总会津津乐道的一段话。

(1) 充满时尚——带给学生别样的体验。

正如李老师经常所说"微笑绽开给学生,鼓励传达给学生,关爱赠送给学生",让每个学生都可以得到教育的真爱,李老师是一个有着多年教龄的骨干教师,她一直把这段话作为自己的工作座右铭,不忘初心,一直朝着好老师的方向努力前行。

李老师的课堂充满时尚的元素,带给学生别样的体验。李老师的生活丰富多彩,她给人的印象总是阳光的、积极的、热爱生活的,非常热爱自己的工作。在这个App盛行的时代,李老师做到了生活、学习两不误,她在小红书、抖音、微博、微信公众号里关注了许多教育大咖、英语达人,学习他们的成功经验,还购买了有道精品课和网易公开课中大量的英语学习课程和资料,提高自己的英语口语水平和专业素养。她结合当下流行的一些时尚元素来辅助自己的英语课堂。她深知:要想给学生一杯水,自己必须先要有一桶水。她经常给学生提供自我展示的机会,组织大家参加各种比赛和活动。此外,李老师还经常推荐学生看英文原版绘本故事书,在她看来,提高英语阅读能力,仅靠课堂教学是远远不够的。李老师会利用假期布置一些阅读原版英文原版绘本故事书、少年英语报等作业,提高学生的英语阅读能力。

(2)"超燃"的课堂——带领学生"在玩中学"。

李老师每次走进课堂,都会面带微笑,用眼神、表情、夸张的动作去吸引学生的注意,用积极的情绪去感染学生。在课堂教学中,她始终像个兴致勃勃的大孩子,带着学生一起在玩中学。

"在讲台上,我把自己当成一名演员,"李老师说,"老师在讲台上没有感染力,学生自然就没有兴趣,老师富有激情,才能更好的带动学生有效地学习。"课堂上,李老师根据不同的教学内容,选择夸张的语调、丰富的表情和多变的动作,演绎抽象的语言符号,帮助学生理解教学内容。比如,教四年级课本中的歌曲《The Crazy Join In Rock》时,她提前穿好摇滚风格的服装,手拿玩具吉他,用摇滚动作和学生共唱这首摇滚乐曲,课堂气氛"超燃"。

学生常说:"最喜欢上李老师的英语课了,希望每节课都是英语课。"李老师特别的关爱,陪伴学生健康地成长。

她深信,学生如同花朵,只要走好五步(第一步,尊重;第二步,理解;第三步,关爱;第四步,鼓励;第五步,内化),用心浇灌,就会有花开果熟的那一刻!

### 2. 智慧带班阅读超人的赵老师

赵老师调用各类教学资源,结合教材的难度和学生的实际水平,对不同层次的学生设计了多种难度不一的教学方法,由浅入深地设计各个教学环节,吸引个性迥异的学生。班里学生的学习成绩参差不齐,赵老师成立了"一对一帮扶专班",调动优等生与学困生"师徒结对",设置奖惩机制,促进师徒共同进步。在她任教的班级里,总能看到一个个严格的小师父辅导徒弟的身影,班级形成了良好的学习氛围。

身为年轻的教研组长,赵老师主动承担组内研讨课,并虚心向教学经验丰富的老师请教。她坚持以教学为中心,认真备课,上好每一节课,力争在各个环节都符合教学规范化的要求。

(1)智慧带班——严爱相济管班级。

班主任工作是一门艺术。赵老师深知,只有严爱相济,才能获得学生的信赖;只有走进学生的心灵,才能在教书的同时育人。在管理班级琐碎烦冗的工作中,她对学生一视同仁,严格要求每一个学生。对学困生,她倾注满腔爱心,通过谈心、家访等方式努力寻找和捕捉他们身上的闪光点,及时对他们进行鼓励和表扬。在生活中,赵老师是学生的知心姐姐,她尽可能了解每一个学生,熟悉他们的家庭环境,关心爱护他们,适时给予他们帮助,让他们感到温暖。通过开展丰富多彩的班级活动,矫正学生的不良行为,让学生在活动中不断成长。

喊破嗓子,不如做出样子;要想正人,必先正己。赵老师以自己的人格魅力感染学生;以忘我的工作态度和刻苦钻研的精神给学生做榜样;教育学生热爱劳动,和学生一起参与劳动。在她的影响下,教室地面上有纸屑,学生会主动弯腰捡起;放学后,学生会主动关灯锁门;学困生遇到难题,同学在课后会主动讲解……当赵老师表扬学生时,学生的回答都是一样的:"我是跟您学的!"这句震撼心灵的话语,让她感觉到无比欣慰与自豪。

"从学生的身上,看到了自己的影子。"赵老师说,"言传身教,身行一致,胜似千言,这就是教育的力量。"

(2)阅读超人——勤奋好学的榜样。

赵老师认为,要读懂学生这本"书",必须有不竭之泉,时时奔涌出清新的、闪烁着耀眼光芒的溪流。她把读书看报作为生活中最重要的事,她大量订阅教学刊物,坚持业务自学,认真做好笔记,及时进行反思,捕捉新的教学信息,提高自己的素养,也在青年教师中树立了榜样。每周五的班会课上,读书分享这一环节必不能少。赵老师和学生一起分享读书的乐趣,这不仅激发了学生的阅读兴趣,还培养了学生爱看书的好习惯。

## 第二节 学生成长指导中心建设

学生成长指导中心是学生成长指导理念的外化载体,是以学生个性化发展为着眼点,是一个面向学生提供成长发展指导服务的重要场所。在满足学生成长发展指导的需求上,围绕学生发展指导工作的宣传、管理、认识、探索、体验、咨询等方面,营造一个开放、自由、希望、幸福的学生成长发展指导"主阵地",成为面向整个学校学生服务的场所。

学生成长指导中心的建设工作,是落实立德树人的根本任务,是深化中小学德育改革的一项具体举措。中小学生处于身心发展的重要时期,是世界观、人生观、价值观形成的关键时期。通过建设学生成长指导中心,加强对中小学生身心发展的全面指导,有助于学生正确认识自我、保持心理健康、塑造健全人格、积极有效学习、提高社会适应力、促进德智体美劳全面发展。要充分认识学生成长指导中心建设工作的重要意义,将其作为年度重要工作,切实抓紧抓好。

## 一、学生成长指导中心建设的指导思想

### (一) 坚持"以学生为中心"根本导向

"以学生为中心"的教育理念于1998年由联合国教科文组织明确提出。该理念起源于建构主义理论,强调以学生的学习和发展为中心,实现从以"教"为中心向以"学"为中心的转变、从"传授模式"向"学习模式"的转变,同时从原本的"教师、教材、课堂"向"学生、收获、体验"递进,进而提高学生的学习质量,提升学生的知识、能力和素质。

学生在教学中的鲜明形象、中心地位是由杜威确立的。在他看来,传统教育无视儿童的突出表现,强制儿童学习外在的、现成的知识。"即使用最逻辑的形式整理好的最科学的教材,如果以外加的和现成的形式提供出来,在它呈现到儿童面前时,也失去了这种优点。"[1]从传统教育来看,以现成、外加等形式向学生传授知识,是现代教学的优势,重要的是教师要有高超的技艺能够调动激发学生学习的主动性。杜威讽刺这样的教学是"用机巧的方法引起兴趣,使材料有兴趣;用糖衣把它裹起来;用起调和作用的和不相关的材料把枯燥无味的东西掩盖起来;最后,似乎是让儿童在他正高兴地尝着某些完全不同的东西的时候,吞下和消化一口不可口的食物。"[2]在杜威看来,学生的主动经验是不可替代的,即便是有逻辑、有系统的学科材料,也不能代替它。"一个下坠体的数学公式不能代替对下坠体的个人接触和个人直接经验。"[3]他强调学生自己与环境的积极互动。

要摒弃传统的教师中心论,实行以学生为中心。罗杰斯批评传统的以教师为中心的教学模式:教师始终是显性的决策者、主角,教师是课堂的中心,教师牵着学生走,学生被动接受和服从;师生关系不平等,缺乏民主和信任感。在人本主义教学中,提倡以学生为中心的教学模式,学习者是学习活动的真正主人和决策者,教师只是隐性的参与者、配角。人本主义是以学生为中心的教学,重视教人胜于教授知识技能,强调过程的学习方式。首先,要求教师以真诚、关怀和理解的态度对待学生的情感和兴趣,创造一种促进学习的良好氛围——教师尊重学生,坚信所有学生都能够

---

[1] [美] 约翰·杜威. 学校与社会·明日之学校 [M]. 赵祥麟, 任钟印, 吴志宏, 译. 北京: 人民教育出版社, 2015.
[2] [美] 约翰·杜威. 学校与社会·明日之学校 [M]. 赵祥麟, 任钟印, 吴志宏, 译. 北京: 人民教育出版社, 2015.
[3] [美] 约翰·杜威. 学校与社会·明日之学校 [M]. 赵祥麟, 任钟印, 吴志宏, 译. 北京: 人民教育出版社, 2015.

发展自己的潜能,并能达到自我实现的境界。其次,以学生为中心,重视学生的意愿、情感、需要、价值观,在师生之间建立良好的关系,以创造一种情感融洽、气氛适宜的学习情境。师生共同参与教学过程,教学过程的着眼点集中于促进学生的不断发展,学习内容退居第二位。罗杰斯主张对学生进行共情式理解,即体验学生的精神世界,把其看成和自己的精神世界一样,用心去听、去体验、去想。在教学过程中,如果教师能给予学生(特别是学困生)积极关注,尊重学生,相信每个学生都是最优秀的,都能够发挥自己的潜能,都能实现自己的价值,这样教师和学生之间就会形成良好的人际关系,学生就会达到最佳化学习。

## (二) 贯彻中小学生教育质量综合评价文件精神

《中小学生教育质量综合评价》总体目标是基本建立体现素质教育要求、以学生发展为核心、科学多元的中小学教育质量评价制度,切实扭转单纯以学生学业考试成绩和学校升学率评价中小学教育质量的倾向,促进学生全面发展、健康成长。

要依据党的教育方针、相关教育法律法规、国家课程标准等有关规定,突出重点,注重导向,把学生的品德发展水平、学业发展水平、身心发展水平、兴趣特长养成、学业负担状况等方面作为评价学校教育质量的主要内容,着力构建中小学教育质量综合评价指标体系。

### 1. 品德发展水平

品德发展水平主要考查学生品德认知和行为表现等方面的情况,可以通过行为习惯、公民素养、人格品质、理想信念等关键性指标进行评价,促使学生形成正确的世界观、人生观、价值观。

### 2. 学业发展水平

学业发展水平主要考查学生对各学科课程标准所要求内容的掌握情况,可以通过知识技能、学科思想方法、实践能力、创新意识等关键性指标进行评价,促使学生打好终身学习和发展的基础。

### 3. 身心发展水平

身心发展水平主要考查学生身体素质和心理素质等方面的情况,可以通过对身体形态机能、健康生活方式、审美修养、情绪行为调控、人际沟通等关键性指标进行评价,促进学生形成健康的体魄和良好的心理适应能力。

### 4. 兴趣特长养成

兴趣特长养成主要考查学生学习的主动性、积极性和个人爱好等方面的情况,可以通过好奇心与求知欲、爱好特长、潜能发展等关键性指标进行评价,促进学生个性发展和可持续发展。

5. 学业负担状况

学业负担状况主要考查学生的客观学习负担和主观学习感受,可以通过学习时间、课业质量、课业难度、学习压力等关键性指标进行评价,减轻学生的课业负担,提高学生学习的有效性和学习乐趣。

6. 学生学习环境

学生学习环境可以通过考查学校的学习环境、家庭的学习环境、社会的学习环境等关键性指标进行评价,使学生的学习环境得到提升和改善,为学生学习提供良好的学习环境。

(三) 落实"关爱教育"办学理念

办学理念是学校办学的灵魂,是学校政策制定的重要基础,它对学校各项工作均有渗透性的指导价值,提炼与表达办学理念对学校改革与发展具有重要意义。

没有爱,就没有教育。爱是一种发自内心的情感,多用来形容对人或对事有深挚、强烈的感情、情绪。马斯洛认为,爱是人类一种不可缺少的需要。关爱,即关心爱护,它是一个内涵丰富的概念,不同的文化对关爱有着不同的理解。现代社会也都在提倡关爱自己、关爱他人、关爱社会、关爱自然……社会学家弗洛姆认为,关爱作为人的一种积极的主动的活动,是人内在创造力的一种表现,并且在其本质上表现为给予。武汉市东西湖区吴家山第四小学育人文化经历了从生活德育的探索,到小海星文化的形成,再到关爱教育的构建。在关爱教育的办学理念下,学校的目标是培养有爱、乐学、善思、慧行的现代化小公民。

1. 践行校风,传承关爱

学校以陶行知先生爱满天下的教育思想为指导,践行生活即教育、社会即学校、教学做合一的教育理念,以关爱教育塑造学校文化,让生命焕发智慧的光芒,让智慧点燃生命的火花。在关爱教育中,关爱的主体(即教师)在对学生关心、爱护的给予行为中,感受到自己勇于奉献、充满激情,从而体会到自我存在的价值和教师职业的价值;而关爱的客体(即学生)在教师的尊重、认可、肯定中获得幸福感,从而不断提升自我,唤起自己的愉悦感,并将接收到的关爱教育延续下去,关爱自己、关爱家人、关爱朋友、关心动物、关注社会。在这个过程中,学生也就转化为关爱的主体,主体与客体在这样的转化中将关爱不断地传承下去。

### 2. 润泽生命,启迪智慧

每一个学生都是重要而独特的,教育过程就是"润泽生命,启迪智慧"的过程。

（1）润泽生命。

"润"即滋润、不干枯,"泽"即展现光彩。润泽意味着呵护、尊重和创造,意味着悉心浇灌后生命绽放的光彩。润物细无声,润泽是一种讲求内化的教育方式,要求教师关心爱护学生,用渗透、熏陶、体验、参与的方式将阳光洒满学生的心灵,用"雨露"滋润学生的生命,将最宝贵的经验、知识、理解、兴趣、欢乐等一切象征生命价值的东西与学生分享。学生的生命也在呵护、滋养、温润中生发向上的力量。

每一个生命都是真、善、美的统一,每一个生命都是健康、快乐、智慧的交融,每一个生命都是生活知识、生存技能、生命意义的聚合,每一个生命都是安全、自主、责任、创造的融合。教育引导着学生尊重生命、珍爱生命、敬畏生命。教育应当敬畏学生、尊重生命,把学生作为真实独特的生命个体,把学生作为教育的本体,为学生营造良好的学习环境,引导学生在自主发展的过程中,不断提升生命的品质,激发生命的潜能,唤醒生命的活力,寻找生命的意义,实现生命的价值。

（2）启迪智慧。

智慧是生命所具有的基于生理和心理的一种高级创造思维能力,包含对自然与人文的感知、记忆、理解、分析、判断、升华等能力。智慧与智力不同,智慧是辨析判断、发明创造的能力,智力是人认识、理解客观事物并运用知识、经验等解决问题的能力,在日常生活中,智慧表现为更好地解决问题的能力。

有智慧的学生可以更好地认识自我、掌握知识技能、处理人际关系、参与社会实践,形成正确的人生观和价值观。而学生智慧的形成需要教育的引导和教师的启迪。教育是引导学生智慧成长的艺术,教育不仅要传播知识,更要启迪智慧。教师要善于启迪学生的理性智慧、价值智慧和实践智慧。一名优秀的教师,善于用一个智慧生命照亮更多智慧生命,用一个智慧心灵唤醒许多智慧心灵,用智慧行动影响学生的一生。

润泽生命和启迪智慧二者相辅相成、不可分割,需要教师、学生与学校共同努力,才能实现学生全面和谐发展的目标,才能实现学校教育与学生发展浑然一体的追求。润泽生命和启迪智慧在潜移默化中促进学生的发展。学校的办学要以为学生服务为前提,同时为学生服务也是办学的目的。新时期教师的使命,不只是简单的传道授业解惑,更重要的是启迪智慧以达到润泽生命的最高境界。

3. 和谐校园,成就关爱

在关爱教育的指引下,学校秉持"润泽生命,启迪智慧"的办学理念,培养有爱、善思、慧行的学生,打造有信念、有仁爱、有追求的教师,建设生态化、智能化、现代化的校园。积极构建和谐校园,让学校成为关爱教育的集结地,让教师在工作时能体会到职业的幸福感,成为关爱教育的传播者,让每一个学生都能享受学习的获得感,成为关爱教育的成就者。

在校园里学生作为关爱教育的主体,不再是一味地被关爱教育的传播者束缚和灌输,更多的是被唤醒和激发,把潜在的天赋挖掘出来,享受属于自己的快乐童年,获得成长的自由、思维的自由、心灵的自由,充分开启智慧的大门,充分发展灵动的心智,充分实现生命的本真。

学校希望教师作为关爱教育的实践者,在教育上关心和爱护学生,给予学生快乐和温暖,以教师的教育智慧、教育魅力、教育素养和教育境界引导学生全面而和谐、自由而充分、独特而创造地发展,同时坚定自己的教育责任,提升自己的教育心境,发展自己的关爱能力,成就自己的教师价值。

学校作为关爱教育的主阵地,在办学中致力于建设良好的资源环境,促进学生的心智发展和教师的心理健康;构建良好的教育教学体系,促进学生思维能力和教师个人素养的提升;打造良好的校园文化,促进学生的个性化成长和教师的专业化发展。

## 二、学生成长指导中心建设的主要内容

学生成长指导中心要发挥对学生的品德发展、学业发展、身心发展、兴趣特长、劳动技能等方面的指导功能,落实立德树人根本任务,发展素质教育。

### (一) 品德发展指导

品德发展包括行为习惯、公民素养、人格品质、理想信念四个方面。①行为习惯包括文明礼貌、勤俭节约、热爱劳动、爱护环境等。②公民素养包括珍爱生命、遵纪守法、诚实守信、团结友善、乐于助人等。③人格品质包括自尊自信、自律自强、尊重他人、乐观向上等。④理想信念包括爱国情感、民族认同、社会责任、集体意识、人生理想等。

学生成长指导中心通过对学生进行行为认知和行为实践的指导,促使学生逐步

形成正确的世界观、人生观、价值观,培养良好的品德。

### (二) 学业发展指导

学业发展是指学生对各学科课程标准所要求内容的掌握情况,表现在知识技能、学科思想方法、实践能力、创新意识等方面。

学生成长指导中心采取有针对性的互助学习,指导学生了解学习目的,树立正确的学习态度,确立恰当的学习目标,科学安排课程学习计划,掌握应对学习压力和考试压力的技能技巧,改善学习方法、学习习惯,提升学习能力,提高学习效率,挖掘学习潜能,激发学生内在学习动力,提高学生学习的积极性、主动性,提升学业水平,促进学生打好终身学习和发展的基础。

### (三) 身心发展指导

学生身心发展包括身体形态机能、健康生活方式、审美修养、情绪行为调控、人际沟通等方面。

学生成长指导中心可以从身体形态、身体机能、身体素质、卫生行为、饮食行为、作息习惯、锻炼习惯、疾病预防、安全行为等方面帮助学生认识自己的身体、善待自己的身体,从而提高学生的身体素质;从欣赏与感受、表现与创造、兴趣与态度、情绪发展状态、情绪行为管理水平、人际关系发展状态、交往能力发展水平等方面为学生提供心理健康指导。以发展性指导为主,矫治性指导为辅,开展认识自我、尊重生命、学会学习、人际交往、情绪调适、升学择业、人生规划以及适应社会生活等方面的指导,引导学生增强调控心理、自主自助、应对挫折、适应环境的能力,培养学生健全的人格、积极的心态和良好的个性心理品质。

### (四) 兴趣特长指导

兴趣特长包括好奇心与求知欲、爱好特长、潜能发展等方面。好奇心与求知欲方面重点关注学生的专注、思考、探索和解决问题的能力;爱好特长方面重点关注学生的课余生活、爱好程度、付出的努力和得到的结果;潜能发展包括语言潜能、数理潜能、空间潜能、运动潜能、音乐潜能、科学潜能、人际潜能、自行潜能等方面。

学生成长指导中心可以从激发学生学习积极性、提高学习主动性和培养个人爱好等方面予以指导,强化学生特长发展指导,强化学生自我认知指导,引导学生正确看待个体间的差异,培养学生特长,提高学生综合素养。同时,配合学校组织丰富多彩的文化、艺术、科技、体育等活动,强化学生社团建设,鼓励有一技之长的学生家长为学生社团服务,尽可能为学生的兴趣特长发展提供指导。

### （五）劳动技能指导

劳动教育是塑造学生人格的重要方法之一,在学校、家庭、社会"三位一体"的劳动教育大环境下,学生的劳动技能包括自我服务、班级劳动、家务劳动、公益劳动和简单的生产劳动。

学生成长指导中心可以指导学生上好劳动课、做好班级劳动、分担家务劳动、开展劳动活动等,为学生提供多元选择的劳动体验经历,使学生进行生活自理能力的训练,从而获得劳动技能,帮助学生提升生活自理能力,树立主动学习和终身发展的意识。

## 三、学生成长指导中心建设的实施路径

在学生成长指导中心建设的思想指导原则下,吴家山第四小学从组织机构、制度建设、校园文化、班级特色活动及学生成长云平台五条路径出发,对学生成长指导中心进行建设。

### （一）健全组织机构

为了更好地保障学生成长指导中心建设的顺利进行,在学校德育部门的统一管理下,围绕学生成长指导中心建设的指导思想:坚持以学生为中心的根本导向、贯彻学生发展评价文件精神、落实关爱教学的基本理念,形成了以班集体为主体、班主任团体为分支的学生成长指导中心基本结构,力求达到对学校不同年龄、不同班级的学生的品德发展、学业发展、兴趣特长、身心发展以及劳动技能等学业成长的各个方面进行有效指导。

学校成立了由校长任组长,副校长任副组长,学校中层领导、年级组长、相关指导教师以及家长委员会代表为成员的学生成长指导中心领导小组。做到日常活动有目标、有计划、有措施、有宣传、有总结、有提高。全校人员齐心协力努力探索和实践心理健康教育工作的新模式和新方法。

组织机构的实施模式,以学校德育部门为中心,组建班主任为核心的人生规划导师团、家长及相关人士为核心的社会体验导师团、优秀学生为中心的学生互助导师团、心理健康教育专（兼）职教师为核心的心理调试导师团以及信息中心来合理设置各项对应的课程或活动。班主任或者对应的科任教师作为课程或活动的具体实施者,在充分了解授课内容后对其进行加工,使其成为对应学段的学生可接受的学习内

容,教师再将加工后的内容进行课堂教学。课后教师以抽查或实践等方式检验学生的学习成果,对于效果显著的课程或活动在全校范围内推广,收效甚微的课程或活动要及时找到问题所在并调整改进,逐渐形成了一批具有鲜明特色的班集体。

组织机构实施模式图如下所示。

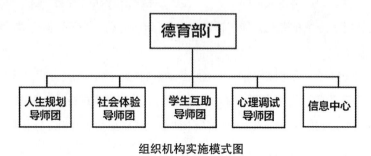

组织机构实施模式图

## (二) 学生成长指导中心制度建设

### 1. 安全制度

(1) 心理健康。

本着"积极、自信、乐观、向上"的健康心理状态引导来访者、体验者或受助者,以诚相待,倾情相助。

(2) 场地温馨。

保持场地环境整洁、优美、舒心,定期更换室内环境陈设,营造温馨和谐、有助于学生放松的空间。

(3) 尊重学生。

尊重学生的人格,保护学生的隐私,切实履行保密原则及保密条例,未经本人或其监护人同意,有关资料不得外借。

### 2. 记录制度

(1) 按时整理。

做好台账及有关资料的存档工作,及时对相关资料进行整理,装订成册留存,以便后期查阅。

(2) 及时汇报。

遇到有严重心理障碍的学生或重大突发事件的学生应及时向主管领导汇报,必要时通知家长,取得多方主体的支持和配合。

(3) 合理安排。

充分利用课内和课外时间,确保各项教育措施取得预期效果。

（4）协调配合。

工作中应与各年级、学校德育及相关部门做好充分的配合。

3. 学习制度

（1）道德与生活。

品德修为:遵守公德,爱校爱家;尊敬师长,友爱同学;诚实守信,言行文明;勤俭节约,奋发向上;心怀感恩,乐于助人。

责任担当:严于律己;团结协作;爱护环境;热爱劳动;乐于付出。

德寓于行:参加班级活动;参加社团活动;参加学校活动;参加社区服务活动;参加社会实践活动。

（2）健康与安全。

安全意识:防范意识;规则意识。

安全行为:保护自我;遵守规则。

健康身体:坚持锻炼,体质达标;饮食健康,营养均衡;作息规律,劳逸结合。

健全人格:自信自强,乐观向上;心胸开阔,容纳他人;调节情绪,自我控制。

（3）学习与发展。

习惯养成:自我管理;独立思考;主动学习。

能力培养:学会倾听与表达;敢于质疑和探究;善于合作与分享;学会解决问题。

审美引领:追求美;发现美;鉴赏美;创造美。

个性特长:兴趣广泛;特长突出;个性鲜明。

4. "五爱五彩"全能小海星评价体系

"五爱五彩"全能小海星校本课程评价秉持"重过程促发展"的核心的理念,倡导过程性评价、发展性评价和多主体参与评价相结合,构建吴家山第四小学全能小海星夺星争章评价系统。

（1）美德小海星评价标准。

美德课程关注学生道德品质和良好日常行为习惯的养成,从品德修养和行为习惯两个维度去考察课程目标达成度。

（2）阳光小海星评价标准。

阳光课程关注学生运动习惯、良好情绪和积极心态的养成,主要从安全意识、健康身体、健全人格三个维度去考察课程目标达成度。

（3）智慧小海星评价标准。

智慧课程关注学生良好的人文素养和科创精神的培养,主要从学习习惯、学习能力和作品展示三个维度去考察课程目标达成度。

（4）艺术小海星评价标准。

艺术课程关注学生艺术情操的陶冶、审美情趣的培养和艺术特长的发展,主要从审美情趣和艺术特长两个维度去考察课程目标达成度。

（5）劳动小海星评价标准。

劳动课程关注学生正确的劳动价值观和良好的劳动品质的养成,主要从劳动素养和劳动参与两个维度去考察课程目标达成度。

以上五种课程评价标准如下表所示。

**美德课程评价标准**

| 评价维度 | 评价指标 | 综合评价及等级（优秀、良好、合格、需努力） |
|---|---|---|
| 品德修养 | ①遵守公德，爱校爱家<br>②尊敬师长，友爱同学<br>③诚实守信，言行文明<br>④勤俭节约，奋发向上<br>⑤心怀感恩，乐于助人 |  |
| 行为习惯 | ①遵纪守法<br>②讲究卫生<br>③注重仪表 |  |

**阳光课程评价标准**

| 评价维度 | 评价指标 | 综合评价及等级（优秀、良好、合格、需努力） |
|---|---|---|
| 安全意识 | ①防范意识<br>②自我保护意识<br>③安全规则意识 |  |
| 健康身体 | ①坚持锻炼，体质达标<br>②饮食健康，营养均衡<br>③作息规律，劳逸结合 |  |
| 健全人格 | ①自信自强，乐观向上<br>②心胸开阔，容纳他人<br>③调节情绪，自我控制 |  |

**智慧课程评价标准**

| 评价维度 | 评价指标 | 综合评价及等级（优秀、良好、合格、需努力） |
|---|---|---|
| 学习习惯 | ①自我管理<br>②独立思考<br>③主动学习 | |
| 学习能力 | ①学会倾听与表达<br>②敢于质疑和探究<br>③善于合作与分享<br>④学会解决问题 | |
| 作品展示 | ①作品完成度<br>②作品创意度 | |

**艺术课程评价标准**

| 评价维度 | 评价指标 | 综合评价及等级（优秀、良好、合格、需努力） |
|---|---|---|
| 审美情趣 | ①追求美<br>②发现美<br>③鉴赏美<br>④创造美 | |
| 艺术特长 | ①兴趣广泛<br>②特长突出<br>③个性鲜明 | |

**劳动课程评价标准**

| 评价维度 | 评价指标 | 综合评价及等级（优秀、良好、合格、需努力） |
|---|---|---|
| 劳动素养 | ①劳动观念<br>②劳动能力<br>③劳动习惯与品质<br>④劳动精神 | |

续表

| 评价维度 | 评价指标 | 综合评价及等级<br>（优秀、良好、合格、需努力） |
|---|---|---|
| 劳动参与 | ①参加家庭日常劳动<br>②参加学校日常劳动<br>③参加社区服务性劳动<br>④参加社会公益和志愿服务 | |

## （三）营造校园氛围

校园文化建设是学校建设的一个重要组成部分。在学生成长指导中心建设的过程中，学校充分发挥校园文化营造氛围的作用。

### 1. 校园广播创氛围

开设学校广播站并挑选热爱播音主持并且德才兼备的学生做播音员。每天在课间操及午间等固定时间进行播音，播音内容包括音乐、时事新闻、朗读佳作等，以求在潜移默化中对学生的身心发展起到积极影响。

### 2. 阳光活动激兴趣

各年级利用每周阳光活动的时间开展各项兴趣活动。各年级开设不同的活动，学生根据自己的兴趣爱好自由选择，将有相同兴趣的学生组合在一起，可在有相关特长的教师或者是从校外聘请具备相关特长的专业人员的组织领导下，利用固定时间开展形式多样的活动（如，轮滑、跆拳道、功夫扇、舞蹈、剪纸、泥塑、篮球、足球等）。从兴趣出发，以趣激学，学生在参与的过程中自然能够乐学爱学，从而达到特长发展的目的。

### 3. 校园环境树榜样

学校充分利用校园的路牌标语、花草树木等，尽量让它们会"说话"。一进校门，道路两边均分布着展示各年级每学期评选出的"学习型家庭"和在学习、生活等方面表现突出的"百强小海星"的展板，让学生自觉向优秀学生看齐。教学楼每一层的横梁上都有不同的古诗或古文，每一栋楼都有专门开辟的位置作为图书角并委托专班进行管理，课间时常可以看见学生阅读的身影。每月一换的板报既体现了学生的足智多谋，又积累了节日来源、流行疾病应对方法、自然灾害应对方法等诸如此类的课外知识。班级文化墙也成了学生展示自我的好地方，学生优秀的书法作品、绘画作品，让大家难忘的影像记录在这个地方找到了归宿。

### 4. 校园活动促发展

举办各种作品展，在学校德育部门的统一指导下，以节日或者学习内容为契机组织学生和教师完成手工作品,从中选择优秀的作品进行展示(如国庆特色作品展、清廉手抄报作品展、环保时装秀、语文阅读小报、红领巾讲解员等),促进学生全面发展。

### (四) 开展班级活动

以《国家中长期教育改革和发展规划纲要(2010-2020年)》为指导,以特色班级创建为载体,进一步提高班级管理的文化品位,建设优良班集体;以人为本,弘扬个性,充分鼓励学生自我管理、自我教育、自我服务和自我发展,激发学生的创造力和团结协作意识,增强集体荣誉感,提升学校德育管理内涵,树立良好的班风、学风、校风,将学校整体的道德教育与学生管理工作推向新的台阶,形成一班一特色的局面。围绕学校的总体目标,通过个性化的特色班级建设,以及富有特色的班级活动的开展,形成生机勃勃且具有创造精神的班级风格和良好的班风,使学生的个性与潜能在和谐的班级文化中获得充分展现。更大限度地发掘学生各方面的潜能,促进学生综合素质的提高,从而达到学生成长指导中心建设的目标。

在学校的统一指导下,各班以创建班级特色为统领,结合班级实际和班主任特长或本班学生的兴趣,根据班级整体优势或班级弱势选择突破口。采取民主科学的方法,发动全班学生积极参与,调动班级学生的积极性和主动性,通过特色的创建来达到班级自我管理,并且能够按照主题按时开展并记录活动,并由学校德育部门牵头,通过展板、表演、比赛、成果展示等形式进行特色班级汇报展示。每学期均邀请学校的领导参加班级特色汇报主题会,适时向家长、社会开放。

学校涌现出一大批特色班级及班级自行开展的一系列独具特色的活动。学校六(1)班的赵雪莲老师结合语文课的学科特色,开展了丰富多彩的语文学科活动。例如,节假日手抄报评比、假期利用小程序开展"小鬼当家"和厨艺大比拼活动、运动一小时、古典名著打卡、利用学科内容在班级开展演讲比赛、笑话大王、小小讲解员……班上的小瑞同学也在一次次的活动中渐渐从同学眼中的调皮鬼变成了一名阳光少年。在某节诗歌单元学习课上,小瑞声情并茂地朗诵别出心裁创作的诗歌,赢得了同学们的阵阵掌声;在"汉字交流大赛"中,小瑞作为组员,活动前积极搜集和整理资料,在展示环节中自信满满地为大家讲解,获得了同学们的一致好评;在名著单元学习的课本剧表演环节,小瑞只扮演了一个小士兵,但他很用心地准备和排练,最终得到了同学们的称赞。每一次活动在丰富学生生活的同时,也让学生能够在不同的领域体会认同感和获得感,使自己充满信心的同时发现自己的特长或优势,培养健康的心理。

还有一些从班主任的特长出发形成的特色活动。例如,二(7)班的田思源老师的跆拳道特色班级,田老师作为体育老师且自身具备跆拳道教学经验,一年级开始就在自己的班级进行跆拳道教学活动。田老师同时承担同年级其他班级的体育教学工作,在上课过程中发现其他班级具备学习跆拳道条件的学生后,采取自愿的方式吸纳一些新的成员,给予学生充足的机会发展兴趣、发挥特长。

除此之外,作为鸣鸠琴示范学校,学校一直延续着鸣鸠琴特色班级活动的创建。以每个年级的阳光活动课为载体,根据每个年级的具体情况设置一个或多个班级进行鸣鸠琴教学。学校的每一位音乐老师都是鸣鸠琴教学的实施者,学生通过低段音乐课程的学习基本掌握读谱和识谱的能力,到中高段正式学习鸣鸠琴时就能够快速上手,逐渐形成鸣鸠琴特色班级的固定模式,也成了学校的一门特色课程。

### (五)"学生成长云平台"支持

学校结合自身实际,利用"互联网+"环境,搭建了"慧成长"学生综合素质评价平台。此平台建构的是一套协同多方、操作便捷、汇集成长的科学智能综合评价系统,是学生素质综合评价的一个端口,这个端口可以直接呈现班级所有学生综合素质评价的数据。学校根据实际情况,将学生核心素养发展评价指标体系的内容分为德、学、体、趣、做五个方面,与学校核心素养发展评价指标体系相对应。

#### 1. "慧成长"学生综合素质评价平台的页面设置

该平台是以学生为评价主体,通过教师、家长和学校管理者对学生行为发放奖章或罚章来实现评价过程。在对学生进行评价的过程中,评价的积累将汇聚成能量,形成每一个学生的成长树,通过成长树可以观测到学生近段时间的综合素质发展状况。同时,在平台后端,可以根据柱状图、折线图、雷达图等方式统计学生的评价数据,方便教师了解每一个学生的综合素质评价近况。"慧成长"学生综合素质评价平台模块构成图如下所示。

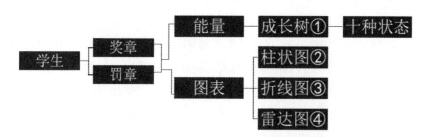

**"慧成长"学生综合素质评价平台模块构成图**

2. "慧成长"学生综合素质评价平台的内容

"慧成长"学生综合素质评价平台的内容包括以下几个方面。

（1）封面，可展现班级全家福，如下所示。

班级全家福

（2）成长树，展现所有学生的综合素质评价最新数据，并可以自由选择查询时间，如下所示。

成长树　　　　　　　　　成长树的十种状态

（3）班级圈，可以及时展现班级活动、班级主页，详细展现学生的获奖情况及排名，可随时展现优秀作品及活动，如下所示。

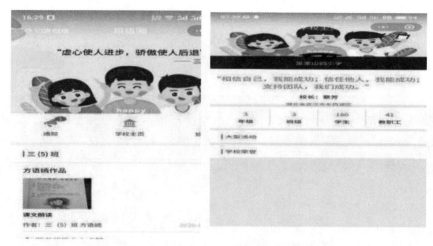

　　班级主页　　　　　　　　　　　　学校主页

（4）学校主页，可以详细展现学校活动及学校整体状况，如上所示。

### 3. "慧成长"学生综合素质评价平台的管理

"慧成长"学生综合素质评价平台的管理主要有以下操作端口。

（1）老师端。老师端是由课任老师单独掌控的端口。此端口有发布家庭作业、查看所在班级课程表、发放奖罚章、查看学校通知、发表班级学生的优秀作品、查看班级奖罚章总和与档案详情、查看每个学生的奖罚章数据详情、编写每个学生的详情评语、查看本班学生本周或本月的前三名排行榜等功能，如下图所示。

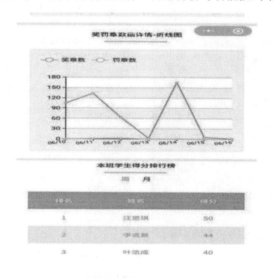

**查看本班排名前三名**

（2）管理者端。管理者端是由学校领导管理层单独掌控的端口。此端口有发表通知、查看通知、发表学生优秀作品、发布学校大型活动通知、查看整个学校奖罚章数据详情、查看每个班级本周或本月平均分排行前三名、查看每个年级本周或本月平均值排行前三名，查看某个年级学生本周或本月得分排行前三名，查看某个年级的所有班级本周或本月平均值排行前三名，发表奖罚章，查看某个班级所有学生本周或本月得分排行前三名，查看某个年级的奖罚章数据详情，查看某个班级的奖罚章数据详情，查看某个学生的信息详情等功能。

（3）家长端。家长端是由学生家长单独掌控的端口。此端口有查看本班老师发布的家庭作业、查看班级的课程表，查看孩子的期中和期末成绩，查看老师对孩子的评价，查看老师对孩子发表的奖罚章详情、查看学校通知、查看学校大型活动、查看孩子的成长状态、查看班级奖罚章情况、查看班级详情、发表孩子在家表现的奖罚章等功能。

"慧成长"学生综合素质评价平台还具有以下功能。第一，一键产生评语，老师自行编辑学生评价；第二，班级本周或本月前三名平均分排行榜，年级本周或本月前三名平均分排行榜，某个班级学生得分情况等。

该平台将老师、学生、家长紧密联系在一起，将学生的综合素质成长状况客观、形象、及时地展现出来，方便老师、家长及时了解、评价和引导学生，同时为班主任、学校管理者提供大数据，便于学校日常管理，成为家长、老师和学校管理者对学生动态管理、激励的有效载体。

### 四、学生成长指导中心建设的实践成效

近年来，学生成长指导中心建设工作，实际成效显著，帮助学生在学习和生活中品尝解决困难的快乐，调整学习心态，提高学习兴趣与自信心，可以正确对待自己的学习成绩，克服厌学心理，体验学习成功的乐趣，培养了学生面对困难、挫折的进取态度；也培养了学生集体意识，在集体活动中，使学生善于与更多的同学交往，让学生建立开朗、合群、乐学、自立的健康人格，培养他们自主参与活动的能力。学校学生成长指导中心建设的实际成效具体有以下几个方面。

1. 联系生活实际，心怀感恩

利用"红领巾"广播站和"吴四小假期实践行"活动，为老师与学生的沟通搭建平台。老师和学生通过学校广播站进行互动，实时宣传心理健康知识。同时也利用一些特殊的节日加强对学生的爱心教育（如学生动手制作"爱心卡""感恩卡"等，让学生

懂得家人或他人对其的关心),使学生学会感恩。

经各级少工委推荐,吴家山第四小学47名少先队员获得2022年东西湖区"红领巾奖章"个人二星章,4个少先队集体获得2022年东西湖区"红领巾奖章"集体二星章;8名少先队员获得2022年武汉市"红领巾奖章"个人三星章,1个少先队集体获得2022年武汉市"红领巾奖章"体三星章,1个少先队集体获得2022年湖北省"红领巾奖章"集体四星章,1名少先队员获得武汉市红领巾讲解员三等奖。

### 2. 培养劳动意识,增强体能

吴家山第四小学以陶行知先生"爱满天下"的教育思想为本源,秉承"润泽生命,启迪智慧"的办学理念,践行"生活即教育""社会即学校""教学做合一"的教育观念,坚持遵循生命成长规律,以"关爱教育"为主线,让每一个生命拥有不一样的精彩!2021年,学校新建了一个576平方米的玻璃温棚,内有鱼菜共生区、无土栽培区、语境教学区、育苗房、人工智能实验室等各种智能设施。还在创客空间中准备了适合小学生操作的木工、金工等设施,并以社团课、阳光课等形式安排学生展开实操学习。学生在各功能室可以感受到劳动和科技相结合带来的便利,可以切身体会到人工智能和现代农业对生活的影响。学校还聘请了现代农业专家,为学生逐一讲解各个设施的功能、原理和操作方法。学生通过在各功能室中的学习体验,可以体会到劳动教育是一门充满智慧并与科技息息相关的课程。学生在老师的引导下,积极参与劳动,在培育植物的同时,也培育了自己的劳动之心。不仅如此,"双减"以来,学校发挥资源优势,打造特色课后服务,在学生社团中开展"人工智能"系列课程,为学生的童年点亮科技之光。学生在科技世界中遨游,在小组合作的思维碰撞中,反复操作、调整设计,在一次次的动手实验中,学到知识,爱上动手实践。教学合一,学生在劳动活动中获得了成长。

### 3. 开展生态研学,探索自然

学校开展"生态研学,探索自然"相关活动,促进体验与学习相结合,取得了丰硕的成果。"研学活动是一种生命智慧教育,少先队员在活动中,不仅学会了知识还得到了锻炼和成长。"吴家山第四小学校长蔡芳说,"学校每一学年都会以中队为单位,组织少先队员就近就便参与校外实践活动,引导学生走进自然、了解自然、亲近自然、感受大自然的魅力、探索大自然的奥秘"。2018年,吴家山第四小学少先队员参加由武汉市园林和林业局、武汉市教育局携手阿里巴巴公益基金会联合主办的"公园大课堂第二届自然笔记评选活动"。2019年,吴家山第四小学59名少先队员来到美丽的后襄河公园,在博得生态中心5位老师的带领下,上了一节妙趣横生的生态研学课——"了解身边的蜻蜓"。作为生态研学活动的负责人,吴家山第四小学青年教师李婷在带领学生参加活动的同时,也积极将活动转化成教学成果。2019年,李婷老师指导学生张忻怡参加武汉市自然笔记比赛,获得优秀奖。2020年,李婷老师执教的《身边的湖》,荣获武汉市生态环境教育"晒课优课"小学高段组一等奖,并入选小学高段地方教材《身边的环境》教参用书,供老师们学习、共享。2021年,李婷老师撰写的《知湖、护湖,湖泊因你而美——"呵护绿水青山·武汉因你而荣"生态研学报告》,荣获武汉市生态研学报告一等奖。

**4. 参与科技劳动,丰富实践**

吴家山第四小学小海星创联园,占地面积800平方米,由现代温室大棚与集装箱教室两个部分组成,是武汉市东西湖区唯一一所位于中小学校内的物联网现代农场。其中温室大棚部分又分为沉浸式教学区、鱼菜共生探究实践区、植物立体水培探究实践区、沙培探究实践区、育苗操作区和热带植物探究实践区等六个区域。2021年6月24日上午,湖北省教育科学规划2021年度重点课题"新时代武汉市小学劳动教育'5+1'课程开发和实践研究"创园组课题研讨暨第三场专题教研展示活动,在吴家山第四小学小海星创联园举行。2022年,在创联园沉浸式教学区,吴家山第四小学青年教师于娜丽执教一堂科创劳动课"金边吊兰水培"。于娜丽老师的教学设计环节新颖巧妙,契合学科学情和生活实际,将科学、数学、劳动进行了学科的渗透与融合,活动以学生为本,开放式的场景充分调动了学生的劳动兴趣和劳动积极性。吴家山第四小学的劳动课程,体现了学生在生活中发现问题、在合作中探究问题的特点,基于项目学习的系列课程,引导学生在动手实践中反复尝试,探究最优化的处理方式,期待着学生通过自己的劳动来创造美好的生活。

2022年9月劳动课以目标课程走进学校、进入课堂,目前处于尝试探索的阶段。要让学生真正习得素养,过程一定要真实,并且要结合学校的条件去开发、挖掘劳动素材,从而形成课程。不仅如此,课程还要成系列,以吴家山第四小学的创联园为例,如何实现从经济价值到育人价值的转变、在科创中促进学生劳动素养的形成、使学生创作出有创意的劳动作品等,都值得好好思考与研究。"着力提升实践基地内涵,不断丰富劳动实践活动。"吴家山第四小学在此基础上强化劳动教育统筹融合,将劳动教育与STEM深度统筹融合,利用创联园内先进的技术,引导学生迁移到生活实践中。

### 5. 打造运动品牌,强身健体

吴家山第四小学小海星轮滑队成立于2016年9月,目前已有120多名队员,其中有30名入选为校级速滑队的正式队员,20名入选为轮滑冰球队员。2018年成功申报"全国校园冰雪运动特色学校"并于2019年正式被教育部认定并命名为"全国青少年校园冰雪运动特色学校",2021年被武汉市教育局、武汉市体育局授予首批冰雪运动特色学校。2022年9月成立武汉市东西湖区冰雪轮滑运动协会。

吴家山第四小学小海星轮滑队代表武汉市参加了湖北第三届速度轮滑锦标赛暨湖北省轮滑队预选赛,获得优秀组织奖,2018年湖北省第十五届运动会群众类社会组织轮滑比赛中,学校丁羽舒同学荣获少年女子乙组300米计时赛第七名。

多年来,在上级领导的关心支持下,学校认真贯彻《学校体育工作条例》,积极开展阳光体育活动,吸引广大青年教师走向操场、走进大自然、走到阳光下,积极参加体育锻炼,掀起群众性体育锻炼热潮。学校的轮滑工作在领导的支持和全校教职工的努力下,取得了优异的成绩。我们确信在区教育局、体育局的正确领导下,轮滑特色项目将在武汉市东西湖区吴家山第四小学得到更大发展。我们坚信吴家山第四小学将成为武汉市轮滑后备人才培训基地,为东西湖区、武汉市培养更多的优秀人才。

## 第三节 "家、校、社"协同育人的环境建设

### 一、"家、校、社"协同育人的指导思想

家庭、学校、社会协同育人是中小学德育工作的重要途径之一。在对人的教育过程中,学校教育与家庭教育相配合是做好教育的关键。因为每个人都不可能脱离社会去成长,所以社会力量也是协助家校使教育取得更好成效的保障。家庭、学校、社会不是相互孤立地开展教育,而是彼此联系、相互补充的环形。家庭教育、学校教育和社会教育是通过不同的角度面向学生展开的教育,它们之间应该是平等互助、互相促进的关系,它们也会随着社会的发展、教育的进步共同成长。

新课程改革和新时期教育发展,倡导加强课程资源的开发和利用,强调了课程资源开发对于学校课程建设和教育目标达成的重要性。每个地区、每个社区都有着独特的地域资源和文化资源。如果这些资源被有效转化为实践育人的课程元素,将使教育更能彰显特有的生命力,彰显教育的意义和价值。但在实际工作中,因种种因

素限制，导致"家、校、社"协同育人面临着诸多困难。在教育改革背景下，如何把握教育的特点、遵循教育的规律，使家庭教育更有方向，学校课程更有实效，社区教育更有活力，更好地实现立德树人的根本目标，也促使我校深入开展"家、校、社"协同育人课题的研究。这样的研究能更好地指导家庭教育，充分利用社会资源，将有效的资源转化为促进人才培养的元素。

制度限制已经成为我国基础教育阶段现代学校建设与发展的较大障碍之一。目前应加快基础教育阶段学校制度的创新，建立起民主的、法制的、以人为本的、开放的、公正透明的、运转高效协调的、与社区相融合的现代学校制度。通过学校制度建设的改革推动学校尽快从传统走向现代、从封闭走向开放，积极推动学校快速、全面地建设成现代化学校，培养出高质量、高水平、自立自强、为中华民族伟大复兴而努力学习的新一代人才。

一方面，法律制度规定了中小学（包括幼儿园）要将家庭教育指导服务纳入工作计划和教师业务培训内容。应通过建立家长学校、公益性家庭教育指导服务和实践活动，为父母或其他监护人提供有针对性的家庭教育指导。另一方面，也要求居委会、村委会通过设立家长学校来宣传家庭教育知识，通过社区服务为家长提供家庭教育指导。《中华人民共和国家庭教育促进法》于2022年1月1日起正式实施，这是我国首次就家庭教育进行专门立法，这也推动了家庭、社会、学校协同育人的发展。在"家、校、社"协同育人机制建设中，育人是核心，协同是关键，法律政策的设立为"家、校、社"协同育人机制提供了保障。这是由政府驱动、学校主导、社会支持、家庭参与、多元主体协作共建共享实现教育目标的工作系统及工作原理。我校以德智体美劳"五育融合""立德树人"为根本任务、以学校制度建设改革、以《中华人民共和国家庭教育法》来开展各项活动，最终完成培养德智体美劳全面发展的社会主义建设者和接班人的根本任务。

**（一）以"立德树人"落实"家、校、社"协同育人**

党的十九大报告指出，要培养担当民族复兴大任的时代新人。这一重要论断，深刻回答了培养什么人、如何培养人的根本问题。我们党提出要培育有理想、有道德、有文化、有纪律的社会主义公民。进入新时代，面对两个一百年的奋斗目标，党的十九大报告指出，要培养担当民族复兴大任的时代新人，这对于引领广大人民群众投身民族复兴伟业具有重要而深远的意义。"立德树人"是培养有品德的人才：立德，就是坚持德育为先，通过正面教育来引导人、感化人、激励人；树人，就是坚持以人为本，通过合适的教育来塑造人、改变人、发展人。教育是国家大计，也是民生之基。建设教育强国其中的关键是落实"立德树人"的根本任务。只有把立德树人贯彻到教育事业发展的各领域、各方面、各环节,做到以立德为根本、以树人为核心,培养社会主义建设者和接班人,才能真正建成教育强国。

立德是育人之本,是学生在现实生活中践行道德规范的鲜活目标。首先教师应该自觉加强师德修养,力行师德规范,保持高尚情操,以身作则,为人师表,言传身教,以自己良好的思想道德风范去教育和影响学生。教师要在教育教学活动中切实推动社会主义核心价值观渗透进课堂、融入学生头脑。学校要引导各学科教师在传授知识和培养能力的同时,融入道德品质教育。充分发挥课堂教学主渠道作用,全面深化课程新理念,把党的教育方针和社会主义核心价值观细化为学生核心素养和道德品质。

此外,要积极营造培育和践行社会主义核心价值观的校园文化氛围。学校以活动为主导,联合家长及社会资源开展爱学习、爱劳动、爱祖国、尊重民族传统、礼节礼仪等主题教育活动,将其作为培养学生具备社会主义核心价值观人才教育的切入点。总之,以"立德为本"开展"家、校、社"协同育人要充分发挥学校的引导作用,合理利用社会资源,联合家长落实学生思想品德教育,把学生培养成社会主义建设需要的德、智、体、美、劳全面发展的人才。劳动能力的培养和教育离不开家长这一得力的教育合作者的支持。因此,在学校开展的各项活动中应始终保持"家、校、社协同立德育人",这样学校才能培养出具有社会主义核心价值观并内化为人生品格的新一代人才。

### (二) 以"现代学校制度"落实"家、校、社"协同育人

现代学校制度是现代教育制度的主体,是实施国民教育的重要保障体系。早在20世纪80年代,邓小平同志就提出,"教育要面向现代化、面向世界、面向未来"。党的十六大报告在论述全面建设小康社会目标中明确指出,到2020年,我国的"全民族的思想道德素质、科学文化素质和健康素质明显提高,形成较完善的现代国民教育体系……"现代学校制度建设涉及教育培养目标与教育内容、教学组织形式、德育研究、教育方式、教育评价、教育管理、师资队伍建设等诸多方面。学校制度建设必须考虑是否面向全体学生,是否落实课程方案,是否促进学生全面发展,是否有利于培养学生服务国家、服务人民的社会责任感,是否有利于培养学生勇于探索的创新精神,是否有利于培养学生解决问题的实践能力,是否有利于落实学生主体地位,是否促进学生个性发展及全面和谐发展,是否有利于学生形成正确的人生观、世界

观、价值观,是否有利于推动教师的专业成长与发展。我校现代学校制度改革以及通过行动研究形成有效的制度,初步实现学校现代教育内涵发展的基本目标。

吴家山第四小学的学校制度建设以社会参与为突破口,扩大开放办学,促进学校与社会和谐共建,探索建立由政府、社区人士和家长等组成的参与学校管理的组织,对有关学校发展、经费使用、校本课程的开发、安全等重大问题进行协商决策,引入具有较强话语权的机构与人员参与学校建设(例如,定期联系人大代表、政协代表入校观摩、恳谈、沟通交流,邀请社区知名人士、家长代表、片区民警等人员通过各种形式参与学校管理和建设),提高学校教育活动的知晓度与认同度。学校将各项教育教学活动全面纳入制度化和法治化轨道,民主管理不断深化;学校内部治理结构不断完善,办学行为依法规范,师生权益得到有效保障,依法办学、自主管理、民主监督、社会参与。现代学校制度形成系统完备、科学规范、运行有效可促进实现教育治理能力现代化的学校发展态势。

### (三) 以《中华人民共和国家庭教育促进法》落实"家、校、社"协同育人

《中华人民共和国家庭教育促进法》于2022年1月1日颁布,本法指明父母或者其他监护人为促进未成年人全面健康成长,对其实施的道德品质、身体素质、生活技能、文化修养、行为习惯等方面的培育、引导和影响。家庭教育应当符合以下要求,尊重未成年人身心发展规律和个体差异;尊重未成年人人格尊严,保护未成年人隐私权和个人信息,保障未成年人合法权益;遵循家庭教育特点,贯彻科学的家庭教育理念和方法;家庭教育、学校教育、社会教育紧密结合、协调一致,结合实际情况采取灵活多样的措施。

《中华人民共和国家庭教育促进法》第三条,家庭教育以立德树人为根本任务,培育和践行社会主义核心价值观,弘扬中华民族优秀传统文化、革命文化、社会主义先进文化,促进未成年人健康成长。第四条,未成年人的父母或者其他监护人负责实施家庭教育。国家和社会为家庭教育提供指导、支持和服务。国家工作人员应当带头树立良好家风,履行家庭教育责任。第十七条,未成年人的父母或者其他监护人实施家庭教育,应当关注未成年人的生理、心理、智力发展状况,尊重其参与相关家庭事务和发表意见的权利,合理运用以下方式方法:(一)亲自养育,加强亲子陪伴;(二)共同参与,发挥父母双方的作用;(三)相机而教,寓教于日常生活之中;(四)潜移默化,言传与身教相结合;(五)严慈相济,关心爱护与严格要求并重;(六)尊重差异,根据年龄和个性特点进行科学引导;(七)平等交流,予以尊重、理

解和鼓励;(八)相互促进,父母与子女共同成长;(九)其他有益于未成年人全面发展、健康成长的方式方法。

父母是孩子的第一任老师,孩子在很小的时候便会模仿父母的行为。所以作为父母需要有榜样的意识,真正做到言传身教。《中华人民共和国家庭教育促进法》的颁布,在一定意义上塑造家长的价值观,也在提醒家长和孩子之间的边界,让家长明白其与孩子都是相对独立的个体;同时让大部分的父母教育行为有法可依,知道自己的哪些行为是对孩子有正向指导意义的,哪些行为对孩子是有伤害的。通过学习《中华人民共和国家庭教育促进法》,家长也会得到成长,看见自己的不足并及时改正,能够提升家长教育孩子的信心和自我价值感。

在中国,"家庭教育"关乎亿万家庭的日常生活,关乎子孙后代的未来与希望,也是中华文明传承过程中极具文化辨识度的一部分。对这一社会问题进行立法规制,充分体现了孩子的教育不只是学校的责任,还需要家长的配合。《中华人民共和国家庭教育促进法》的颁布,是大力弘扬中华民族家庭美德的法治体现,是促进未成年人健康成长和全面发展的法治保障,是落实立德树人根本任务的有力支撑,是孩子形成良好性格和健全人格的关键。智力是先天的,性格和人格却深受家庭教育的影响,健全的人格离不开家庭的影响,良好且稳定的家庭,能让孩子的三观更健康。

"天下之本在国,国之本在家。"随着我国社会转型速度加快,传统的家庭结构和功能发生深刻变革,家庭教育存在的问题日益凸显。《中华人民共和国家庭教育促进法》的出台,以法律方式界定了家庭教育的内容,在法律层面明确家庭教育不仅是"家事",还是重要的"国事"。教育当然离不开全社会的共同努力。因此,《中华人民共和国家庭教育促进法》规定了各级政府和相关部门的职责,并鼓励高等院校开设家庭教育课程,培养家庭教育专业人才,还要求将家风建设纳入单位文化建设,支持职工参加家庭教育活动。家庭教育看似是发生在每个家庭里的小事,但家国一体,家庭是社会最基础的组成部分,孩子又代表着国家的未来,因此家庭教育绝不仅是一件小事,而是影响到国家未来命运的国事和大事。

《中华人民共和国家庭教育促进法》的推出,学校教育更清晰地看到教育社会主义接班人要以立德树人、五育融合为抓手,学校教育活动应联合社区、家长共同教育。学校教育活动可联合社区、家长、学校开设"家长学堂",定期开展送课服务活动,以及加强美丽家庭、书香家庭的建设。学校、家委会充分发挥警察、医生、法律工作者等社会资源优势,组织各项活动,让学生的理想信念、创新精神、实践能力得到锻炼和提升,发挥社会育人功能。同时创设家长讲堂、培养家长,开发家长在家庭文化、家风建设、传统美德等方面的教育资源,提升家长素养。社区家委会开展社会体验实践活动,建构家长教育课程,拓宽家庭教育载体。以学生发展、家长成长为目标,打造了家庭、学校、社区协同育人课程体系,开发学校家庭教育课程,社区资源的社本课程。

## 二、"家、校、社"协同育人的主要内容

### (一)"家、校、社"协同推进"五育融合"

构建高水平的教育体系和人才培养体系,就要着力在坚定理想信念、厚植爱国上下功夫。2018年全国教育大会以来,德智体美劳"五育并举"的教育理念已在全社会形成广泛共识。各中小学校坚持把立德树人作为根本任务,以立德树人为目标的各种探索、举措卓有成效。

"五育融合"育人体系,是人全面发展的内在要求。当前,要实施新时代立德树人根本任务,要在构建德智体美劳全面主义情怀、加强品德修养、增长知识见识、培养奋斗精神、增强综合素质等方面下功夫。树立健康第一的教育理念,帮助学生在体育锻炼中享受乐趣、增强体质、健全人格、锤炼意志。全面加强和改进学校美育,坚持以美育人、以文化人,提高学生的审美和人文素养。要弘扬劳动精神,教育引导学生崇尚劳动、尊重劳动,懂得劳动最光荣、劳动最崇高、劳动最伟大、劳动最美丽的道理,长大后能够辛勤劳动、诚实劳动、创造性劳动。

"五育融合"育人体系,是完成新时代育人根本任务的必然选择。民族的复兴靠人才,能担当民族复兴大任的人必须是德才兼备、德智体美劳全面发展的人。我国是中国共产党领导的社会主义国家,这就决定了我国的教育必须把培养社会主义建设者和接班人作为根本任务,培养拥护中国共产党领导和社会主义制度、立志为中国特色社会主义奋斗终身的有用人才。高等教育必须把立德树人作为根本任务,坚持马克思主义指导地位,坚持社会主义办学理念,坚持教育为人民服务、为中国共产党治国理政服务、为巩固和发展中国特色社会主义服务、为改革开放和社会主义现代化建设服务。

实现德智体美劳"五育融合",形成全面的高水平人才培养体系是当前教育界必须面对和解决的重大思想理论问题。要坚决抛弃以往德育、智育、体育、美育、劳育独立育人、独立研究、自成体系的格局,打破不同部门、不同层级、不同科目的育人壁垒,实现德智体美全方位育人的有机结合,综合发挥各种教育资源作用,在每个育人实践中都要实现德育为先、全面发展的育人目标,牢固树立"五育融合"、全面

发展的育人思想。在"五育融合"育人思想的指导下,构筑新的高质量、高水平的人才培养教育体系,将实现"1+1+1+1+1>5"的育人成效。

"五育融合"培养体系建设既涉及学科体系、教学体系、教材体系、管理体系等,贯穿其中的是思想政治工作体系,涉及课堂教学、实践教学、校园文化活动(第二课堂)、线上教育、社会实践等关键的育人环节,还涉及党政管理干部队伍、师资队伍、后勤保障服务队伍建设以及校舍、校园等办学条件与学生实践活动场地条件建设。教育工作者要对德智体美劳教育及其之间的内在联系、相互作用从理论认识上加强研究,摸清人的全面发展的内在规律性要求、人的成长成才规律、各教育阶段特点,在实践上下大功夫改革人才培养方案。

### (二) "家、校、社"协同推进"关爱教育"

"爱的教育"并不是一个陌生的词汇,它频繁出现在学校教育、家庭教育乃至社会教育,是教师教学中不可或缺的品质之一。因此,教师必须将关爱教育的点点滴滴都渗透到教学中,在关注学生学习情况的同时,给予学生足够的关爱,并引导学生爱护自己、关心父母、友善待人、爱护自然和公物等。

关爱教育理念在继承人道主义基础上,更加强调人的自觉性、主动性和创造性,具有生命特征的每个人都会有所感悟且时刻都在体验。爱是对自身力量创造性的运用,旨在培育创造性的爱和人道主义良知。了解是关爱的前提,关心是关爱的外在形式,责任是关爱的道德诉求,给予是关爱的主旋律。

教师要以了解为基础,做学生的知心朋友。使对学生的了解程度与教师关爱能力的强弱成正比关系,全面了解学生的家庭状况、教育背景、性格特征以及身体状况,做到全面认识学生,做学生的知心朋友,提高自身关爱力度,增强与学生的亲和力。

教师要以关爱为角度,进行分层教学。以关爱为基础进行分层教学有利于激发学生的兴趣、发挥自身的优势、提高综合能力。不同年级学生的思想状况和教育诉求不同、不同身份和角色的学生学习基础不同。因此在内容选择上要有针对性和侧重点,不能笼统对待。

教师要以关爱为目标,采取情景教学法。情景教学法以情感为基础,以关爱为核心,利用此教学法一方面可调整教育客体间的共鸣,从而达到事半功倍的效果;另一方面其强调教育双方的感情因素,促进了教育双方的亲身参与,在情感与理性之间找到了平衡点。

## （三）"家、校、社"协同推进"新生活德育"

在学生的成长过程中,学校、社会和家长都发挥着各自特殊的职能作用,每一个学生的健康成长,都是学校、社会和家长综合作用的结果。为形成学校教育、家庭教育和社会教育"三教结合"的教育网络,协调学校、家庭和社会三方教育的关系,构建开放型德育教育体系,在生活中融入德育、提升学生全面素质,吴家山第四小学搭建"五爱""五能"家校社协同育人联盟,并制定章程,指导班级家委会、年级家委会和校级家委会参与学校教育、家庭教育和社会教育共建,培养学生良好品德、习惯的养成,帮助青少年系好人生第一颗纽扣。

### 1. 建设"家、校、社"协同育人联盟

协同育人联盟并不是"家长帮",不是代表家长群体的利益与校方博弈。根据教育部建立家委会的相关文件精神,协同育人联盟的定位是在学校的指导下履行职责,参与学校管理和教育工作并与学校、家庭相沟通。协同育人联盟是学校治理结构中的一个组织,与学校是"共生"的关系。

协同育人联盟是跟学校并肩而立的"角色",需要遵循一些基本规则和法定程序。

（1）成员选举。

协同育人联盟下设三个层级,即班级家委会、年级家委会、校级家委会。协同育人联盟和校级家委会是"两块牌子,一套班子"。

三级家委会成员按照"三有一无"的原则组建团队:有时间、有精力、有奉献精神,无任何经济报酬。家委会成员的资格不是身份、财富、权力、资源,而是理念、学识、德行、品行、意愿和心态。家委会成员应当充分了解、理解并认同学校的办学追求、育人理念、价值文化。

（2）明确分工。

三级家委会成员按照《协同育人联盟章程》明确分工,不断完善家委会的组织架构与职责,推行实施,不断完善。

（3）赋予职权。

与学校"并肩而立"的协同育人联盟,不是学校的"附庸",是有一定权利的联盟。学校要积极为家长活动提供所需的场地和设施,支持协同育人联盟开展的各项活动。

每学期开学之始、放假之前,协同育人联盟与学校相关部门领导开展两次头脑风暴的会议,就学校工作计划畅谈意见;协同育人联盟每月定期举行工作例会,就学生、家长共同关心的问题提出有效的意见和建议,以"通报"的形式反馈给学校,学校也就此在行政会议上讨论,及时予以回复。

（4）凝聚合力。

协同育人联盟通过志趣汇集家长，以"家长社团"为路径，利用学校资源，成立合唱团、读书会、羽毛球社团、足球社团、舞蹈社团、戏剧社团和摄影社团等，这些活动可以集中在周末开展，家长凭自身兴趣报名参与。家长的参与也可以带动孩子参与，便于亲子互动，同时增进家长间的交流。

**2. 举办"家、校、社"协同育人活动**

（1）协同育人联盟下设的家长学校。

家庭教育、学校教育和社会教育作为三根支柱，支撑起了教育的大厦。家长学校的作用就在于唤醒家庭，让这根长期缺位的支柱立起来。

家长学校在协同育人联盟指导下开展工作，按照"人人能学、处处能学、时时能学"的学习路径，普及家校课程。家长学校课程采用线下线上相结合的方式，线上课堂主要是为了满足家长个性化学习需求，协同育人联盟可利用学校现代信息技术组织家长线上学习；线下课堂以家长会、家长工作坊、家长沙龙等形式为主。

（2）家长学校线下活动。

家长学校线下活动有以下几种。

①主题家长会。主题家长会是一种小规模的研讨会，由教师或者家长主持，聚焦一个共性问题开展研讨活动，最终形成多种解决方法。学校通过三个步骤来确定家长们真正想学习的课程，实施流程如下：第一，通过问卷调研，了解家长需求；第二，针对家长时间进行安排，保证授课形式的灵活性；第三，培训结束后邀请家长分享感悟，以及填写满意度问卷，形成一个闭环，真正做到发现问题、解决问题、形成合力。

②家长教育沙龙。通过组织各种形式的家长沙龙或者分享会，为家长搭建交流的平台，主题可以由教师预设，也可以由家长共同关心的家庭教育问题进行设定。有共同话题的家长可以在自由宽松的氛围中聊聊孩子成长的过程，增进彼此了解，像孩子们那样结为成长伙伴，参与孩子的成长。

③家庭教育工作坊。邀请专家对家长进行培训，邀请优秀家长分享教育经验。对家长感到困惑的普遍问题进行主题研讨，对教育个案开展讨论分析。

除上述几点外，学校还通过各种课程活动、实践活动，帮助家长积累教育素养，解决实际问题。

（3）家长学校线上活动。

当线下学习不能满足家长的需求时，可以启动线上家长课程，如利用公众平台推送课程资源或者专家文章、开展直播课等形式。学校把课程上传到学习平台,家长可以随时随地通过移动端进行学习。

（4）家长学校课程的开发和应用。

家长学校利用社会资源,科学合理开发相应的课程。家长学校开发的课程,按照课程所含内容分为通识课程和指导课程。

①通识课程。聚焦父母对自我认知的提升、家庭关系的认识,以及父母教育理念对孩子的影响,帮助父母自我提升。

②指导课程。学校对家庭教育做精细化指导,为家长提供可操作性的策略与方法。

家长学校开发的课程,按照学生的特点和不同学龄段发展要求,划分为引桥课程、共育课程、点燃课程和助力课程,以下详细介绍其中三种。

①引桥课程。设计引桥课程,主要是让家长明白课程对指导家长积累育儿经验的重要性,指导家长帮助孩子尽快适应小学低年级的学习和生活。引桥课程主要以小学一年级学生家长为主。

②共育课程。共育课程旨在引导家长逐渐融入亲子互动环节,激发孩子内在学习潜力。共育课程的主要对象是小学二三年级的学生家长。

③点燃课程。点燃课程旨在提升学生生命教育、分享教育和挫折教育,健全孩子健康的心理。点燃课程的主要对象是小学四五年级的学生家长。

### 三、"家、校、社"协同育人的实施路径

#### （一）家校共读,协同育人

家校共读是指学生、教师和家长共同对相同的阅读资源展开学习。

阅读能够丰富学生的课余时间、滋养学生的精神世界、促进学生的全面成长,在育人路上必不可少。不同的阅读形式能带来不同的阅读效果,自主阅读能带动深度思考,合作阅读可促进相互进步。

在学校教育中,师生共读与生生共读是常态,在家庭教育中亲子共读同样也大有裨益,二者结合便构成家校共读。

"三维联动"通过教师的自主阅读,提高教师的阅读能力和指导水平,学生在感知教师的文化底蕴后,自发地进行阅读,而教师也会因为学生阅读情况的反馈来促进自身的成长,学生也会因为在家庭中的阅读,带动家长的阅读,最终开展亲子阅读的形式,这样就形成了一条完整的家校读书链。

家校共读可以促使教师和家长在育人的过程中相互助力,形成统一的价值观,既能优化家校关系,又能优化育人环境,从而实现教师和家长的共同成长,共同促进学生全面发展。

家校共读不仅是一种阅读策略,而且也是家校协同育人的有力抓手。在"双减"政策和《中华人民共和国家庭教育促进法》深入实施的当下,家校共读拥有了较为充足的时间,也被赋予了新的教育意义。

苏霍姆林斯基认为,教育的效果取决于学校和家庭的教育能否相向而行。家庭教育和学校教育在人的成长过程中缺一不可。为了提升育人的成效,学校和家长要统一家校共育的理念,让家校共读成为推动家校共育的有效途径。

对学校而言,家校共读以阅读为桥梁,拓宽了家校沟通的渠道,提升了家校沟通的质量。对家庭而言,家校共读为亲子共读提供了更大的舞台,对亲子关系的建立、家长和孩子的成长、家庭文化的构建都具有重要意义。

### 1. 书香润童年,阅读伴成长

阅读启迪智慧,书香滋养精神。充满书香味的校园,是师生共同成长的乐园。吴家山第四小学积极打造书香校园,从营造优美典雅的校园文化入手,探索出独具风格的校园读书活动;校本课程的合理开设,使学生的阅读时间得以保障;学生丰富多彩的读书活动,使教师读书也成为常态,积极鼓励家校共读,使师生同成长。

学校设立图书角,以学生的身心发育为基础,内置的书本是结合学生心理发育的经典读物,让师生在良好的阅读环境中找到适合自己阅读的书本,师生之间良好的阅读互动得以建立。学生浸润在充满墨香的环境之中,在感受书中文化的同时,也能养成愉悦的读书习惯。

学校一直致力探索构建"家校阅读共同体",以"书香校园"建设带动"书香班级"建设,以"书香班级"建设带动"书香家庭"建设,建立以学校为主导、家庭为主体的家校共读机制,推动师生阅读,促进家校共读,引领全社会"大阅读"。

家校共读需要教师、学生和家长的共同努力。其中,教师的作用最为关键,教师不仅要为学生阅读搜集相关的资源,还要向学生和家长传授一些阅读经验与方法,以提升阅读效率。阅读方法众多,教师要根据学生的年龄特点进行推荐(如,粗读、浏览、精读、品读、研读等),并给出针对性的引导。教师还可以通过设计阅读思考问题、设置阅读任务、设计阅读活动等形式,以促进学生、家长参与家校共读的活动。

家校共读中,学生是阅读学习的主角,教师和家长是配角。学生作为家校共读最活跃的因素,教师需要发挥更多的引导作用。学生课外阅读呈现多元化的特质,而家长由于自身认知的限制,不能给学生的阅读带来更多指导。教师可以给学生、家长推荐经典书籍,或者直接给出阅读内容。在家校共读过程中,教师要在阅读材料的选择、阅读情境的创设、阅读活动的设计等方面做出创意探索,以激发学生参与家校共读的积极性。特别是在阅读情境的创设时,教师要有时代意识,充分利用现代信息技术。教师与学生、家长通过交互平台交流阅读材料、讨论阅读感受、展开阅读评价,都可以为家校共读模式构建提供助力支持。

**2. 依托学校教育,丰富家校共读内容**

班主任与家长沟通是实施家校共读的关键。

首先,学校通过班主任例会、专题讲座等形式对班主任进行培训,引导班主任营造班级书香氛围、调动学生阅读的积极性。2021年4月20日,武汉市东西湖区吴家山第四小学"爱心·慧语"班主任工作室成立。湖北省特级教师、湖北省名师、全国优秀教师、全国模范教师、全国先进工作者、湖北省第八次党代会代表桂贤娣出席了授牌仪式,并结合自己教学实例,在学校开展了一场名为"因生给爱"的讲座,分享她独具特色的教育法,以及处理问题的智慧。"爱心·慧语"班主任工作室的组建,是学校德育工作重要的一环,通过班主任工作室的组建,不断推动班主任队伍的专业化发展,提升班主任工作的专业化水平。

其次,班主任通过家长微信群等网络平台推送优秀书籍、优秀文章等,让家长从阅读中汲取知识,学会科学陪伴孩子。《云上伴读》是2021年学校开展的读书分享活动,教师利用学校微信公众号为全体师生和家长推荐一本好书。每期的分享内含推荐书籍的作者、作品、内容简介、推荐理由以及书中精彩片段的音频,与学生享受共同阅读的乐趣。截止到目前,学校教师已为学生推荐《童年河》《一只眼睛的猫》等30多本好书。

除此之外,学校也积极开展"绿书签·推荐优秀图书"活动,积极向学生推荐爱国主义主题出版物,以提高学生的思想道德品质,加深学生对祖国的感情,从而使学生在新的世纪中健康成长。教师、家长和学生代表推荐的爱国主义书籍如下。

(1)教师推荐的爱国主义书籍。①《少年周恩来》;②《中国历史地图绘本》;③《平凡的世界》;④《党啊——亲爱的妈妈》;⑤《中华美德故事选》;⑥《英雄人物故事》;⑦《革命英雄的故事》;⑧《少先队的光辉历程》;⑨《闪闪的红星》;⑩《狼牙山五壮士》;⑪《长征的故事》;⑫《半小时漫画中国史》;⑬《林海雪原》;⑭《雷锋日记》;⑮《闻一多先生的说合作》等。

(2)家长推荐的爱国主义书籍。①《雷锋叔叔的故事》;②《烽火三少年》;③《小砍刀的故事》；④《少年英雄王二小》；⑤《地下儿童团》；⑥《赤色小子》；⑦《延安的故事》；⑧《井冈山的故事》；⑨《红灯记》等。

（3）学生推荐的爱国主义书籍。①《刘胡兰》；②《两个小八路》；③《邱少云》；④《小游击队》；⑤《黄继光》；⑥《江姐》；⑦《红岩》；⑧《小英雄雨来》；⑨《少年毛泽东》；⑩《雷锋》；⑪《赵一曼》；⑫《小兵张嘎》；⑬《铁道游击队》；⑭《让国歌响彻天空》。

多年来，班主任一直利用"人人通空间"积极推进"家校共读"课程建设，借助"一起悦读"版块培养学生共读习惯。学生在"人人通空间"中能聆听作者、专家、名师的导读，感受经典的诵读示范，更重要的是学生可以在这里打卡并上传共读的音频或视频，养成共读习惯，同学之间还可以给推送作品点赞、送花。借助"活动广场"推进家校共读，在"活动广场"推出"一本书共读活动"，学生和家长上传一系列的共读作品（共读照片、共读音频、讨论视频、绘制图画等）。利用"活动广场"的得分榜、红花榜、人气榜等榜单对共读作品进行大众评价。然后根据评价结果，把优秀的共读作品推送给大家学习分享。

最后，班主任通过建立学生成长档案了解学生阅读进程，收录每个家庭共读的书目、读后感等。以下是学校三年级的学生家长的读后感。

### 我和孩子一起读书

书如同一把钥匙，开启人的智慧。读好书就如同与一个高尚的人对话，能开阔孩子的视野，增长孩子的知识。亲子阅读为我和孩子架起了一座沟通的桥梁，成为我们和谐亲子关系的纽带。

每天晚上睡前一小时，是我与儿子最幸福的时光。我们倚坐在床上共同读书。以前和孩子读书只是读一遍，现在孩子还能把文章带给了我们什么样的启示、读了文章有什么样的想法都说一说。每读完一篇文章，我还启发孩子根据文章内容，发挥自己的想象力，说出文章中的人物或事件将会如何开展。这使得孩子在平时说话和理解能力上，有了明显的提高。有时候，他的一番话能让我们大吃一惊，从来没想到从他的嘴里能说出一些不常用的语句，问他是从哪里学来的，他总是很自豪地说是从书本里。

平时，我常带孩子去图书馆，让他感受人们对书的热爱、对知识的渴望。我会为孩子选一些生动有趣、通俗易懂的文章，尤其是纯洁透彻、奇特的思维和丰富想象的儿童文学作品，这些作品常能博得孩子的共鸣，仿佛为孩子打开了一扇窗，让孩子认识五彩缤纷的世界，体会到读书的乐趣。

今年孩子升入三年级,老师要求的必读书目包含《爱的教育》,这本书主要讲述了父母与孩子之间、孩子与孩子之间、老师与孩子之间的情感故事,展现了亲情、友情、师生情的可贵与美好。这些故事写出了日常生活中最感人的细节,如春风拂过孩子的面颊,又如清泉流进孩子的心间,温暖滋润着孩子的心灵,带给孩子恒久的感动。在感动之余,孩子常说:"我长大赚钱后,每个月都给爸爸妈妈零花钱。"

阅读能力是一个人终身学习的基础和最大的本钱,通过亲子阅读为孩子点亮一盏慧灯,让孩子的未来更加美好、灿烂!我以后会和孩子一起把阅读这个好习惯坚持下去。

**3. 举办各种活动,营造共读氛围**

学校开展各种以读为主的活动,引导学生在朗读活动中展现自己。学校定期举办朗读活动,以家庭为单位参加,以班级为阵容呈现,家庭可以自主选择、自主设计朗读的内容。学生参与此活动,会在备赛前进行大量经典作品的筛选,并从中选择适合自己朗读的经典语句或诗词,教师和家长可以有效地帮助学生拓展资源,收集学生感兴趣的资料;还可以帮助学生了解经典作品的创作背景及作者生平,共同揣摩作者的思绪,帮助学生进行更好地朗读或创作,这样的阅读过程,便是精读的精髓。

2022年4月11日,学校开展了"书香浸润少年,经典照亮人生"经典诵读大赛,旨在引导青少年在吟咏诵读中接受中华经典文化的滋养,真切感悟社会主义核心价值观的精髓所在,大赛评出各年级最佳表演奖、创意编排奖和精心组织奖。此次经典诵读大赛是学校"书香校园"文化建设的一个亮点,在传承中华传统文化过程中,丰富了学生的文化生活,推动了读书活动的深入开展。"五千年的悠久历史,孕育了底蕴深厚的民族文化;源远流长的经典诗文,是文化艺苑中经久不衰的瑰宝。"朗诵是一种有声的语言艺术,更是学生必备的一种能力,各班充分利用每天课前三分钟进行诵读,由教师或班干部带领,做到"读而常吟之"和"学而时习之"。在诵读中品味,在品味中传承。琅琅书声,悦享人生,营造了浓浓的书香校园氛围。"课前一吟"活动的开展,将朗诵融入每一天,让诵读成为学生生活的一种习惯、一个爱好。

"小海星读书分享汇"是吴家山第四小学从2022年秋季开展的读书分享活动,利用校园活动、微信公众号等平台,让学生自己或所在班级有充分交流与展示的空间。读一本好书,添一份雅趣,长一份才智,享一份快乐。"小海星读书分享汇"活动目的是营造书香校园,塑造书香家庭,倡导亲子共读,让书香润泽童年,让阅读陪伴成长。活动的参与对象是全校学生,学生可以自主选择报名参加,可以个人独立分享,可以多名同学组成团队进行分享,也可以与家人组队进行亲子分享。个人分享时长不超过5分钟,团队分享不超过8分钟。分享的形式是以视频为主导并配合PPT展现书的分享理由、主要内容、精彩语段、读后感等。学生把自己读的一本好书、一个绘本、一个故事等,都呈现出来,与大家相约云端共品书香。截至目前,分享汇已发布了六期,从一年级至六年级,每期各年级都有一名学生进行分享。该活动受到全校师生及家长的一致好评,大家都有一个共同的感受——每个人分享一本好书,就能借助不同的视角,读到更多的好书。此活动不仅使越来越多的学生加入阅读的活动中,还增强了学生的阅读能力与表达能力。

学校还通过开展"现场作文大赛"等活动为学生创造阅读平台,激发学生阅读兴趣。通过报名参与活动,学生在备赛阶段做了充分准备,这一环节提高了学生的自主学习的探究能力,培养了学生的阅读兴趣与专注力。如对自己朗读的内容进行反复的熟悉和巩固,可恰到好处地把握朗读节奏和情绪;再如通过不断的学习充电,增加自己的知识储备,使阅读更有针对性、指向性。这些活动助推了师生、家校之间的共读。

阅读不仅能拓宽学生的知识面,培养学生的才情,更能为学生的发展奠基、成长赋能。家校共读不仅是"共读",更是"共育",在阅读中,学校和家庭相辅相成、共生共长。

## (二) 志愿服务建和谐校园

志愿服务一般是指志愿者组织、志愿者服务社会公众生产生活和促进社会发展进步的行为。是在不求回报的情况下,为改善社会、促进社会进步而自愿付出个人的时间及精力所做出的非营利、无偿服务工作。让家长成为校园志愿者,把关爱传递给孩子的同时,也传递了爱心、传播了文明。这种"爱心"和"文明"从一个人身上传到另一个人身上,最终汇聚成一股强大的社会暖流,有利于学生的健康发展和社会和谐。会指引学生走上更好的人生之路,成就更好的自己。

### 1. 合力护畅,践行关爱行动

孩子是父母的影子,父母是孩子的镜子。工作日每天上午7:00-7:50,吴家山第四小学的家长志愿者就会身着学校统一配备的帽子、反光背心,佩戴好袖章,在交警的引导下,站在校门外一字排开等候着送学生的车辆,车辆刚一停稳,他们就帮忙开车门、迅速将学生护送至学校。在"警校家"活动交警和志愿者的指挥和协助下,车辆文明有序即停即走。学校门口,大队委指挥同学有序通过红色安全隔离带,每个学生有序的测量体温,走进校园。"警校家"护学保畅温馨的一幕,每天都会在吴家山第四小学校门前发生,已经成为吴中路上一道靓丽的风景。东西湖区交通大队完善和优化了学校门口及周边道路的标识标线、减速带、斑马线、红绿灯、警示标牌等设施,在校门口路段安装交通违章抓拍电子眼,施划护畅区黄方格,并安装了防恐防冲撞设施。学生在交警潜移默化的影响下也成了一个个"小交警",养成了红灯停绿灯行、过街走斑马线、有序排队等好习惯。下午错峰放学时间,每个班的家长志愿者也会按时到各班指定位置组织家长有序接走孩子,并为临时有事和下班较晚的家长照看孩子,解决家长的后顾之忧。温馨的举措改善了校门口早、晚高峰的拥堵状况,保障了学生的生命安全,让家长能安心上班、学生能舒心上学。护畅行动,让更多的学生拥有了一份责任心。

家长志愿服务活动,是落实"家、校、社"共育、凝聚教育合力的标志性活动,是家校合作实现教育高质量发展的有效途径。

#### 2. "追锋少年",爱心传承

每年3月,我们都会很自然地想起一个名字——雷锋,这个名字使3月成为一个温暖的月份。学习雷锋、纪念雷锋,十多年来在吴家山第四小学的校园中,"追锋少年"学生志愿活动从未停止。"追锋少年"们把对雷锋的敬佩与怀念,融入一幅幅精美的书画作品和一篇篇感人的宣传美文中,融入吴家山第四小学校园被弯腰捡起的一张张纸屑中,融入向遇到困难时的队员们伸出的双手里,更是融入邻里和睦的社区里。

"追锋少年"志愿团队在教师和家长的带领下走进社区,清除小广告、打扫路面垃圾,为干净整洁的社区环境贡献自己的力量。作为志愿者的学生,在生动的实践中受到磨砺和锻炼,受到潜移默化的教育,同时也加强了对社区、对社会的了解。不仅了解了雷锋的事迹和精神,更在享受助人为乐的同时,让雷锋精神得以传承和发扬光大,培养了学生的组织及领导能力,学会与人相处,增强自信心,学到了许多无法在书本上学到的知识和技能。

#### 3. **不一样的班会,我来当主讲**

学校邀请家长走进学校班会课堂,发挥家长们的专业特长,拓宽孩子的视野,共同促进孩子的健康成长。这可以更好地搭建家长、班级、学校之间沟通的桥梁,增进家校共育。

2019年12月,新型冠状病毒的出现令很多人陷入了恐慌之中,学校也转入了线上授课。为了增强大家的防疫意识,降低心理恐慌,身为儿科护士的李某某妈妈走进了《安全防护,携手共进》线上班会。在班会中,她向孩子们讲述了新冠肺炎的传播途径,并用专业的知识向孩子们讲述了新冠肺炎的科学防护措施,接种疫苗、保持良好的个人卫生的重要性及要保持环境卫生、勤洗手、佩戴口罩、实行公筷制、打喷嚏或者咳嗽时用纸巾掩住口鼻、保持家里及工作场所的良好通风;要保证充足的休息及睡眠,避免过度疲劳、调节饮食、适度锻炼、保持健康的心理;尽量减少不必要的外出,不聚集,保持社交距离;出现发热、咽痛、咳嗽等呼吸道症状时应及时到附近医院就诊等。她用生动的事例和亲身感受科普防疫小知识,增强了学生的防疫意识。

4. 清洁家园,爱心在行动

每学年的开学初都是学校最繁忙的时候,要清洁教室、领书、办黑板报……特别是教室经过寒(暑)假的沉积,灰尘早已布满了各个角落,对于低年级的学生来说,要做好彻底的清扫无疑是一项艰巨的任务。为了给学生一个整洁的学习环境,吴家山第四小学的家长志愿者们在家委会成员的带领下和孩子们一起手拿清扫工具,走进教室进行清扫。他们有的忙着清理地面,有的忙着擦玻璃,有的清理电扇、空调,还有的把沉重的桌椅全部搬出教室,放在走廊一张张清洗……甚至有的家长将地面直接冲洗,不放过任何一个卫生死角,教室里都是家长忙碌的身影。虽然很辛苦,但是家长们看到自己给孩子们创造的干净舒适的学习环境,却又乐在其中。家长志愿者们用自己的实际行动感染着每一个孩子,共同营造美丽、和谐的校园环境,让孩子们多了一份责任心和爱心,懂得去珍惜劳动成果,更让孩子们多了一份班级凝聚力,让校园成为自己的精神家园。

教育不仅仅是学校、教师的事情,更是家庭的责任。家校共育的有效性才能最大限度地实现,这才是教育最美的风景。家长志愿者的活动让关爱、陪伴、自律、换位思考不再是一句空话。

离开家长的配合与支持,学校的教育与教学工作将陷于被动传统的单向灌输式模式中,唯有充分赢得家长的有力支持,做到开诚布公,家长才能成为学校教育工作的坚强后盾,真正体现"共建共享共治",获取双赢。

(三)"家、校、社"协同育人下的发展成效

1. 达成"家、校、社"协同育人的共识

自然课堂大笔记、生态研学课程、警校家活动等,使越来越多的家长、社会人员参与学校教育,这些活动的顺利开展得益于学校、家长和社会三个方面的全力配合。正是这些实践活动既让学生健康快乐地成长,也在这个过程中让"家、校、社"三

方达成协同育人的共识,建立了家校社"三维联动"协同育人体系,如下图所示。

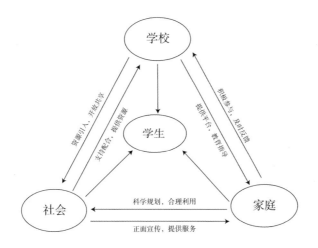

**家校社"三维联动"协同育人体系**

在这个体系中,通过学校的多种实践活动,使社会发挥了其引导与保障的作用。社会面向家庭做到了正面宣传,提供服务。社会教育具有公益性特征,利用发挥了社区教育便民性、服务性的特点,为学生提供社会学习和实践活动的场地,社会教育对儿童青少年成长至关重要。我校开展的警校家活动、生态研学课程既服务了社会,也促进了学生自身的成长,同时也让社会层面感受到教育统一所带来的一系列益处,为社会参与学生的教育指明了方向,让社会如何与学校、家庭协同变得具体和生动。我校充分挖掘社区教育资源,建立多种实践基地,例如生态研学实践课程,依托黄狮海和金银湖湿地公园开展实践课程,充分发挥社区资源为家庭、学校服务的积极作用。后续我校将继续完善社会家庭教育服务体系,在附近社区建立家庭教育指导服务站点,推进文化、体育、科技等各类社会资源开放共享,保障社会育人资源利用充分,多层次、多角度宣传科学的教育理念,营造良好社会育人氛围。

在学校一系列的活动中,家庭发挥了基础性作用,家长积极参与、及时反馈。家长担负起学生教育第一责任人的任务,全面关注学生的健康成长,与学校达成一致的教育观念和行为,避免"5+2=0"现象的出现。家长重视并亲自参加学校组织的相关活动,避免了隔辈亲属的代替,在主动了解学校育人理念的同时,学习科学的育人方法。家长积极与教师进行双向沟通,及时了解学生在学校的表现,同时主动反馈学生在家庭中的表现,及时解决发现的问题,避免出现家校合作中教师单向输出与家长被动接收的情况。面向社会,家长科学规划、合理安排。增加亲子陪伴的时间,科学规划假期时间,注重培养学生的兴趣爱好,增加户外运动的时间,鼓励学生参加社会实践活动,培养良好的社会责任意识。在社会实践的同时,也提升学生服务社会的能力。

在家校社"三维联动"协同育人体系中,学校发挥了其主导性作用,学校为加强家庭指导提供了教育平台。一方面,我校积极搭建多方平台,利用警校家活动、生态研学课程和特色课程等多种形式,向家长传递正确的儿童观、传授科学的育儿方法、宣扬家庭教育的优秀典型,帮助家长提升其家庭教育能力和水平。另一方面,引导家长科学参与家校合作活动,减少无意义互动。面向社会,我校做到了资源引入,开放共享。学校教育担负着培养学生核心素养的重任,但若要使学生具备人文底蕴、科学精神、学会学习、健康生活、责任担当、实践创新六大发展核心素养,单凭学校教育的一己之力是难以实现的。因此,我校主动面向社会,将优质的社会教育资源引入校园、引进课堂,努力实现学校资源与社会教育资源的开放配合。

综上,只有家庭、学校和社会秉承一致的教育理念和育人目标,合理构建家校社"三维联动"协同育人体系、保持合作渠道的畅通,方能使协同育人落到实处,促进学生的全面发展。学校、家庭、社会三方聚焦促进学生全面健康成长这一核心愿景,形成相互支持、相互促进的良性互动,才能为我校实施素质教育创造良好的学校生态、家庭氛围和社会环境,推动我校教育的高质量发展。

**2. 促进学生的全面发展**

学校在组织学生开展各种综合实践过程中,实行不同的教学活动方式和社会劳动实践课程,让学生边实践边思考,促进学生身心健康全面发展。例如警校家活动的整个过程,不仅能教会学生交通的意义,同时能提升学生团队合作能力和随机应变能力,更能让学生潜移默化地形成交通规则意识,养成良好的交通行为习惯,从而达到综合实践课程教学的目的。

学校的劳动实践课程以及生态研学课程给学生提供了实践学习的平台和空间,尊重学生的爱好,根据学生的特点,打造多样化的实践模式,让学生能够感受不同的活动,提升核心素养。学校在开展实践活动中,始终秉承着在做中学的原则,围绕学习和生活等诸多领域进行深度发掘,培养学生的技能,在多种学习方式和方法的碰撞下,让学生的思维得到进一步发展,让学生的创新精神、实践能力得到进一步培养。

学校通过开展丰富多彩的活动,有利于让学生掌握相应的生活技能,提高研究能力的兴趣,同时促进他们和同伴之间的交往,在此过程中增加了他们对学习的兴趣。在生态研学活动中,我校将兴趣相同的学生安排到一个兴趣小组,使他们在各自的小组内完成相应的研究项目,通过研究汇报的形式来拉近学生间的关系,帮助他们建立融洽、和谐的同伴关系。除此之外,还有利于克服学生的恐惧心理,比如在汇报讲解中,学生通过展示自己所参与的研学项目和研学成果,提高他们展示自己的能力和拓展思维。通过丰富多彩的活动可以缓解学生平时的学习压力,而且还有利于提高学生的身体素质,促进学生多方面的健康发展。

### 3. 家校关系的改善

学校各种实践活动的顺利开展,得益于家长的积极参与,在活动过程中,让家长进一步了解孩子的成长需求,达成家校协同育人的共识,在潜移默化中提高了家长的素养。家长在教育中从重视孩子智力发展转为重视孩子全面发展、从采用应试教育模式转变为采用素质教育模式。最后,坚持实事求是的科学教育观,科学地制定孩子的教育目标,家长以平常心期望孩子的成才,意识到将自己不切实际的愿望强行施加在孩子身上是不现实的,学习是来源于生活,让家长在教育过程中采用科学合理的教育方法,培养孩子自学自理能力。与此同时,增进家长的协同教育观念也是势在必行。

从家校社支持配合学生完成的各种实践活动中,家长认识到参加家校协同育人的重要性和必要性,主动融入家校协调育人全过程的各个方面,做好学习和支持的姿态。家长要承担起监督责任,监督学校协同育人制度的落实,敢于指出学校在协同育人方面存在的问题和不足。家长要勇于向学校提出关于家校协同育人的建议和想法,为家校协同育人取得好的教育效果奉献自己的力量。

在这些特色活动中,家长能够进一步了解孩子,理解孩子身心健康发展的真正需要,回归生活。正是在这些活动的影响下,家长不再把分数作为评判孩子是否优秀的唯一标准,而是改变观念,更加注重孩子学习生活兴趣和思维方式。这也就是前文提到的孩子们活动实践数量多且优秀的原因。新时代的家长应不断优化自身教育观:首先,坚持因人而异的培养观。尊重儿童的发展规律。家长在日常的教育思想中需要树立"条条大路通罗马"、"天生我材必有用"等观念,根据孩子的兴趣、特长、天赋等因材施教。其次,坚持全面发展的育人观。家长具有高度的自我认知,深切地明白教育孩子不仅是学校和社会的责任,更是家长不可推卸的义务。家长应建立正确的协同育人观,协同共育是家校社多方利益主体共赢的过程。家校社是联系紧密的利益共同体,理应为其共同利益而努力。家长切实履行家庭教育主体责任,主动协同学校教育。学校在协调家校育人中要充当策划者、组织者和协调者的角色,而家庭在协调家校育人的过程中充当学习者、支持者和监督者的角色。

学校主动承担起组织实施、协调指导家校协同育人的责任，帮助家长提升自身的综合素养、提高育人水平、形成育人能力，带头把家校协同育人的理念转化为实际行动，发挥好主导作用。学校创建了大量的家校协同育人的实践活动，通过创建活动展示了家校协同育人的价值，借助活动为家庭教育提供指导和咨询服务。学校也发挥自身的协调作用，协调好家校协调育人中出现的各种问题和挑战，引导和鼓励家长参与协同育人的全过程，实现家校的良性互动。

实践活动的开展为家校沟通搭建了平台，畅通交流的渠道丰富了各种育人的方式，而学校教育向家庭教育的延伸，促进了家庭跟学校的互动，更有利于学校教育的实施，也为家庭教育奠定了基础。

**4. 提升社会对学校的满意度**

我校的特色实践活动，提高了学校教学育人质量，也提升了学校影响力。获得了社会公众的一致好评。这些实践活动是"润泽的课堂"，"润泽"是一种湿润程度，是一种安心的、无拘无束的、轻柔滋润的感觉。在"润泽的课堂"里，每个人的呼吸和节律都是柔和的，师生不受主体性神话的束缚，大家轻松自如地构筑着一种基本的信赖关系。

让社会大众了解我校是能为学生提供多元自由的成长空间，培养学生为自己创造美好未来能力的地方，它是安全的（包括身体的安全和心理的安全）。学生自由舒展，处于生命自在的状态，不受"非儿童"的约束、训斥和心理威胁。学校把学生视为一个个鲜活的个体，发现他们身上不一样的地方，设计个性化的教育方案，尊重和保护每个学生发展的差异性，不以任何名义伤害学生。对学生的偶然错失给予理解，给他们自我反思的时间，善于发现他们的优点，为他们托起飞翔的翅膀。学生广泛的主体参与，是好学校的基本标志。我校教育平稳，却喜欢那些足够"折腾"的学生，对他们身上迸发出的创造火花欣喜若狂，鼓励学生自我成长和自我创新。让教育回到日常，成长回到原点，以大地为学生拓展自由空间，以全部的包容成全他们的放肆与恣意。好学校，引出潜藏在学生内心的智能，让教育真正地发生。

让社会公众了解吴家山第四小学的校园文化是一种养成习惯的精神价值和生活方式。我校能够用高赋能的文化，让不同背景甚至价值观的人因为同一个目标，彼此包容、彼此协作，逐渐志同道合，走向"自由人的自由联盟"。我校是柔软而有力的，有一套独特的教育信仰，从内心深处长出来，从脚底下走出来，从指尖流淌出来，它进入灵魂、融入血液，成为全体生命的构成和前行的力量。我校拥有一套先进的教育观、教师观和学生观，具备卓越的价值领导力。学校的价值观决定了学校的整体特点，决定了学生的气质和整体面貌。用价值观吸引、引导、改变跟随者，凸显价值领导力,是可持续、事半功倍的办学策略。我校的文化生态特点是好看和耐看,不只是校园里看得见、摸得着的文化,更重要的是那些融入师生骨髓的制度文化、理念文化,这样的校园文化具有活力和生命力,才能成为滋养学校和师生的精神营养。社会新闻媒体也对我校的系列活动进行了正向宣传,营造了良好的社会教育氛围。走进这样的学校,一种向往感、追慕感、浸润感便油然而生。

（本章编写人员：蔡娅莉　张宏娜　罗婉芳　邵华明　赵雪莲　李婷　张欣　何淑雅　张春玲　田思源　朱佩　周艳芳　李卉　付鸿宇　万银霞）

# 后 记

在湖北大学"委托管理"专家团队和武汉市东西湖区吴家山第四小学全校教职员工的共同努力下,经过两年多的策划、组织、撰写、修改直至定稿,《关爱教育导向下的师生发展》终于与读者见面了。这是继《关爱教育的理论与实践》("关爱教育三部曲"之一)之后的又一部力作,是"关爱教育三部曲"之二,也是"湖北中小学素质教育研究中心"和武汉市义务教育学校委托管理项目的研究成果之一。

自2016年以来,吴家山第四小学与湖北大学"委托管理"专家团队通力合作、携手共进,以"关爱教育"为理念引领,积极开展各项教育教学改革,于2021年出版《关爱教育的理论与实践》,该成果荣获武汉市基础教育教学成果奖一等奖等多项荣誉。随后,"U—S"合作团队再接再厉,有计划地开展本书的编撰工作,顺利完成了预定目标。

这是我们持续探索的结晶。一所学校的综合改革、品牌创建和高质量发展,涉及方方面面。8年来,我们围绕学校文化建设、德育创新、课程建设、课堂变革、教师专业发展、"家、校、社"协同育人等方面持续开展探索,力求在学校系统变革的基础上,不断深化,做实做精,持续进阶。

这是我校优质发展的见证。近年来,在湖北大学"委托管理"专家团队的指导下,在全校教职员工、学生和家长的共同努力下,吴家山第四小学走上了优质发展的"快车道",学校教育教学质量显著提升,"关爱教育"品牌更加彰显,社会影响力和美誉度不断提升。

感谢长期以来关心、支持、帮助吴家山第四小学的各级领导和专家,尤其感谢湖北大学靖国平教授领衔的专家团队,他们对编写本书的指导思想、基本原则、框架结构、章节目录、写作体例等进行了周密的设计与精心的编排,并通过多种方式对参加书稿撰写的一线教师进行悉心地培训指导,以及不辞辛劳地反复修改文稿,以保证书稿的质量。同时也感谢参与本书编写的数十位教师,他们勇于担当的精神、认真负责的态度和克难奋进的坚持,为本书的成稿、出版做出了重要的贡献。

感谢二十多年来在吴家山第四小学工作的全体教职员工,你们辛勤的付出为本书的出版奠定了坚实的基础,在此深表敬意!

由于编者水平有限,书中难免有不足和错漏之处,敬请读者提出宝贵意见和建议,便于我们在今后的工作中持续改进。

蔡芳

武汉市东西湖区吴家山第四小学

2023年12月28日